Le français en faculté
cours de base

**SCOTTISH UNIVERSITIES
FRENCH LANGUAGE RESEARCH PROJECT**

Le français en faculté
cours de base

Prepared by:
Robin Adamson   Marie-Thérèse Coutin
James A. Coleman   Geoffrey E. Hare
Margaret Lang   Anthony Lodge
Ian Mason   Samuel S. B. Taylor
Richard Wakely   Andrew L. Walker

HODDER AND STOUGHTON
LONDON   SYDNEY   AUCKLAND   TORONTO

British Library Cataloguing in Publication Data

Scottish Universities French Language Research Project
   Le français en faculté: Cours de base.
   1. French language – Grammar
   I. Title   II. Adamson, Robin
   448′.2′421   PC2112

ISBN 0-340-23890-9
Copyright © 1980 S.U.F.L.R.P.
First published 1980
Sixth impression 1985.

Printed in Great Britain for Hodder and Stoughton Educational, a division of Hodder and Stoughton Ltd, Mill Road, Dunton Green, Sevenoaks, Kent by St Edmundsbury Press, Bury St Edmunds, Suffolk.

CONTENTS

PREFACE

This book is not the work of one person: nor is it the work solely of the nine authors listed on the title page. It is the result of a unique piece of collaboration between the authors and the staffs and students of eight separate universities. The authors will naturally accept responsibility for any shortcomings of the book, but they wish to share credit for whatever good points it has with the large number of others who pointed the way forward through earlier stages of its development.

In 1972 Professor S. Taylor of St Andrews University proposed collaboration between the eight Scottish Universities on the production of French language-teaching materials for first year students. With characteristic open-mindedness the French departments concerned accepted the proposal and obtained a generous grant from the Carnegie Trust for the Scottish Universities. The Scottish Universities French Language Research Project was launched in 1973.

For three years a working party, composed of interested teachers from each of the institutions, held regular meetings to study students' needs in lexis, grammar and aural comprehension. Preliminary versions of the present book and its companion Audio Course were produced and pilot-tested in 1976 and in 1977. The important lessons learnt from this experience form a major part of our research and we have naturally tried to incorporate them as fully as possible into the present work.

As well as recording our thanks to our colleagues and students for guiding our faltering first steps, we also wish to acknowledge help from the Institut français d'Ecosse in Edinburgh who over the years have provided us not only with one of our authors but also with a succession of excellent native-speaker advisers.

Finally, we must express our thanks to the holders of copyright on the published materials used in our collection.

Anthony Lodge
University of Aberdeen
(Secretary)

INTRODUCTION

In preparing this book our aim has been to produce a bank of language-teaching materials suitable for advanced learners of French, that is for students in first year of university with at least five or six years of French behind them. We have sought to combine an inductive, text-based approach with a deductive, grammar-based one. To this end, we selected twelve lexical or stylistic areas — either aspects of contemporary French life or particular varieties of the French language — and wedded them (we hope blissfully) to twelve areas of grammar where, from errors-surveys and from questionnaires to schools, we found first-year Scottish university students to be in need of guidance. The result is twelve units or 'modules', each containing two texts with accompanying exercises, and a grammar section offering a formal description of a problem area.

Since the book offers a bank of materials rather than a course with a strict linear progression, modules are deliberately not arranged in any particular order. Moreover, more material is offered here than can be used in a single academic year — this, at any rate, has been our experience after using it for one hour of seminar-time per week over two trial years. The user, therefore, is invited to exercise the maximum freedom of choice in the selection and ordering of the modules worked on. However, as will be explained, within each module the components are more tightly structured.

Texts

The selection of suitable texts for a work of this kind is of the first importance and yet it inevitably relies heavily on subjective preferences. The twenty-two we offer here have each had to satisfy a whole range of criteria: their intrinsic interest and accessibility to students at this level, their lexical and grammatical appropriateness for the module in question, and their stylistic variety in view of the need to offer as wide a range of written language styles as practicable. With the occasional exception the authors all belong to the latter half of the twentieth century.

Aims and Lay-out of Exercises

The fundamental aim of the exercises is to bring the student to teach himself French by imitation and adaptation of the French he reads. He is therefore invited to make a close linguistic study of the vocabulary, grammar and overall meaning of the texts prior to actively re-using linguistic elements encountered there, in a controlled way in individual sentences and in a freer way in sustained passages of French. The apparatus accompanying each text consequently falls into three sections: Preparation, Reinforcement and Exploitation. Let us look at each of these briefly in turn.

A. PREPARATION DU TEXTE

Everything contained in this section is designed to be done independently by the student before the unit is used as the basis for a language-class. The student is taken through the steps necessary to understand what the text means and how various aspects of its language work.

Notes

Explanations are offered in French of social, cultural or literary allusions, proper names, etc., as well as of words and phrases whose meaning is not immediately accessible in dictionaries.

Vocabulaire

In general the amount of help given in the form of lexical glosses is small. It is felt that, laborious as the process may be, the student's own work with dictionaries will give him a fuller and more permanent perception of the value of words newly encountered. It is hoped that students will develop the habit of consulting French-French dictionaries. We regard Larousse's *Dictionnaire du français contemporain*, Paris, 1971, as being particularly suitable, and throughout this book it is referred to as *DFC*.

The vocabulary exercises in this section are designed to draw attention not to all the difficult words and phrases in the text, but mainly to important words and phrases which the student on his own might be inclined not to check in a dictionary.

Commentaire grammatical

Here notes are given in English on grammatical points encountered in the text. A first section deals with points coming under the heading of the grammar section of the module in question. These may be more detailed explanations than the grammar section can provide, or may deal with them in a different way.

A second section deals with other grammatical structures encountered in the text which may or may not be treated in the grammar sections of other modules but which are known to cause difficulty in students' own production of French.

Compréhension du texte

As the final section of Part A, comprehension questions are provided to help the student test for himself whether he has grasped the overall meaning of the text. They act both as a self-checking device and as a focus for discussion in class.

B. EXERCICES DE RENFORCEMENT

The exercises contained in this section are designed to induce the student to re-use, at the level of individual sentences, words and structures he has encountered in the text. These exercises provide a basis for classwork (after preparation by the student) rather than for the major written language assignment of the week. The selection and *dosage* of these exercises are left entirely to the discretion of the user.

A l'oral

This section contains a group of questions designed to elicit simple responses directly re-using phrases from the text.

Exercices lexicaux

These are designed to reinforce words from the text which ought in our view to form part of the student's active vocabulary. They include: finding cognates of words, defining or explaining a word in French, showing the meaning of words by composing sentences which include them.

Exercices grammaticaux et structuraux

The exercises here give practice in using grammatical structures encountered in the text (and often dealt with in the *Commentaire grammatical*). They usually begin with an exercise related to the grammar section of the module. They include: transformation or substitution exercises, completing a sentence from a given opening, constructing a complex sentence from given simple sentences, translating into French a sentence containing a given grammatical difficulty, etc. While the main grammatical points in these exercises are described somewhere in the book, subsidiary points occasionally arise for which reference needs to be made outside.

C. EXPLOITATION DU TEXTE

This third section is designed to stimulate freer re-use of linguistic material culled from the text in sustained production of French, oral and written.

A l'oral

Various types of oral exercise have been devised which are linked thematically and lexically with the French text. They include: *Saynète* — role-playing involving an improvised dialogue; *Exposé* — a short talk; *Récit oral* — retelling an incident from the text from a different point of view; *Sujet de discussion* — a controversial topic connected thematically with the text; *Débat* — a more formally organised discussion with prepared speeches.

A l'écrit

The exercises found here will be familiar to university students and teachers of French, but they all relate closely to a passage of French already studied by the student, and consequently reduce the random element present with traditional essays and proses.

Résumé: summary, when properly done, combines the skills of comprehension (of the original text) and of composition. A good *résumé* must contain the principal ideas of the original text, with as much of the supporting illustrative material as the set length will allow. However, this should never be reduced simply to the copying out and patching together of key sentences.

Rédaction: two types of *rédaction* are offered. The first (*rédaction dirigée*) includes a fairly detailed plan for the student to follow. This enables him to concentrate more on the language than on the content of his essay. From the teacher's point of view, it makes an essay class easier to organise. The second (*rédaction*) comprises various types of exercise ranging from disguised *résumé* to traditional free composition. However, in most cases an attempt has been made to contextualise the piece of writing the student is asked to produce — it is generally seen as a piece written for a specific purpose in specific circumstances for a specified reader. It is not seen by and large as a verbal exercise in the void.

Version: the extracts chosen for translation are those which seem to us to best lend themselves to the exercise, but they can obviously be altered at the teacher's discretion.

Thème: the passages for prose translation are mainly confected ones designed to practise lexical and grammatical material from the text, particular emphasis being given to grammatical problems discussed in the grammar section of the module.

The Grammar Sections

It is clearly beyond the scope of the present volume to provide a reference grammar of French. Several such works are currently in print in English and we refer the student particularly to H. Ferrar, *A French Reference Grammar*, Oxford University Press, 1967. Our aim has been to provide a brief *aperçu* of the main points which cause trouble for British learners at the level of first-year university. Our grammatical approach is not radically different from the traditional one most students are familiar with from school. However, our descriptions seek to be less English-based than the work of Ferrar, Mansion *et al.*

The grammar sections may be worked on with the teacher in class. Alternatively students can study them entirely on their own using the key to the exercises and glossary of grammatical terms at the end of the book.

Use of the material

Our book offers sufficient material to allow the teacher to make the selection of exercises which seems to him the most profitable for 'official work', and still leaves ample material for students to work at on their own.

Given the concept of a materials' bank, and given the diversity of traditions and conditions existing in the different institutions, it would be inappropriate for us to lay down strict rules about how our material should be used. However, three points need to be made. Firstly, there is no constraint upon the user to work through every text or even, with each text studied, to tackle all the exercises in sections B and C. Consequently the teacher should carefully plan the programme of exercises which in his estimation is the most profitable and varied. Secondly, the exercises in sections B and C lose much if not all of their value unless the student has first made a serious study of the French text and grammar section of the module in question. It is important that suitable ways be found for ensuring this. Thirdly, in our opinion the most suitable vehicle for instruction to students at this level is French, but we recognise that grammatical explanations are often best given in English. This practical expedient accounts for the perhaps disconcerting degree of language-switching in our book.

I Portraits de pays

TEXTE UN: Un village provençal

Les Bastides Blanches, c'était une paroisse de cent cinquante habitants, perchée sur la proue
de l'un des derniers contreforts du massif de l'Etoile, à deux lieues d'Aubagne . . . Une route
de terre y conduisait par une montée si abrupte que de loin elle paraissait verticale: mais du
côté des collines, il n'en sortait qu'un chemin muletier, d'où partaient quelques sentiers qui   4
menaient au ciel.

Une cinquantaine de bâtisses mitoyennes, dont la blancheur n'était restée que dans leur
nom, bordaient cinq ou six rues sans trottoir ni bitume; rues étroites à cause du soleil,
tortueuses à cause du mistral.   8

Il y avait pourtant une assez longue esplanade qui dominait la vallée du couchant; elle était
soutenue par un rempart de pierres taillées qui avait bien dix mètres de hauteur et qui
finissait en parapet sous une rangée de très vieux platanes: on appelait ce lieu le Boulevard,
et les vieux venaient s'y asseoir à l'ombre pour la conversation.   12

Au milieu du Boulevard, un très large escalier d'une dizaine de marches montait à la
Placette entourée de façades autour d'une fontaine qui portait une conque de pierre
accrochée à sa taille, et qui était la mère de l'agglomération. En effet, cinquante ans plus tôt,
un «estivant» de Marseille (car il en venait deux ou trois au moment de la chasse) avait légué 16
à la commune un petit sac de pièces d'or, qui avait permis d'amener jusqu'à la Placette l'eau
scintillante de la seule source importante du pays . . . C'est alors que les petites fermes
dispersées dans les vallons ou sur les coteaux des collines avaient été peu à peu abandonnées,
les familles s'étaient groupées autour de la fontaine, le hameau était devenu un village.   20

Toute la journée, on voyait sous le jet d'eau des cruches ou des jarres, et des commères qui
tout en surveillant leur musique montante, échangeaient les nouvelles du jour.

Autour de la place, quelques boutiques: le bar-tabac, l'épicier, le boulanger, le boucher,
puis, grand ouvert, l'atelier du menuisier, à côté de la forge du maréchal-ferrant, et, au fond, 24
l'église: elle était vieille, mais non pas ancienne, et son clocher n'était guère plus haut que les
maisons.

Une petite rue quittait la Placette, à gauche, pour aboutir à une autre esplanade ombragée
qui s'étendait devant la plus grande bâtisse du village. Cette bâtisse, c'était la Mairie, qui   28
était aussi le siège du Cercle républicain, dont l'activité politique principale était
l'organisation de jeux de loto, et de concours de boules dont les tournois dominicaux se
déroulaient sous les platanes des deux esplanades.

Marcel Pagnol, *Jean de Florette*, Presses Pocket, 1971

A. PREPARATION DU TEXTE

Notes

lieues (f) (2): (archaïsme) une lieue vaut environ 4 km.

Aubagne (2): petite ville du Midi, lieu de naissance de Pagnol, à 17 km de Marseille.

commune (f) (17): la plus petite unité administrative en France.

Cercle républicain (m) (29): association d'origine politique et de tradition anticléricale.

Vocabulaire

1. Traduisez en anglais, selon le contexte, les expressions suivantes:
Une cinquantaine de bâtisses mitoyennes (6)
sans trottoir ni bitume (7)
rues étroites à cause du soleil (7)
la vallée du couchant (9)
qui avait bien dix mètres de hauteur (10)
qui portait une conque de pierre accrochée à sa taille (14–15)

qui avait permis d'amener (17)
vieille, mais non pas ancienne (25)

2. Expliquez en français le sens des mots suivants:
paroisse (1), proue (1), contreforts (2), chemin muletier (4), mistral (8), esplanade (9), agglomération (15), 'estivant' (16), avait légué (16), importante (18).

Commentaire grammatical

(i) Pronouns

il n'en sortait qu'un chemin muletier (4); il en venait deux ou trois (16): impersonal *il* is most commonly found in verbal expressions involving natural phenomena (*il neige, il pleut, il gèle, il fait beau*) and in some other set expressions (*il faut, il y a, il est temps*). However, in the examples quoted from our text impersonal *il* is being used with intransitive verbs to allow the subjects (*un chemin muletier* and *deux ou trois*) to figure after their verb. In these cases the rearrangement of the normal subject-verb order serves to highlight the subjects.

Use of impersonal *il* can also provide a passive for verbs with an indirect object (see GS 3, §4.4, p. 48): *Il lui a été donné d'être le sauveur de son pays. Il est conseillé aux passagers de ne pas quitter leur place pendant le vol.*

(ii) Agreement of participles

(a) Present participle:

habitants (1): as a noun, the present participle can take feminine and plural forms.

montante (22): as an adjective, it agrees in number and gender with the noun it qualifies.

Montant l'escalier, nous atteignîmes le second étage: as a verb, it is invariable.

en surveillant (22): as a gerund, it is also invariable. See p. 123.

(b) Past participle:
avait légué (16): normally the past participle is invariable but it marks agreement in four cases:

– as a noun: *les mutilés de guerre.*

– as an adjective: *pierres taillées (10).*

– agreeing with the **subject** with passives and other verbs conjugated with *être: était restée (6).*

– agreeing with the **preceding direct object**

with verbs conjugated with *avoir:*
*Voici **la femme que** j'ai **épousée**.*
*Quelle **pièce** avez-vous **vue**?*
*Mes chaussures, je **les** ai **mises** dans le placard.*

Note that reflexive verbs, although conjugated with *être*, show past participle agreement only if the reflexive pronoun is the **direct** object of the verb:
*Elle s'est **rappelé l'histoire**.*

*Elle s'est **souvenue** de l'histoire.* See p. 108.

(iii) Other grammar points

non pas ancienne (25): ne . . . pas negates only verbs. To negate any other part of speech, use *non (pas): C'est un prêtre, non pas un moine; Il a couru, mais non pas vite; C'est immoral, mais non illégal.* (In informal French, *pas* alone may be used in all these cases.)

Compréhension du texte

1. D'après les indications de l'auteur, dressez un plan du village.

2. Utilisant ce plan, décrivez à un estivant le chemin qu'il faut prendre pour aller du Boulevard à la Mairie.

3. Pourquoi la fontaine est-elle *la mère de l'agglomération (15)*?

4. Que veut dire *leur musique montante (22)*?

B. EXERCICES DE RENFORCEMENT

A l'oral

1. Préparez des réponses orales aux questions suivantes:

(a) Quels détails nous révèlent que le village se situe dans le Midi de la France?
(b) Comment les Bastidiens passent-ils leurs heures de loisir?
(c) Quels métiers s'exercent aux Bastides Blanches?
(d) Quelles sont les principales activités politiques du Cercle républicain?

Exercices lexicaux

2. Définissez en français en quoi consiste
   (a) une *fontaine (14)*;
   (b) le métier de *maréchal-ferrant (24)*.

3. Dressez une liste d'une quinzaine de substantifs tirés du texte qui se rapportent à l'architecture des Bastides Blanches.
Par exemple: *bâtisses (6), rues (7), trottoir (7)*.
Classez vos exemples.

Exercices grammaticaux et structuraux

4. Remplacez par des pronoms personnels les expressions imprimées en italique.
Par exemple:
Il faut donner *cet argent au boulanger* =

Il faut *le lui* donner.

(a) Donnez *cet argent au boulanger*.
(b) Dès que nous arriverons *dans le Midi*, nous

pourrons penser *à trouver un hôtel.*

(c) Il est allé *aux Bastides Blanches* sans se rendre compte *que les boutiques seraient fermées.*

(d) *Monsieur Soubeyran* est fermier, mais *Monsieur Soubeyran* est aussi un méchant homme.

(e) Nous allons *au bar-tabac* pour acheter *des timbres-poste.*

(f) *Le maire!* Je déteste *le maire.*

(g) Je pense souvent à *ma mère.*

(h) *Mes amis*, que je n'ai pas vus aujourd'hui, ne m'ont pas parlé *de cette affaire.*

(i) Elle va voir *son patron* pour faire augmenter *son salaire.*

5. Donnez la préposition et le substantif que remplacent y et *en* dans le texte.
Par exemple: il *en* venait deux ou trois *(16):* il venait deux ou trois *d'entre eux* (les 'estivants').
Une route de terre *y* conduisait *(2–3)*
il n'*en* sortait qu'un chemin muletier *(4)*
les vieux venaient s'*y* asseoir *(12)*

6. Traduisez en français:

(a) Passengers are requested to offer their seat to pregnant women, to the elderly, and to the handicapped.

(b) When I saw you for the first time, my dear wife, you were just a charming passer-by.

(c) The inhabitants of the convent, whom I have seen from a distance, look like penguins, not nuns.

(d) While crossing the devastated town, I found a dying girl.

7. Trouvez dans le texte tous les mots (ils sont plus d'une vingtaine) ayant la forme du participe présent ou passé, et expliquez leur terminaison. Voir le Commentaire grammatical.

8. Faites accorder le participe imprimé en italique là où il le faut:

Le vieux quartier de la Balance à Avignon est *limité* d'un côté par la rue Saint-Etienne, et de l'autre par la rue Ferruce. Des constructions modestes y voisinent avec quelques beaux hôtels. *Négligé* depuis longtemps, personne ne *voulant* ou ne *pouvant* faire les frais du moindre entretien, *envahi* aujourd'hui par une population en grande partie misérable, la plupart de ces maisons sont *devenu* de véritables taudis. On ne s'étonnera pas que des municipalités, soucieuses d'offrir à une population *croissant* des logements modernes, aient *projeté* de raser le quartier de la Balance et d'y bâtir un ensemble résidentiel. Plusieurs projets avaient *été présenté* à la ville. Finalement, l'accord s'*étant fait* sur l'un d'eux, les autorisations nécessaires *ayant été obtenu*, ainsi que les concours financiers *voulu*, on s'apprêtait à porter le premier coup de pioche lorsque des voix se sont *écrié*: 'Arrêtez!'

C. EXPLOITATION DU TEXTE

A l'oral

1. Exposé: Décrivez le centre d'un village que vous connaissez.

2. Sujet de discussion: Comment les rues marchandes des villes ont-elles changé depuis cent ans? Faut-il regretter le changement?

A l'écrit

3. Rédaction: Vous revenez d'une promenade dominicale à travers les Bastides Blanches. Décrivez tout ce que vous avez vu (300 mots).

4. Version: Traduisez en anglais les lignes *21-31.*

5. Thème: Traduisez en français cet extrait de journal privé en vous servant le plus possible d'expressions tirées du texte. Employez le passé composé. Relisez le Commentaire grammatical.

11th August, 1979

Today Jane took me to a public lecture. She bought a ticket for me, so I had to sit beside her. The lecture-room was at least forty metres long and ten wide, and it was packed with people waiting patiently. Then a well-dressed lady climbed the steps to the platform, and remained sitting while she was presented. When the applause had stopped, she stood up and started to speak:

'Ten years or so ago, I arrived in Provence. I went to live in a charming little cottage fifteen kilometres from Aix. At first I was frightened by a notice hung on a tree near the road. In capital letters, there was painted on it:

"The public is reminded that these hills are dangerous in the hunting season."

I have often wondered whether Provençal men are not more dangerous than the guns I have heard in the woods.'

The Parisian ladies who made up the audience, smiling at this silly joke, felt comforted and reassured: they had not wasted the five francs they had paid to come and listen.

4

8

12

TEXTE DEUX: Les agréments de l'Ecosse

L'Ecosse cultive un humour extra-dry, volontiers noir, et laconique, concentrant parfois tout son effet sur un seul mot, le mot final. En voici un exemple qui, d'être tiré du plus humble folklore, n'en est que plus représentatif. Un brave homme d'Aberdeen, exceptionnellement bavard, veut s'offrir, et offrir à sa femme, un baptême de l'air, mais le tarif demandé lui paraît excessif. Le pilote lui accorde de payer moitié prix à condition de ne pas prononcer un mot pendant le vol. Le brave homme tient sa promesse, rien ne lui arrache la moindre exclamation, ni les virages sur l'aile, ni le looping prévu au programme. A peine arrêté, le pilote le félicite de son mutisme héroïque. «Oui, répond-il, mais là où j'ai eu le plus de mal à me retenir, c'est quand la vieille a été éjectée.»

Il est difficile de caractériser l'Ecossais parce qu'il existe deux types nationaux très différenciés, et que les fauteurs de pittoresque ont popularisé des versions également caricaturales de ces deux types, deux images outrées de Jock, ou l'Ecossais de comédie: un homme dur, avare, matérialiste, puritain, froid et inexpressif, le Lowlander; et un homme en kilt, un peu fou, fièrement drapé de son tartan romantique et hanté par une musique de rêve venue du royaume des fées, le Highlander. Les deux images contiennent une part de vérité, mais plus ou moins déformée. La légende de l'Ecossais grippe-sou a été popularisée en grande partie par un comédien écossais génial Harry Lauder. Elle n'est pas complètement injustifiée car un pays pauvre, de longues luttes contre des voisins dangereux (Anglais et Highlanders) et l'empreinte du calvinisme presbytérien se sont combinés pour durcir le Lowlander et lui imposer des vertus d'économie. Et l'Ecosse a tiré de ces circonstances défavorables de très positifs avantages. Habitués à un régime frugal de poissons, laitages, avoine et pommes de terre, et à une vie rude, les fils de ce pays se sont accommodés de tous les climats et conditions de vie possibles. Ils ont fourni à l'Angleterre, à ses colonies et au monde entier des hommes d'action énergiques et particulièrement entreprenants: mercenaires, puis colons ou chefs d'industrie, explorateurs comme Livingstone. Et nombre d'entre eux étaient de naissance modeste. Bien avant que l'instruction fût obligatoire, il arrivait souvent que des petits paysans instruits par le maître d'école de leur village obtinssent une bourse pour une des universités écossaises, où ils arrivaient avec un baril de harengs et un sac de farine — leur nourriture pour un trimestre. On ne peut guère qualifier de matérialiste pareille soif de culture chez les êtres les plus humbles.

Jean Bailhache, *La Grande-Bretagne*, Seuil, 1960

A. PREPARATION DU TEXTE

Notes

Un brave homme d'Aberdeen (3): les habitants d'Aberdeen jouissent, parmi les Ecossais, de la réputation accordée par le reste du monde à tous les Ecossais — ils sont réputés très grippe-sou: réputation qu'ils entretiennent eux-mêmes. Parmi les Français, les Auvergnats et les Normands sont censés être les plus avares.

un baptême de l'air (4): le premier vol de sa vie.

les fauteurs (m) de pittoresque (11): ceux qui favorisent le pittoresque au point de fausser l'image de l'Ecosse qu'ils présentent.

un baril de harengs et un sac de farine (28–29): les étudiants pauvres arrivaient à la rentrée avec un baril de harengs conservés dans du sel et un sac d'avoine (et non pas de *farine*), leur seule nourriture pour tout le trimestre.

Vocabulaire

1. Traduisez en anglais les expressions suivantes dans leur contexte:
veut s'offrir (4), prévu au programme (7), deux images outrées (12), génial (17), l'empreinte du calvinisme (19), un régime frugal (21), laitages (21), de naissance modeste (26).

2. En vous servant d'un dictionnaire, expliquez en français la différence entre les paires de mots ci-dessous:

un brave homme (3)	*différencier (11)*
un homme brave	*différer*
accommoder (22)	*le colon (25)*
raccommoder	*la colonne*

Commentaire grammatical

(i) Uses of personal pronouns

Il est difficile de caractériser l'Ecossais (10): this is a case where a choice must be made between *C'est* and *Il est*, i.e. where the meaning is 'it is', and there is a following adjective. In such cases:

(a) Use *Il est* if the adjective is followed by an infinitive with an object: *Il est difficile de caractériser l'Ecossais* or if the adjective is followed by *que* and a clause: *Il est vrai que le Lowlander est grippe-sou* or if the adjective is followed by the infinitive of an intransitive verb: *Il est difficile de rester.*

(b) Use *C'est* if the adjective is the last word in a clause or sentence: *C'est vrai* or if the adjective is followed by a transitive infinitive without an object: *C'est difficile à prononcer.* See also GS 1, §2.3, pp. 12–13; GS 9, §3.4.1, p. 145; and p. 135.

nombre d'entre eux (25–26): in expressions of number or quantity, personal pronouns (e.g. *eux*) are not usually preceded by *de* but by **d'entre**. Thus *nombre d'Ecossais* becomes *nombre d'entre eux.*

(ii) Other grammar points

qui, d'être tiré du plus humble folklore, n'en est que plus représentatif (2–3): 'which, for all that it is taken from the humblest folklore, is by this very fact all the more typical'. Note this construction where *de*+infinitive has the force of a concessive ('although').

mercenaires, colons, chefs d'industrie, explorateurs (24–25): this is an example of the omission of the article in a list of nouns (here all plural). See GS 5, §3.4.2, p. 82.

obtinssent une bourse (28): the subjunctive is used here in response to the verb signal *il arrivait que,* which expresses an element of unpredictability. The normal subjunctive sequence of tenses is followed. See GS 4, §4, pp. 65–66.

Compréhension du texte

1. Pouvez-vous justifier l'emploi des adjectifs *noir* et *laconique (1)* pour décrire l'humour des Ecossais dans ce texte?

2. Quelle importance le brave homme d'Aberdeen accorde-t-il à sa femme?

3. Ce texte fait ressortir certains aspects caricaturaux de l'Ecossais. Lesquels?

4. Comment l'auteur explique-t-il l'avarice des Ecossais?

5. Qu'est-ce que l'auteur cherche à nous démontrer par ce qu'il dit sur l'éducation en Ecosse?

B. EXERCICES DE RENFORCEMENT

A l'oral

1. Préparez des réponses orales aux questions suivantes:

(a) Quelles sont les conditions imposées par le pilote?
(b) Pourquoi l'homme d'Aberdeen accepte-t-il ces conditions?
(c) Selon l'auteur, qu'est-ce qui distingue le Lowlander du Highlander?
(d) Quels sont les *avantages (21)* de *ces circonstances défavorables (20–21)*?

Exercices lexicaux

2. Complétez le tableau suivant:

substantif	adjectif
caricature	*caricatural (12)*
exception	
	excessif (5)
calvinisme (19)	
énergie	
	obligatoire (26)

3. Trouvez à l'aide d'un dictionnaire un mot qui exprimerait le contraire du sens des mots suivants dans leur contexte:
final (2), bavard (4), avare (13), puritain (13), vérité (16), durcir (19), frugal (21), modeste (26), obligatoire (26), humbles (30).

Exercices grammaticaux et structuraux

4. (a) Identifiez le substantif que remplacent les pronoms:
en (2), lui (5, 5, 6), eux (26).
(b) Copiez les phrases où se trouvent ces pronoms personnels en les remplaçant par le substantif qui convient. Ajoutez une préposition là où c'est nécessaire.

5. Complétez les phrases suivantes:

(a) Voici un Ecossais qui, d'être . . ., n'en est que plus . . . *(2–3).*
(b) Rien n'arrache la moindre plainte aux Français, ni . . ., ni . . . *(6–7).*
(c) Là où j'ai eu le plus de mal à vous comprendre, c'est quand . . . *(8–9).*
(d) Bien avant l'entrée de la Grande-Bretagne dans le Marché Commun, il arrivait souvent que . . . *(26–27).*
(e) On ne peut guère qualifier d'agréable pareil(le) . . . chez . . . *(29–30).*

6. Employez *C'est* ou *Il est* selon le contexte pour remplir les blancs:

(a) . . . interdit de cracher par terre.
(b) Voler est immoral, . . . évident.
(c) Immoral, oui, mais . . . difficile à éviter.
(d) A mon avis, . . . impossible de vivre tranquillement à Paris.
(e) . . . sept heures et demie, et . . . certain que Jean-Pierre ne viendra pas.
(f) . . . avant le mariage qu'il faut penser à la pilule.
(g) Tu connais Durand? . . . un chirurgien de réputation mondiale.
(h) Tiens, voilà Jacques! . . . un ami. . . . professeur à Dijon.

C. EXPLOITATION DU TEXTE

A l'oral

1. Saynète: Imaginez la discussion qui a eu lieu entre le pilote, l'homme et sa femme avant le vol. Présentez cette discussion sous forme d'une scène que vous jouerez devant la classe.

2. Exposés:

(a) Identifiez les différences de caractère entre les Britanniques et les Français indiquées de façon humoristique dans la caricature tirée de *Punch* (p. 10). Le dessinateur a-t-il vu juste?
(b) Donnez quatre ou cinq exemples de caricatures de différentes nations. Soyez chauvin!

3. Récit oral: Vous êtes la femme du brave homme d'Aberdeen. Décrivez à une amie ce qui vous est arrivé après votre éjection de l'avion.

4. Sujets de discussion:

(a) Tout pays est source d'humour pour ses voisins.
(b) La pauvreté engendre l'initiative.

A l'écrit

5. Résumé: Faites un résumé en 100 mots des caractéristiques les plus saillantes du Lowlander telles qu'elles sont présentées dans ce texte.

6. Rédaction dirigée: Ecrivez une description du Français tel que l'homme de la rue l'imagine chez vous (250 mots). Modèle à suivre:

– Deux caricatures: le petit homme en béret qui mange des escargots et fume des Gauloises; et le séducteur élégant.

– Examinez chaque caricature: popularisée par qui? Pourquoi? Correspond-elle à la réalité?

– Où se situe la vérité? Pourquoi existe-t-il dans chaque pays des idées stéréotypées sur les étrangers?

7. Rédaction: L'Ecosse et l'Angleterre: deux nations ou deux régions de la Grande-Bretagne?

8. Version: Traduisez en anglais les lignes *1–9.*

9. Thème: Traduisez en français en vous servant le plus possible d'expressions tirées du texte:

Wherever you go you will be told that the Scots are tight-fisted: anecdotes such as 'In Scotland a taxi crashes into a tree: thirty-nine dead' circulate in all languages. Now there may be a grain of truth in this caricature, but in my view we are dealing principally with a myth.

4 Speaking as someone from Auvergne, I can say that some of the most generous people I know are Scots. For example, let us take my friends in Tomintoul, who are small farmers and pretty poor, but who are used to putting up with others' selfishness. Every July they welcome acquaintances from all over the world, but it often happens that people (particularly the

8 French) take unfair advantage of[1] this hospitality, making no effort to leave before Morag has gently reminded them that they go on holiday themselves on the third of August. Most of them take the hint[2] and since they do feel some remorse, their expressions of gratitude are all the more fervent. Thus, while I do not deny that some Scots are too economical, it is

12 probable that all the jokes about Scotsmen were made up by foreigners who have never treated themselves to a trip to Scotland.

Notes: [1] *abuser de*   [2] *ne se font pas prier.*

Reproduit avec la permission de *Punch*

GRAMMAR SECTION 1: *Personal Pronouns*

§1. Introduction
§2. Personal Pronoun Subjects
§3. Personal Pronoun Objects
§4. *Le, Y, En*

§1. Introduction

The personal pronouns (*je, me, moi; tu, te, toi,* etc.) are so called because they help indicate the 'person' of the verb. See the table below. In addition, *il* is used in 'impersonal' verb constructions like *il y a, il pleut, il faut.*

The personal pronouns have subject and object forms, stressed and unstressed forms.

---

§2. Personal Pronoun Subjects

		Unstressed	Stressed
Singular	1st person	*je*	*moi*
	2nd person	*tu*	*toi*
	3rd person	*il*	*lui*
		elle	*elle*
		on	*soi*
Plural	1st person	*nous*	*nous*
	2nd person	*vous*	*vous*
	3rd person	*ils*	*eux*
		elles	*elles*

2.1   Unstressed subject pronouns

Three points to note:

– These pronouns cannot be separated from their verb, except by *ne* and the unstressed object pronouns (see §3.2), e.g. *Je ne le vois pas.*

– They can refer not only to humans but also to animals, non-living things, etc., e.g. *Elle (la porte) est fermée.*

– *On* is frequently used in French where English uses 'one', 'you' or 'we'. In informal French *on* is preferred to *nous*. See p. 174. The object form of *on* is usually *nous* or *vous*, depending upon who is included in it, e.g. **On** *monte dans le car et le receveur* **vous** *donne* **votre** *ticket.* **On** *sort de l'immeuble et le gardien* **nous** *regarde de près.*

2.2   Stressed subject pronouns

Two points to note:

– Unlike the unstressed pronouns, these may be separated from their verb and so are sometimes called 'disjunctive (or detachable) pronouns'.

– They normally refer only to human beings.

There are six situations in which the stressed form of the personal pronoun subject is used:
1. for emphasis (cp. GS 7 and 10): **Toi**, *je veux que tu t'en ailles. J'y vais* **moi**-*même.*
2. after *C'est/C'était: C'est* **toi** *qui as tort. Qui est là? C'est* **moi**.
3. before the relative pronoun *qui:* **Eux**, *qui viennent d'arriver, ils ne savent rien.*
4. where the verb is omitted: **Moi**, *intelligent? Tu plaisantes!*
5. with *ni . . . ni . . .: Ni* **lui** *ni* **moi** *ne nous y attendions.*

6. where there is a multiple subject (of which any or all may be personal pronouns): *Mon frère et* **moi** *viendrons ce soir.*

EXERCISE A: Complete the following sentences with a personal pronoun in the stressed form:

(a) Et _____! Qu'est-ce qu'il pourrait faire?
(b) Elles ne sont certes pas belles, ni _____ ni sa sœur.
(c) Je lui ai dit: 'C'est _____ qui devrais faire le discours'.
(d) _____, qui venez d'arriver, qu'est-ce que cela peut vous faire?
(e) 'Ma sœur est très élégante, tu sais.' '_____, élégante! Quelle idée!'
(f) Nous sommes allés au cinéma, mon père et _____.

2.3   C'est/Il est

Apart from those cases where the construction *C'est . . . que . . .* is used to highlight or emphasise an idea (see GS 10, §4.2, p. 162), *C'est* and *Il est* have to be distinguished in the following three contexts.

2.3.1   In sentences where 'it is' is followed by an adjective, or adverbial phrase,
– *il est* (or *elle est* as the gender demands) is used if it stands for a specific noun, e.g. *(Son projet)   Il est impossible.*
(Mon chien)   Il est méchant.
(Son mari)   Il est en Auvergne.

– *c'est* is used if 'it' is indefinite, i.e. does not stand for a specific noun but sums up a previous idea under the general heading 'this thing', e.g. *(Ce qu'il veut faire)   C'est impossible.*
(Il viendra)   C'est probable.

2.3.2   In sentences where 'it is' is followed by an adjective+an infinitive or clause,
– *c'est* is used to refer **back** to an idea already expressed, e.g. *(La cuisine . . .)   C'est difficile à faire.*
(Leur maison . . .)   C'est impossible à trouver.

In these examples *ce* does not replace a specific noun but sums up the previous idea under a vague heading 'this thing'.

– *il est* is used to refer **forward** to an idea expressed later in the sentence,
e.g. *Il est difficile de **faire la cuisine**.*
    *Il est impossible de **rester**.*
    *Il est probable **qu'il viendra**.*
Notice how the change from *C'est* to *Il est* alters the preposition governing the infinitive from *à* to *de*.

This table gives you a guide to usage in careful French:

(a) previously mentioned	
La cuisine . . .	***C'est** difficile **à** faire.* (It's difficult to do.)
Il viendra.	***C'est** probable.* (It's likely.)

	(b) mentioned later
Il est** difficile **de (It's difficult	*faire la cuisine.* to do the cooking.)
***Il est** probable qu'* (It's likely that	*il viendra.* he'll come.)

In informal French *C'est* tends to be used in both these situations:
C'est difficile de préparer les cuisses de grenouille.
C'est probable que je l'épouserai.

N.B. with verbs other than *être* the indefinite 'it' is expressed not by *ce* but by *cela*, in both formal and informal French,
e.g. ***Cela** me gêne de la voir pleurer.*

2.3.3 In sentences where 'He is' or 'It is' is followed by a noun, often indicating a profession or job:

– *il est* is used if the noun denotes a general class and is **not** qualified by a determiner (see GS 5, §3.2, p. 81),
e.g. *Il est professeur.*
    Elle est médecin.

– *c'est* is used if the noun denotes a specific individual or individuals, and is qualified by a determiner and/or adjective,
e.g. *C'est un (bon) professeur.*
    C'est notre médecin.
In these cases if the noun is plural, careful French uses *ce sont* rather than *c'est*,
e.g. *Ce sont nos enfants.*

EXERCISE B: This exercise gives practice in choosing between *C'est* and *Il est*. As you do it, explain to yourself why you are making the choice and refer back to the examples.

Complete the following sentences with *C'est/Ce sont* or *Il est/Ils sont*:
(a) _____ mon père.
(b) _____ ingénieur agronome. Ne l'appelle surtout pas un fermier!
(c) _____ l'étudiant le plus bête de la classe.
(d) Mon fiancé? _____ aux Etats-Unis.
(e) J'ai défendu à ma fille d'aller au cinéma. _____ bête! Elle y va quand même.
(f) _____ incroyable! Les Ecossais ont gagné au Parc des Princes!
(g) _____ impossible d'apprendre à parler anglais en Ecosse.
(h) 'Nous pourrons bientôt traverser la Manche par le tunnel.' '_____ possible, mais _____ impossible d'en être certain.'

§3.   Personal Pronoun Objects

Make sure that you are able to distinguish direct from indirect objects, both in English and in French. Test your ability to make the distinction in the following exercise.

EXERCISE C: For each of the italicised words in the following sentences say whether it is (in English)

   (i) direct object of a verb
   (ii) object of the preposition 'to' (indirect object)
   (iii) object of another preposition

(a) Why did she give *him* the prize? He doesn't deserve *it*.

(b) Where did you get *it*? She gave *it* to *me*.

(c) If you look at *it* carefully you'll understand *it* better.

(d) They wouldn't show *us* the house but they showed *it* to Tom.

(e) We have been looking for *them*. Tell *them* that.

Now translate the sentences into French. Which of the objects belong to a different group in French from the group in which you put them in English?

3.1   *Unstressed object pronouns*

The following table sets out the order of object pronouns before the verb.

1	2	3	4	5
me *te* *se* *nous* *vous*	*le* *la* *les*	*lui* *leur*	*y*	*en*

3.2   Object pronouns normally occur **before** the verb,

e.g. *Je* **le** *donne. Je ne* **le** *donne pas. L'attendez-vous? L'ayant vu moi-même, je suis d'accord avec vous.*

Difficulties are encountered only when there are two verbs in the sentence, as with the compound tenses and with verb and infinitive constructions.

In compound tenses object pronouns precede the auxiliary verb,

e.g. *Je* **la lui** *ai donnée.*
     Il ne **me** *l'a pas donné.*

In verb and infinitive constructions object pronouns precede the infinitive of which they

Two points to note:

– These pronouns immediately precede the verb in all cases except in affirmative imperative sentences,
e.g. *Faites-**le**.*

– Where a direct object pronoun precedes a verb in a compound tense, the past participle agrees with it,
e.g. *Je* **les** *ai vus.*

are the object,
e.g. *Je vais* **le** *voir.   Il a voulu* **me** *parler. Nous préférons* **y** *aller.   Tu ne dois pas* **lui en** *parler.*

     N.B. *Je viens* **de le** *voir.   Elle m'a invité* **à le** *goûter.*

However, in constructions involving *faire/ laisser/entendre/sentir/voir*+infinitive, object pronouns precede these verbs and *not* the dependent infinitive,
e.g. *Je* **la** *fais construire.*

     Il **me** *laisse parler.*

     Tu **nous** *entends venir.*

     Nous voulons **la** *faire taire.*

See also GS 9, §§3.1.4 and 5, pp. 143–144.

3.3 Personal pronouns occur **after** the verb of which they are the object (joined to it and to one another by hyphens) only in **affirmative imperative** sentences,

e.g. *Faites-le venir! Parlez-lui! Ecoutez-nous chanter! Laissez-les faire!*
Cp. *Ne le faites pas venir! Ne lui parlez pas!* etc.

Two points to note:

– *me* and *te* change to *moi* and *toi* (except before *y* and *en*),
e.g. *Emmenez-moi! Tais-toi!*
Cp. *Donnez m'en!*

– when there are two object pronouns, the direct precedes the indirect,
e.g. *Donne-le-moi!*

Cp. the negative imperative
Ne me le donne pas!

EXERCISE D: Replace the italicised words by pronouns. Pay particular attention to order where more than one object is used and to those cases where the pronoun object follows the verb:

(a) Tu devrais donner *le couteau à ta mère*.
(b) Elle a fait construire *la maison* mais elle ne permet pas *à son père* de voir *sa maison*.
(c) Puisque Pierre a offert *ce cadeau à son amie*, elle devrait parler *à Pierre du cadeau*.
(d) Est-ce que M. et Mme Taupet préfèrent envoyer *le billet à Paris*?
(e) Je pourrais envoyer *le billet à M. et Mme Taupet*.
(f) Donnez *le vin à votre père* et ne parlez plus *du vin*.

3.4 Stressed object pronouns

The forms of the stressed object pronouns are the same as for the stressed subject pronouns (see §§2 and 2.2). The main situations where the stressed form of the personal pronoun object is used are:

1. where there are two pronoun objects (both human) from the same column (see §3.1 above): *Il s'adressa à **nous**. Vous devriez vous fier à **moi**.*
2. where there are two pronoun objects (both human) one from Column 1 and one from Column 3 (see §3.1 above): *Tu me présenteras à **lui**. Nous nous sommes rendus à **eux**.*
3. for indirect (human) pronoun objects after verbs of motion such as *aller* and *venir*: *Il vient à **moi**. Allez à **eux**.*
4. to clarify a plural pronoun object: *Je vous donne ces bonbons, à **toi** et à ton frère.*
5. after prepositions: *Elle est venue avec **moi**. Entre **nous**, je ne le crois pas.*
6. after *ne . . . que . . .*: *Il n'a vu qu'**eux**.*
7. after *comme* and *que* in comparative statements: *Comme **moi**, il passe ses vacances à Paris. Elle est plus intelligente que **lui**.*
8. for emphasis: ***Toi**, je veux te voir.*

Soi is the stressed form of the third person object pronoun *se*. It is normally used to denote only indefinite entities and generalities. As such it can refer both to humans and to non-humans.

(i) **Human:** *soi* is normally used in conjunction with the indefinite pronouns *on, chacun, aucun, nul, tout* etc. and in impersonal statements,
e.g. *On est toujours mieux chez **soi**.*
*Chacun ne songe qu'à **soi**.*
*Nul n'est prophète chez **soi**.*
*N'aimer que **soi**, c'est malheureux.*

(ii) **Non-human:** *soi* exists only in the singular,
e.g. *Un bienfait porte en **soi** sa récompense.*

In the plural it is replaced by *eux* or *elles*,
e.g. *Les bienfaits portent en **eux** leur récompense.*

§4.   Special Uses of *Le*, *Y* and *En*

4.1   *le*

The Personal Pronoun *le* is used in formal French to recall a noun, adjective or whole clause in circumstances where in English the verb stands alone,

e.g. *Lui, le directeur! Il ne l'est certes pas.*
     Il n'est pas riche.   Je le sais.

Conversely, *le* is sometimes not present in French where 'it' is present in English,

e.g. *Je trouve difficile de travailler.*
     I find **it** difficult to work.
     Je juge nécessaire de partir.
     I deem **it** necessary to leave.

4.2   *y, en*

Y stands for a French prepositional phrase introduced by *à, dans, en, sur*, etc. It is never used for humans,

e.g. *Nous sommes allés à Paris et nous **y** sommes restés (**à** Paris).*
     *Je les ai mis dans cette boîte. Ils **y** sont toujours (**dans** cette boîte).*

En stands for a French prepositional phrase introduced by *de*. It may refer to humans,

e.g. *Cette affaire est délicate; le succès **en** est*
douteux (**de** *cette affaire*).
*Cette pomme n'a pas de goût; donnez-m'**en** une autre (**de** ces pommes).*
*J'ai vu Jean-Paul; nous **en** avons parlé récemment (**de** Jean-Paul).*

Since *y* and *en* are indirect objects they do **not** affect past participle agreement,

e.g. *Parce que j'aime beaucoup ces pommes, elle m'**en** a donné une douzaine.*

Je leur demande: « Pourquoi faut-il que je mange ce que je n'aime pas? »

Ils me disent: «C'est pour ton bien.»

Et je leur demande: « Pourquoi faut-il que j'aille en classe si je n'aime pas ça »

Et ils me répondent: «C'est pour ton bien! »

Quand je leur demande: « Pourquoi faut-il que j'aille à des réunions que je n'aime pas ? »

Ils me disent: «C'est pour ton bien.»

Et quand je leur demande: « Pourquoi est-ce que vous fumez, que vous buvez et que vous regardez tout le temps la télé? »

Ils me répondent: «Parce que nous avons eu une enfance malheureuse.»

II Jeunesse et troisième âge

TEXTE UN: Des étrangers dans la maison

Jamais sans doute la communication entre générations ne fut si difficile. On ne lance plus de pavés: c'était tout de même un langage. La porte de la contestation, la porte du discours sont maintenant fermées. La route du voyage tourne court: aujourd'hui on fuit en restant là, apathique et morne, dans une fausse et lointaine indolence, une passivité qui devient vite — si l'on s'approche trop près — agressive. Alors les adultes, même de bonne volonté, ne savent plus «par quel bout les prendre». Ceux-là même qui avaient le «contact» l'ont perdu. Depuis deux ans, trop de démagogues ont travaillé «dans la jeunesse» pour l'exploiter ou la récupérer: leurs passages éléphantesques ont fini par briser les ponts. Pour savoir qui ils sont, ce qu'ils veulent, il faut beaucoup de patience, de prudence, d'attention, de modestie. Question de disponibilité, question de cœur et d'oreille. De chance, aussi.

    Quelquefois, quelqu'un y réussit. C'est le cas par exemple de Marie Cardinal, une grande femme puissante et généreuse qui avait trois enfants à rendre heureux, donc à comprendre, et une éducation coloniale bourgeoise à se pardonner à elle-même. Grande entreprise, qui démarre mine de rien: les enfants sont petits, leur mère travaille, ils ramènent des copains en rentrant du lycée. Pour simplifier les choses, elle laisse finalement la clef sur la porte, comme on faisait chez elle, à Alger. «Il fallait être une Méditerranéenne folingue comme moi pour ne pas voir où ça allait me mener.» D'abord ce sont les cartables empilés dans l'entrée. Puis les enfants qui viennent de tout le quartier. Ils grandissent.

    L'appartement devient grotte, refuge. Ils sont quinze, vingt, trente, ils arrivent de partout. Ils jettent des coussins par terre, accrochent des tentures aux murs, empilent des disques, vident le réfrigérateur, amènent leur sac de couchage, passent la nuit dans un coin comme des chats roulés en boule. Ils s'affalent sur les canapés, ils entrent, sortent. (Quand résonne, incongrue, la sonnette, tout le monde s'inquiète: «Qui peut bien sonner?»). La clef est toujours sur la porte. Ils discutent, écoutent leurs disques, discutent, écoutent leurs disques, discutent . . . Marie s'épuise, perd peu à peu son argenterie et ses préjugés, voit s'écrouler ses chaises et fléchir toutes ses certitudes. Elle ne veut pas être la mère qui recueille, la dame des chats perdus. (Pourtant, combien d'entre eux sont des enfants perdus.) Parce que ce monde clos des adolescents la fascine et l'étouffe, parce qu'elle pense qu'il faut expliquer au monde — ou peut-être à elle-même —, elle noircit des cahiers, raconte, écrit un livre: «La Clé sur la porte». Un livre? Non, un récit sans morale, ni exemplaire ni prêcheur. Les adultes anxieux ne trouveront pas de réponse toute faite à leurs questions de parents déroutés. Et c'est bien mieux ainsi.

Josette Alia, Le Nouvel Observateur, 4 décembre 1972

A. PREPARATION DU TEXTE

Notes

On ne lance plus de pavés (1–2): On, c'est-à-dire les jeunes; lors des événements de mai 1968 à Paris, les manifestants, suivant la tradition des révolutionnaires français, lançaient des pavés sur les policiers.

la récupérer (7–8): c'est-à-dire, la faire rentrer dans les normes, la socialiser.

éducation coloniale (13): cp. 16. Rentrés en France après l'accession à l'indépendance de l'Algérie, les colons ont mis longtemps à s'adapter à la vie française.

mine de rien (14): (style familier) 'as if it was nothing special'.

'Il fallait être . . . pour . . .' (16): 'You had to be . . . to . . .' ou 'Only a . . . would . . .'

folingue (16): (style familier) 'crazy' = *fol+ dingue (?).*

noircit des cahiers (29): écrit beaucoup — et rapidement, à la hâte.

Vocabulaire

1. Trouvez le sens des mots suivants:
morne (4), puissante (12), tentures (20), recueille (27), étouffe (28).

2. Traduisez en anglais, selon le contexte, les expressions suivantes:
La porte de la contestation (2)
passages éléphantesques (8)
briser les ponts (8)
Question de disponibilité (10)
Ils sont quinze (19)
Qui peut bien sonner? (23)
perd peu à peu son argenterie et ses préjugés (25)
la dame des chats perdus (27)
ni exemplaire ni prêcheur (30–31)

3. Trouvez des quasi-synonymes pour remplacer dans le contexte les termes suivants:
indolence (4), démarre (14), canapés (22), déroutés (32).

4. Quelle différence de sens y a-t-il entre:
s'affaler (22), s'écrouler (26), fléchir (26)?

5. A qui ou à quoi se réfèrent les pronoms en caractères gras dans les phrases suivantes?
*aujourd'hui **on** fuit en restant là (3)*
*si l'**on** s'approche trop près (5)*
*Pour savoir qui **ils** sont, ce qu'**ils** veulent (8–9)*
*quelqu'un **y** réussit (11)*

Commentaire grammatical

(i) Uses of tenses

Jamais . . . la communication entre générations ne fut si difficile (1): 'never was communication between generations so difficult.' In modern French journalistic writing like this the present tense is the main tense used, even for events which occurred in the past (see GS 2, §2, p. 27). Consequently, when a journalist uses the past historic, as here, it has a special effect, placing the action or event firmly in the past and contrasting it sharply with the situation now.

avaient . . . ont perdu (6): the imperfect refers back to a state of affairs in the past, while the perfect describes an event completed by the time of writing. See GS 2, §3.3, p. 30.

Depuis deux ans, trop de démagogues ont travaillé 'dans la jeunesse' (7): 'too many demagogues have worked (and have subsequently stopped working) 'in youth'.' Cp. *Depuis deux ans, trop de démagogues travaillent* which would imply that they have been working and still are. See GS 2, §§4.1 and 4.2, p. 31.

(ii) Other grammar points

tourne court (3): 'comes to a dead end'. Cp. *chanter faux* 'sing out of tune', *parler bas* 'speak in a low voice', *sentir bon* 'smell good', *voir clair* 'see clearly', *aller tout droit* 'to go straight on'. With the exception of *tout* (see below), adjectives used as adverbs do not agree in gender or number.

Marie Cardinal, une grande femme . . . (11–12): femme is in apposition to *Marie Cardinal,* but as it is particularised by the adjectives and the *qui* clause, an article is required. See GS 5, §3.3, p. 81.

une éducation . . . à se pardonner à elle-même (13): the second *à* is needed since the construction is *pardonner qch à qn. Elle* is used rather than *soi* since the latter occurs only in conjunction with indefinites like *on, aucun, chacun,* e.g. *On pardonne cela à soi-même.* See GS 1, §3.4, p. 15.

sur la porte (15): on laisse une clef **sur** la porte mais **dans** la serrure.

sans morale, ni exemplaire ni prêcheur (30–31): after *sans* articles are frequently absent, see GS 5, §3.1.6, p. 81. *Ni . . . ni . . .* generally occur in conjunction with another negative expression, here *sans,* but very frequently *ne. . . .* Note the word order of the following sentences with *ne . . . ni . . . ni. . . . Ce n'est **ni** un chien **ni** un loup. Il n'a **ni** mangé **ni** bu. Nous n'avons parlé **ni** au patron **ni** même à sa secrétaire. **Ni** Jean **ni** Pierre n'est (**ne** sont) parti(s).*

toute faite (31): tout as an adverb meaning 'completely' or 'quite' is normally invariable, *tout entière, tout prêts,* but does agree with a feminine adjective beginning with a consonant, *toute belle,* or with an aspirate 'h', *toutes honteuses.*

Compréhension du texte

1. En quoi, d'après l'auteur, l'attitude des jeunes a-t-elle changé depuis quelques années?

2. Quelle a été l'erreur des *démagogues (7)*?

3. Quels changements matériels l'appartement de Marie Cardinal a-t-il subis depuis qu'elle laisse la clef sur la porte?

4. Quelle a été la *grande entreprise (13)* de Marie Cardinal?

5. Qu'est-ce qu'elle a à se pardonner en ce qui concerne son *éducation coloniale bourgeoise (13)*?

6. Pourquoi s'inquiète-t-on lorsqu'on entend la sonnette *(23)*?

B. EXERCICES DE RENFORCEMENT

A l'oral

1. Donnez des réponses orales aux questions suivantes:
(a) Comment l'appartement de Marie Cardinal est-il devenu un *refuge (19)*?
(b) Qu'est-ce qu'une *dame des chats perdus (27)*?
(c) Qu'est-ce que Marie Cardinal cherche à éviter en écrivant son livre?

Exercices lexicaux

2. Groupez par paires ceux des adjectifs suivants qui présentent une parenté de sens:
(a) hautain, placide, arrogant, inconstant, apathique, poseur, versatile, flegmatique, prétentieux, indifférent.
(b) clairvoyant, obligeant, débauché, perspicace, triste, morose, serviable, dépravé, renfrogné, confus, penaud, morne.

3. Le développement d'une amitié. Etablissez dans les termes ci-dessous un ordre qui vous semble approprié. Commencez par *rencontre* et terminez par *rupture*:
familiarité, camaraderie, brouille, refroidissement, sympathie, intimité, fraternité, fâcherie.

4. Composez des phrases en français afin de faire ressortir la différence de sens entre les termes suivants:
la langue — le langage (2);
la morale (30) — le moral.

5. Complétez le tableau suivant en donnant le sens des termes dérivés. Par exemple,
argent — argenterie (silverware) *(25)*
le bijou —   le couteau —
le papier —   le bois —

Exercices grammaticaux et structuraux

6. Récrivez le texte de la bande dessinée (p. 16) en discours indirect ('indirect speech'), voir GS 2, §3.2.5, p. 29.
Commencez: *Elle leur a demandé* . . .

7. Récrivez le texte suivant, en mettant les verbes imprimés en italique au passé. N'employez pas le passé composé:

En attendant le jour, je *demeurer* étendu tout habillé sur le lit de maman. Elle *revenir* une fois pour me dire que Marie Duberc *être* occupée à repasser mon linge et que rien ne me manquerait. Je n'*avoir* qu'à rassembler mes livres et mes paperasses, comme elle *appeler* tout ce que j'*écrire*. Je m'*assoupir*. J'*entendre* les roues de la carriole de Duberc dans un demi-sommeil. Marie *entrer* avec un plateau. Depuis la fuite de Simon, maman ne *parler* plus aux Duberc que pour leur donner des ordres. Marie m'*assurer* que Laurent *reposer* maintenant, que maman ne le *quitter* plus. (D'après François Mauriac)

8. Récrivez à la forme négative en vous servant de *ne . . . ni . . . (ni)*. Voir le Commentaire grammatical p. 19.
(a) Cela est agréable et pour le fils et pour le père.
(b) Ils partent et reviennent aux mêmes heures.
(c) J'ai pris des huîtres et Hélène aussi.
(d) Il consent à réparer la moto et à la louer.
(e) Elle a été reçue à l'écrit et à l'oral.

C. EXPLOITATION DU TEXTE

A l'oral

1. Récit oral: Assumez le rôle de Marie Cardinal et racontez ce que vous avez fait pour essayer de comprendre la jeune génération.

2. Sujet de discussion: Que pensez-vous de la génération de vos parents?

A l'écrit

3. Résumé: Résumez ce texte en 150 mots. Faites-en ressortir, dans un français simple, les idées principales.

4. Rédaction dirigée: Un parent d'élève critique l'attitude de Marie Cardinal, qu'il qualifie d'irresponsable. Développez son argument selon le plan suivant (250 mots):

– Clef sur la porte — manque de sécurité, irréaliste à Paris.

– Attire les enfants chez elle, les prive de vie de famille, encourage le désordre.

– Enfants arrivent de partout, parmi eux certains 'individus' peu recommandables, aucun respect pour la propriété, vol, bruit.

– Mme Cardinal entraîne nos enfants à se conduire mal, elle s'en vante.

5. Rédaction: 'Jamais la communication entre les parents et leurs enfants n'a été aussi difficile.' Commentez ce jugement (300 mots).

6. Version: Traduisez en anglais les lignes *19–32*.

7. Thème: Traduisez en français le passage suivant en vous servant d'expressions tirées du texte. N'employez pas le passé simple ('past historic'):

On the way home from school yesterday, we went to Marc Cardinal's house. Until then I hadn't realised how tolerant his mother was and what a good atmosphere they have created. My brother and I cycled home to fetch our records and came back to Marc's at eight o'clock with our sleeping bags. After all, it's so boring to stay at home watching television. At Marc's   4
house we could talk and listen to records. There must have been[1] about thirty people and I think they came[2] from all over this part of town. At one point I saw someone filling his pockets with Mme Cardinal's silverware. I suppose I ought to have[1] said something but I didn't. I just felt slightly disgusted that someone was taking advantage of Mme Cardinal's   8
generosity.

Then, suddenly, the doorbell rang. Who could it be? They had left the key in the door as usual so none of Marc's friends would have bothered to ring. I was astonished to find that my father was standing at the door, looking black as thunder. On the other hand, I might have   12
expected[1] it; ever since I started going out in the evenings, he hasn't stopped trying to discover who my friends are and where we meet.

Notes: [1] Voir GS 8, §§5.1 et 5.2, pp. 131–132.   [2] Voir GS 2, §3.4.2, p. 31.

TEXTE DEUX: Maigret en retraite

Madame Maigret, qui écossait des petits pois dans une ombre chaude où le bleu de son tablier et le vert des cosses mettaient des taches somptueuses, Mme Maigret, dont les mains n'étaient jamais inactives, fût-ce à deux heures de l'après-midi par la plus chaude journée

4 d'un mois d'août accablant, Mme Maigret, qui surveillait son mari comme un poupon, s'inquiéta:

— Je parie que tu vas déjà te lever . . .

Pourtant le fauteuil transatlantique dans lequel Maigret était étendu n'avait pas craqué.

8 L'ancien commissaire de la PJ n'avait pas poussé le plus léger soupir.

Sans doute, avec l'habitude qu'elle avait de lui, avait-elle vu passer un frémissement imperceptible sur son visage laqué de sueur. Car c'était vrai qu'il était sur le point de se lever. Mais par une sorte de respect humain, il s'obligea à rester étendu.

12 C'était le deuxième été qu'ils passaient dans leur maison de Meung-sur-Loire depuis qu'il avait pris sa retraite. Il n'y avait pas un quart d'heure qu'avec satisfaction il s'était étendu dans le confortable fauteuil hamac et sa pipe fumait doucement. L'air, autour de lui, était d'une fraîcheur d'autant plus appréciable qu'à deux mètres à peine, passé la frontière

16 d'ombre et de soleil, c'était la fournaise bruissante de mouches.

A un rythme régulier, les petits pois tombaient dans la bassine émaillée. Mme Maigret, les genoux écartés, en avait plein son tablier, et il y en avait deux grands paniers, cueillis du matin, pour la conserve.

20 Ce que Maigret appréciait le plus dans sa maison, c'était cet endroit où ils se trouvaient, un endroit qui n'avait pas de nom, une sorte de cour entre la cuisine et le jardin, mais une cour en partie couverte, qu'on avait meublée peu à peu, au point d'y installer un fourneau, un buffet, et d'y prendre la plupart des repas. Cela tenait un peu du patio espagnol et il y avait

24 par terre des carreaux rouges qui donnaient à l'ombre une qualité toute spéciale.

Maigret tint bon cinq minutes, peut-être un peu plus, regardant à travers ses paupières mi-closes le potager qui semblait fumer sous un soleil écrasant. Puis, rejetant tout respect humain, il se leva.

28 — Qu'est-ce que tu vas encore faire?

Il avait facilement l'air, comme ça, dans l'intimité conjugale, d'un enfant boudeur qu'on a pris en faute.

— Je suis sûr que les aubergines sont encore couvertes de doryphores, grommela-t-il. Et

32 cela, à cause de *tes* salades . . .

Il y avait un mois que durait cette petite guerre des salades. Comme il y avait de la place libre entre les pieds d'aubergine, Mme Maigret, un soir, y avait repiqué des salades.

— C'est toujours autant de place de gagnée, avait-elle remarqué.

Au moment même, il n'avait pas protesté, parce qu'il n'avait pas pensé que les doryphores   36
sont encore plus gourmands de feuilles d'aubergine que de pommes de terre. A cause des
salades, il était impossible, à présent, de les traiter à la bouillie d'arsenic.

Et Maigret, dix fois par jour, comme il le faisait en ce moment, coiffé de son immense
chapeau de paille, allait se pencher sur les feuilles d'un vert pâle qu'il retournait   40
délicatement pour y cueillir les petites bêtes rayées. Il les gardait dans sa main gauche
jusqu'à ce que celle-ci fût pleine et il venait, l'air grognon, les jeter dans le feu avec un regard
de défi à sa femme.

— Si tu n'avais pas repiqué de salades . . .   44

G. Simenon, *Maigret se fâche*, Presses de la Cité, 1949

A. PREPARATION DU TEXTE

Notes

fauteuil transatlantique (m) (7): 'deck-chair.'
On dit aussi *un transatlantique* ou simplement
un transat.

la PJ (8): la police judiciaire, équivalente du
CID britannique.

Meung-sur-Loire (12): chef-lieu de canton du
Loiret, dans le Val de Loire.

conserve (f) (19): 'bottled or preserved fruit or
vegetables'. Cp. *conserver* 'preserve', *préserver*
'protect'.

doryphores (m. pl) (31): 'Colorado beetles'.

bouillie (f) d'arsenic (38): 'arsenic spray'. Cp. le
sens habituel de *bouillie*: 'gruel, porridge,
pulp'.

Vocabulaire

1. Trouvez dans le texte 10 mots ou expressions
se référant à l'humeur de Maigret. Donnez-en
le sens en anglais.

2. Traduisez en anglais, selon le contexte, les
expressions suivantes:
*écossait (1), poupon (4), laqué de sueur (10),
respect humain (11, 26–27), fournaise (16), Cela
tenait un peu du patio (23), carreaux (24), qualité
(24), tint bon (25), potager (26), écrasant (26),*

*encore (28 et 37), salades (32), pieds d'aubergine
(34), repiqué (34), même (36), rayées (41).*

3. Trouvez dans le dictionnaire les équivalents
français de 'to retire, retired, in retirement'.

4. *bassine (17):* trouvez des équivalents français de 'basin, bowl, pond, pool' et employez-
les dans des phrases.

Commentaire grammatical

(i) Uses of tenses

écossait (1), surveillait (4), s'inquiéta (5): a
number of continuing events are 'interrupted'
by the occurrence of the final event: 'Mme

Maigret became concerned.' Consequently,
s'inquiéta is in the past historic, but the others in
the imperfect. See GS 2, §3.2.1, p. 28.

depuis qu'il avait pris . . . (12–13): here a

compound tense, the pluperfect, is used with *depuis que* instead of the imperfect because a **completed** event is referred to, not a **continuing** one. See GS 2, §4.3, pp. 31–32.

Il n'y avait pas un quart d'heure qu' . . . *il s'était étendu (13):* 'scarcely a quarter of an hour had passed since he had stretched out'. The compound tense, the pluperfect, is used here to refer to a completed event, as with *depuis que* in the previous note. By contrast, we have *Il y avait un mois que **durait** cette petite guerre (33):* 'this petty war had been going on for a month.' In this case, the war was continuing and was not completed, hence the use of the imperfect. See GS 2, §4.4, p. 32.

un enfant boudeur qu'on a pris en faute (29–30): 'a sulky child who has been caught out'. The perfect is used here, although most of the narrative uses past historics. This is because the comparison is a general one, and has nothing to do with the story about Maigret. Maigret was not caught out; he was like a child who **has been** caught out — English makes a similar distinction between simple past and perfect.

(ii) Other grammar points

fût-ce (3): 'even if it was'. The imperfect subjunctive with inverted subject and verb is a formal stylistic variant of the more usual conditional sentence with *même si*. See GS 8, §§4.2 and 4.4 p. 130.

d'autant plus appréciable qu'à deux mètres . . . *c'était la fournaise* . . . *(15–16):* 'all the more noticeable because . . . two metres away it was like a furnace . . .'. Note the use of the construction *d'autant plus/moins que* . . . It can also be used without an adjective, e.g. *Il aime d'autant plus/mieux/moins sa maison que* . . . (He likes his house all the more/better/less because . . .), and with a noun, e.g. *Il a d'autant plus/moins d'appétit que* . . . (He has all the more/less appetite because . . .). See also GS 12, §5.2, p. 200.

en avait plein son tablier (18): in the expression *en avoir plein* ('to have a vast quantity in') *plein* is invariable, cp. *en avoir plein la bouche.*

Compréhension du texte

1. Qu'est-ce que l'on entend par *respect humain (11, 26–27)*? Autrement dit, pourquoi Maigret reste-t-il d'abord étendu?

2. Quelle est l'attitude de Mme Maigret envers son mari? A quoi la devine-t-on?

3. Expliquez l'expression *cette petite guerre des salades (33)*.

4. Qu'est-ce que ce texte nous apprend sur le caractère de Maigret?

B. EXERCICES DE RENFORCEMENT

A l'oral

1. Préparez des réponses orales aux questions suivantes:
(a) Décrivez le patio et le jardin des Maigret.
(b) A quoi s'occupent les Maigret dans leur maison d'été?
(c) Pourquoi était-il impossible de traiter les aubergines à la bouillie d'arsenic?

Exercices lexicaux

2. Distinguez le sens des locutions suivantes: *tenir de (23), tenir bon (25), tenir à.* Composez 3

phrases contenant chacune l'une de ces locutions.

3. Utilisez les expressions suivantes dans des phrases de façon à en dégager les oppositions de sens:

la tâche — la tache (2); sur le point de (10) — au point de (22); rester étendu (11) — s'étendre (13); la fournaise (16) — le fourneau (22).

Exercices grammaticaux et structuraux

4. Cherchez dans le texte tous les exemples de discours direct. Transformez-les en discours indirect à l'aide d'expressions telles que *elle dit que . . ., il répondit que . . .* Apportez les modifications nécessaires de temps et de personne. On commencera *Mme Maigret dit à son mari qu'elle partait. . .* Voir GS 2, §3.2.5, p. 29.

5. Mettez chacun des verbes imprimés en italique soit au passé simple soit à l'imparfait:

Comme le train *traverser* à toute vitesse la gare de Chalon, Michel *regarder* sa montre. Il *être* 4h30 et cela *faire* plus de trois heures qu'il *être* dans le train. Il voyageait souvent, mais ce voyage-ci lui *porter* sur les nerfs. Il se *rendre* compte qu'il aurait beaucoup de choses à régler chez lui. A cette pensée il *soupirer*; son appartement était sans doute en désordre. Plus il y *penser*, plus il *sentir* qu'il ferait bien de se marier. Mais, tout de suite, les paroles de sa mère lui *revenir* en mémoire: Ne te marie pas pour te procurer une femme de ménage! D'ailleurs, il *avoir* une femme de ménage qui, malgré son âge, lui *rendre* de loyaux services depuis des années. Elle aurait du mal à trouver un autre emploi s'il se *marier*. Ces idées confuses le *faire* réflechir et hésiter. Il *décider* de ne rien faire pour le moment. Ensuite il *rester* pendant quelques minutes en silence à regarder par la fenêtre, et puis se *replonger* dans son roman.

6. Traduisez en français:
(a) In all, the trial lasted for seven months. When the verdict was finally given, both parties were disappointed.
(b) It seemed to me that he was a suspicious character, so I refused to accompany him.
(c) The detective remained silent for a while then leaped from his armchair thinking that he must have fallen asleep.
(d) Maigret spoke several languages fluently but never had the chance to use them.
(e) Scarcely had the president begun his speech when he collapsed.
(f) The jury (*les jurés*) discussed the matter for two and a half hours; even so, it did not manage to reach a conclusion.
(g) The inspector had been waiting for the man with the black beard for an hour and twenty minutes when it started to rain and he decided to go home and watch television.

C. EXPLOITATION DU TEXTE

A l'oral

1. Saynètes:
(a) Maigret arrive comme d'habitude en retard pour le déjeuner. Dispute entre lui et sa femme. Rôles respectifs joués par un étudiant et une étudiante.
(b) Imaginez et jouez la scène de la petite guerre des salades.

2. Récit oral: Racontez ce qui s'est passé pendant la journée d'abord du point de vue de Maigret, ensuite de celui de Mme Maigret, comme si il/elle parlait à Lucas/à une vieille amie.

A l'écrit

3. Rédaction dirigée: Vous êtes agent de location. M. Maigret veut louer sa maison de campagne. Ecrivez une description publicitaire de cette maison qui vante sa situation géographique, etc. (200 mots). Plan à suivre:

– Situation, climat, autres avantages.

– La maison, nombre de pièces, facilités.

– Le patio, le jardin.

– Prix du loyer, conditions, méthode de paiement.

4. Rédactions:

(a) En quoi la retraite de Maigret est-elle typique? Référez-vous, si vous voulez, à un(e) retraité(e) que vous connaissez.

(b) Maigret écrit à ses anciens collègues pour leur décrire sa retraite (300 mots).

5. Version: Traduisez en anglais les lignes *20–44.*

6. Thème: Traduisez en français en vous servant le plus possible d'expressions tirées du texte.

Maigret was fed up with retirement, all the more so since Mme Maigret was now beginning to get on his nerves. The ex-inspector had given up his job in the P.J. not quite six months before and it seemed more like six years — particularly on hot days like today when the
4 burning sun forced him to pass the time lying in the shade doing nothing. No doubt this unwonted inactivity would have been bearable if Mme Maigret could have stopped talking, even for only a few minutes. However, this was not to be. Ever since he had retired he had been trying to get down to his memoirs, but because of her chatter it was impossible ever to
8 concentrate. Their house in the country seemed more akin to a prison than to a home. He was about to ask her to shut up when suddenly a cry was heard in the lane outside. A shot rang out and a car roared off[1] in the direction of Orleans. Mme Maigret jumped to her feet[1], the bowl containing the peas she was shelling crashed to the floor, and Maigret had a tingle in
12 his spine for the first time in six months.

Note: [1] Voir GS 11, §7, p. 182.

GRAMMAR SECTION 2: Tenses: Present and Past

§1. **Introduction**
§2. **The Present Tense**
§3. **The Past Tenses**
§4. **Tenses following** *depuis*

§1. Introduction

When a verb evokes an event, it states when that event took place in relation either to the moment of speech (or writing) or to some other event. Generally in French, events which are centred upon or include the moment of speech (or writing) are evoked by the **present** tense (*je fais*); past events are narrated in the **past historic** (*je fis*), **imperfect** (*je faisais*) or **perfect** (*j'ai fait*) tenses.

§2. The Present Tense

The present tense is used in French as in English except that:

– French has only one present tense form where English has three:

I think
Je pense = I do think
I am thinking

–, the 'historic present' is commonly used in French to narrate past events,

e.g. *Maigret fumait, le front dur. Dès le premier interrogatoire, Le Clinche* **ment, parle** *d'un homme en souliers jaunes qui a tué Fallut* . . . (Simenon)

For the use of tenses with *depuis*, *il y a*, etc. see §4 below.

§3.   The Past Tenses

The Past Historic and the Imperfect
It is important to understand the fundamental distinction between these two past tenses:

> THE PAST HISTORIC EMBRACES THE WHOLE OF A PAST EVENT, FROM ITS INCEPTION TO ITS COMPLETION.
>
> THE IMPERFECT DESCRIBES AN EVENT AS BEING IN PROGRESS AT A GIVEN MOMENT OF PAST TIME, WITHOUT REGARD TO THE BEGINNING OR END OF THE PROCESS.

The two tenses correspond to two different conceptions of past events. The narrator may recall a past event as a **complete** entity:
*Il **fit** chaud cet été-là.*

Alternatively, he may recall it as an **ongoing** or **recurrent** event, perhaps the background situation to some other event:
*Il **faisait** chaud cet été-là.*

EXERCISE A: Make a list of the finite verbs in the following passage and explain the tense usage in terms of the distinction made above:

Il se déshabilla, se glissa dans le lit chaud. Au lieu de s'endormir, il continua à penser à la jeune morte de la place Vintimille. Il entendait, dehors, Paris s'éveiller petit à petit, des bruits isolés, plus ou moins lointains, espacés d'abord puis finissant par former une sorte de symphonie familière. Les concierges commençaient à traîner les poubelles au bord des trottoirs. Dans l'escalier résonnèrent les pas de la petite bonne du crémier qui allait poser les bouteilles de lait devant les portes.   (Simenon)

3.1   The Past Historic

This tense is used only in formal or literary style (see §3.3). If you are uncertain about its formation, you should consult H. Ferrar, *A French Reference Grammar*, Oxford, 1967, pp. 48–66, or *DFC* pp. VIII–XVIII.

The past historic views an event as **a complete entity**, but this event may be of any duration, ranging from a mere point in time:
*Il **mourut** le 5 décembre*

to a period of many years:
*Il **vécut** cent ans.*
*L'âge de pierre **dura** bien des siècles.*

Consequently this tense is ideally suited to relating the successive events in a narrative. This is the role it commonly performs in novels and journalism:

*Je les **entendis** traverser l'antichambre, les pas de l'Allemand **résonnèrent** dans le couloir, alternativement forts et faibles, une porte **s'ouvrit**, puis se **referma**. Ma nièce **revint**. Elle **reprit** sa tasse et **continua** de boire son café. J'**allumai** une pipe. Nous **restâmes** silencieux quelques minutes.* (Vercors)

3.2   The Imperfect

This tense recalls an event as being **in progress** in past time without regard to the beginning or end of the event.

3.2.1   It is used for describing accompanying circumstances and descriptive details and for relating an event which was **in progress** when another event occurred. In this context, it often occurs in conjunction with and in contrast to the past historic:
*Je **dormais** quand tout à coup le téléphone **sonna**.*
'I was sleeping/asleep when . . .'
*Ils n'**avaient** plus faim ni l'un ni l'autre, mais ils **s'attablèrent** néanmoins dans une brasserie.* (Simenon)

3.2.2 It is also used for relating events which occurred **habitually** in the past (when there is no indication of when the 'habit' started or when it ended):

*Il **lisait** tous les jours le même journal.*
*Quand Vincent allait au café, il **prenait** toujours un vin blanc.*

3.2.3 As in the case of the past historic, events narrated in the imperfect may be of any duration, from a matter of a few seconds to a period of years:

*Je **traversais** la rue quand il me héla.*
*Autrefois, les enfants **travaillaient** dans les mines.*

3.2.4 In the case of certain verbs, use of the imperfect rather than the past historic modifies the meaning of the verb. In each case, the past historic conveys a sense of **accomplishment** or **finality** not present when the imperfect is used:

*Il **mourait** de faim.* 'He was starving.'
*Il **mourut** de faim.* 'He died of hunger.'

*Il **pouvait** se sauver mais préféra rester avec les autres.*
*Il **put** se sauver, abandonnant les autres à leur sort.* (i.e. he actually managed to escape)

*Il **voulait** parler mais décida qu'il valait mieux se taire.*
*Il **voulut** parler mais n'arriva pas à articuler une seule syllabe.* (i.e. he actually tried to speak)

*Le 29 juin, on ne **savait** pas encore que le chef était mort.*
*Le lendemain, dès l'arrivée de Paul, on le **sut**.* (i.e. we found out)

*Jean-Luc **devait** la revoir le lendemain.* 'Jean-Luc was to see her again the next day.'
*Jean-Luc **dut** la revoir le lendemain.* 'Jean-Luc had to (i.e. was obliged to) see her again the next day.'

See also GS 8, §§5.1 and 5.2, pp. 131–132.

3.2.5 The imperfect is commonly used in **Indirect Speech** (see GS 8, §2.4, p. 128). A present tense in direct speech becomes an imperfect in indirect speech (*style indirect*) following a verb of saying/thinking in the past, e.g. *J'en **ai** assez — Il déclara qu'il en **avait** assez.*

In literary style, the verb of saying/thinking is often omitted while the speech remains indirect. This is known as *style indirect libre*:

*Selon lui, l'imagination **reculait** devant cet atroce attentat. Il **osait** espérer que la justice des hommes punirait sans faiblesse. Mais, il ne **craignait** pas de le dire, l'horreur que lui **inspirait** ce crime le **cédait** presque à celle qu'il **ressentait** devant mon insensibilité.* (Camus)

The original direct speech would have been:

*'L'imagination **recule** devant cet atroce attentat. J'**ose** espérer que la justice des hommes punira sans faiblesse. Mais, je ne **crains** pas de le dire, l'horreur que m'**inspire** ce crime le **cède** presque à celle que je **ressens** devant son insensibilité.'*

3.2.6 The imperfect is one of the tenses used to express conditions after *si*,
e.g. *Si seulement je **pouvais** lui parler, je pourrais encore le persuader.*
See GS 8, §4.1, pp. 129–130.

3.2.7 It is also used in combination with *depuis, il y a*, etc. See §4 below.

EXERCISE B: Translate into French (with reference to §§3.2.4 and 3.2.5):

(a) He managed (use *pouvoir*) to meet his sister during her stay in London.
(b) When we saw his face, we knew that the news was bad.
(c) He declared that he was a communist and that he was not afraid to say so.
(d) Marie-Louise tried (use *vouloir*) to convince them but no-one was listening.
(e) Jean admitted that he was wrong.
(f) He said that he hoped she would not be punished.
(g) We already knew what Thérèse wanted to tell us.

EXERCISE C: Transpose the following passage into past time:

Tout est noir aux alentours. La rue est déserte. Wallas ouvre tranquillement la porte. Une fois entré, il la repousse avec précaution. Il est inutile d'attirer, en faisant du bruit, l'attention d'un promeneur éventuel attardé sur le boulevard. Pour éviter le crissement des graviers, Wallas marche sur le gazon. Il contourne la maison sur la droite. Dans la nuit, on distingue juste l'allée plus claire entre les deux plates-bandes. Un volet de bois protège à présent les vitres de la petite porte. Dans la serrure, la clef joue avec facilité. (Robbe-Grillet)

3.3   The Perfect and the Past Historic

Whereas the imperfect described an event as being in progress at some point in past time, the perfect and the past historic both treat past events as completed. In formal or literary French, however, the perfect and the past historic tenses can occur in the same text, but each has its own value,

e.g. *Mais si l'amitié de Mme de Chevreuse **a été** dangereuse à M. de Lorraine, elle ne le **fut** pas moins à la Reine dans la suite.* (La Rochefoucauld)

This distinction, which is not unlike that between 'he has done something' and 'he did something' in English, has been lost in informal French where the perfect covers both usages.

3.3.1   In formal French the past historic places a completed action squarely in the past,

e.g. *Il **signa** un contrat en 1976 et se mit tout de suite au travail.*

The perfect on the other hand links up the completed action with the speaker's present,

e.g. *Il **a signé** un contrat et il faut maintenant qu'il se mette au travail.*

The perfect tends to be used to narrate events which were completed in the recent past, but this is not always the case. It can evoke events completed a long time ago if the speaker wishes to indicate that their repercussions are still being felt,

e.g. *La conférence de Yalta (en 1945) **a divisé** l'Europe en deux blocs.*

N.B. if the event concerned is not completed and is still in progress, the present tense is used (see §4 below).

In a passage where the main narrative tense is the present, the perfect is used to narrate an event which takes place prior to an event in the present,

e.g. *Quand elle **a vendu** tous ses œufs elle quitte le marché et rentre à la ferme.*

3.3.2   In informal French the distinction between past historic and perfect outlined above has been lost: the perfect has taken over all the uses of the past historic. Informal French includes all spoken French (except for oratory, careful style in broadcasting, etc.) and relaxed writing (e.g. personal correspondence),

e.g. *Quand j'avais dix ans, mes parents m'**ont emmené** à Dakar. Nous **sommes revenus** trois ans plus tard et j'**ai retrouvé** mes anciens camarades.*

The perfect is increasingly used in this manner in newspapers and creative writing,

e.g. *Puis Raymond **a porté** la main à sa poche revolver, mais l'autre n'**a** pas **bougé** et ils se regardaient toujours.* (Camus)

3.4 The Pluperfect and the Past Anterior

3.4.1 The pluperfect is used in French, as in English, to relate an event which took place prior to another event in the past,

e.g. *En pénétrant dans l'appartement je constatai que Paul **était arrivé** avant moi.*

3.4.2 However, French is sometimes more precise than English in establishing the order of events, and the use of a pluperfect may be necessary where a simple past tense is sufficient in English:

*Le patron voulait savoir à quelle heure **j'étais arrivé**.*

'. . . at what time I arrived'

*On marqua d'une plaque l'endroit précis où le soldat **était tombé**.*

'. . . where the soldier fell'

3.4.3 The past anterior is used only in formal French, in passages where the main narrative tense is the past historic. It is formed by the past historic of *avoir* or *être* followed by the past participle, e.g. *il eut fait, il fut parti.*

Its main use is to replace the pluperfect in time clauses after *quand, lorsque, aussitôt que, à peine . . . que, après que, dès que,*

e.g. *Lorsqu'il **eut terminé** son discours, il quitta la salle.*

*Dès que son ami **fut revenu**, elle lui apprit la nouvelle.*

*A peine en **eut-il bu** une gorgée qu'il tomba raide mort.*

It occasionally occurs in main clauses to stress the completion of an action after phrases expressing rapidity,

e.g. *En trois jours, il **eut terminé** son ouvrage.*

*En l'espace d'une seconde, il **eut compris** la situation.*

---

§4. Tenses following *depuis*

4.1 Continuing event

In contrast to English usage, the **present** tense is used with *depuis* to express an event or process begun in the past but still continuing in the present,

e.g. ***J'habite** Paris depuis un an.*

'I **have been living** in Paris **for** a year.'

The **imperfect** is used to express an event or process begun in the remoter past but still in progress at the past time referred to,

e.g. ***J'habitais** Paris depuis un an lorsque mon père est mort.*

'I **had been living** in Paris **for** a year when my father died.'

4.2 Completed event

As in English, when the event or process is seen as completed during the time referred to, the **compound** tenses are used,

e.g. *Il **a beaucoup changé** depuis un an.*

'He **has changed** a lot in the last year.'

*Il **avait beaucoup changé** depuis un an.*

'He **had changed** a lot in the last year.'

N.B. A negative action with *ne . . . pas* may be considered as a completed action,

e.g. *Je ne l'**ai pas vu** depuis un an.*

4.3   In sentences where a *depuis que* clause is used, the tenses follow a similar pattern but attention must be paid to the tense of two verbs,

e.g. *Depuis qu'il **est** à l'hôpital* (continuing), *il **mange** deux fois plus* (continuing).
*Depuis qu'il **était** à l'hôpital* (continuing), *il **mangeait** deux fois plus* (continuing).

4.4   Note the following similar constructions:

Il y a/avait
Cela fait/faisait ⎱ *un an qu'il est/était*
Voici/voilà ⎰ *à l'hôpital . . .*

He has/had been in hospital for a year . . .

For the use of *pendant/pour* as translations of English 'for'+expression of time, see GS 11, §3.1, p. 178.

EXERCISE D: Select the appropriate tense form for the verbs between parentheses in the sentences below:

(a) Il (*dormir*) depuis vingt minutes lorsqu'on sonna à la porte.
(b) Cela fait six mois que je (*conduire*) une voiture et je commence à m'y habituer.

The tense of one verb does not depend on that of the other. The tense of each depends upon whether the event it denotes is continuing or whether it is completed. Thus:

*Depuis qu'il **s'est cassé** la jambe* (completed), *il **mange** deux fois plus* (continuing).
*Depuis qu'il **est** à l'hôpital* (continuing), *il **a grossi*** (completed).

(c) Depuis que Gérard (*obtenir*) son permis, il conduisait comme un fou.
(d) Il (*neiger*) depuis ma dernière visite mais, sous le soleil brillant, la neige fondait rapidement.
(e) Depuis qu'on me (*expliquer*) le système, je l'exploite à mon profit.

EXERCISE E: Translate into French:

(a) For three days he has been ill.
(b) He had been going out with Julie for six months.
(c) I haven't seen Doris since her arrival.
(d) Since he killed two mice, my cat has been very proud of himself.
(e) I had been in my bath for only five minutes when the doorbell rang.

III Télévision et journaux

TEXTE UN: Images sans frontières

Quand vient le soir en France, la télévision efface les frontières. C'est la plus pacifique des invasions, et elle recommence chaque jour. Actuellement, quinze chaînes de télévision d'outrehexagone «arrosent» les petits écrans d'une bonne trentaine de départements français. A peu près un département sur trois est touché. En totalité ou en partie. 4

A ce stade, la «télévision des frontières» est plus qu'un phénomène marginal. Avec, selon les régions, trois, quatre et même huit chaînes (dans la région de Strasbourg) à leur disposition, des millions de cobayes ont pris l'habitude de la télévision «à la carte». Et, surtout, ils ont appris à choisir. 8

Ce choix, que la simple alternative entre les deux chaînes de l'ORTF n'offre pas vraiment, il se manifeste d'abord dans le taux d'équipement en récepteurs «multistandards». A la frontière franco-belge, il suffit de constater que, sur les toits, les antennes sont systématiquement tournées vers la Belgique pour ne pas s'étonner que, sur un million de 12 récepteurs dans le Nord et le Pas-de-Calais, plus de la moitié sont équipés pour recevoir les deux chaînes belges.

Là où le téléspectateur fait l'investissement d'une antenne supplémentaire, et même parfois d'un nouveau récepteur, il existe plus que de la curiosité: un vrai besoin. 16

L'attrait majeur: les films. Un tous les soirs sur chacune des chaînes périphériques. «Le cinéma, dit un artisan lorrain, c'est l'évasion. L'ORTF nous offre une télévision beaucoup trop rébarbative.» Même son de cloche à Nice. Une employée de commerce résume parfaitement l'opinion des habitués de Télé-Monte-Carlo: «Je travaille huit heures par jour, 20 et je n'ai pas le temps de lever le nez de mon travail. Alors, le soir, j'ai envie de me détendre et pas d'écouter des gens faire des discours. J'aime qu'on me raconte des histoires. Avant le film, il y a une série genre 'Incorruptibles', cela fait une soirée bien remplie.» Un commerçant de Calvi, en Corse, renchérit: «En plus du film, il y a les jeux. Ils sont bien plus 24 drôles que ceux de l'ORTF. Et puis, il y a beaucoup de sport.»

Le sport, voilà le deuxième attrait majeur. Football et corridas, pour les téléspectateurs basques et catalans. Football aussi pour le public qui reçoit la télévision italienne, et pour les rares privilégiés qui captent la BBC. Sports de glace pour les Jurassiens à l'écoute de la 28 Suisse. Un peu partout, on vibre aux exploits de champions que l'ORTF ne montre pas suffisamment, au gré des frontaliers. Il arrive même que l'absence de la télévision française sur un événement fasse carrément «basculer» l'écoute au profit des chaînes étrangères.

Dernière cause de «l'écoute parallèle»: l'information. L'information régionale, surtout. 32 Dans le Nord, on se souvient encore d'une série d'émissions de la télévision belge sur l'avenir économique des départements miniers. En Alsace, c'est la télévision allemande qui a réalisé

33

une grande série sur les Alsaciens célèbres, pas l'ORTF. On ne l'a pas oublié. La télévision
36   suisse romande, elle, «couvre» abondamment l'actualité française. Sa réputation d'objecti-
vité a fait des adeptes . . .

Information plus complète, retransmissions sportives en direct plus nombreuses, variétés
plus riches, surtout celles en provenance d'Allemagne: il y a là, «en creux», tous les maux
40   dont souffre actuellement l'ORTF.

Jean-Claude Loiseau, *L'Express*, 21 août 1972

A. PREPARATION DU TEXTE

Notes

d'outrehexagone (3): on appelle parfois la France 'l'hexagone' à cause de sa forme sur la carte: elle a six côtés. Ce qui vient *d'outrehexagone* vient de l'extérieur de la France, donc de l'étranger.

les deux chaînes de l'ORTF (9): en 1975 l'Office de radiodiffusion-télévision française a été remplacé par Radio-France pour la radio et par trois sociétés indépendantes et concurrentes pour les trois chaînes de télévision qui existent maintenant.

'multistandards' (10): qui peuvent recevoir des émissions conformes à diverses normes techniques, venant de différents pays.

'Incorruptibles' (23): émission populaire du genre policier.

les jeux (24): ici 'quiz games' ou 'competitions'. Cp. *le Jeu des mille francs* à la radio.

Jurassiens (28): habitants du département et de la région du Jura, près de la Suisse.

suisse romande (36): qui fait partie de la population francophone (= d'expression française) de la Suisse.

'en creux' (39): 'like a reverse image'. Les genres d'émission où la télévision française est déficiente font la force des télévisions périphériques.

Vocabulaire

1. Notez les équivalents anglais, dans le contexte, des mots et expressions suivants:
Actuellement (2), 'arrosent' (3), touché (4), A ce stade (5), cobayes (7), taux (10), périphériques (17), rébarbative (19), Même son de cloche (19), renchérit (24), vibre aux exploits (29), au gré des frontaliers (30), carrément (31), 'basculer' (31),
l'actualité française (36), a fait des adeptes (37), variétés (38).

2. Dressez une liste de 12 mots et expressions du texte qui se rapportent à la télévision et notez-en les équivalents anglais.

Commentaire grammatical

(i) The Passive

les antennes sont ... tournées vers la Belgique (11–12): 'the aerials are facing Belgium'; *plus de la moitié sont équipés pour recevoir (13):* 'more than half are able/equipped to receive'. Passives formed with the present tense of *être*+past participle refer to states of affairs not actions; the same verbs, if used with different tenses of *être*, especially accompanied by an agent or other complement, could refer to an action or event, e.g. *L'antenne a été tournée vers la Belgique par le réparateur* = it was pointed in that direction on a specific occasion; *L'année d'avant le récepteur avait été équipé pour recevoir*

les chaînes belges = it had been modified on a particular occasion in the past. See GS 3, §3, pp. 46–47.

J'aime qu'on me raconte des histoires (22): 'I like being told stories'. The English equivalent to the French sentence uses a passive, which the French does not. There is no passive equivalent in French to the English sentence because the construction with *raconter* is: *raconter qch à qn,* i.e. *me (22)* is an indirect object. Only a direct object can become the subject of a passive sentence, e.g. *On me raconte des histoires — Des histoires me sont racontées.* See GS 3, §2, pp. 45–46.

(ii) Other grammar points

une bonne trentaine de départements (3), des millions de cobayes (7), une série d'émissions (33): these, and other examples in the text, are instances of the construction 'noun + *de* + noun'. When, as here, the first noun is an expression of quantity and the second is indefinite no article is needed. By contrast, in e.g. *Une bonne trentaine des (de + les) personnes interrogées* the second noun is specific, so that the definite article is needed. See also GS 5, §3.1.2, p. 80.

français (4), italienne (27), Jurassiens (28), Alsaciens (35): words indicating place of origin in French (for a list see *DFC* under *habiter*) are not spelt with a capital letter when used as adjectives (e.g. *la télévision italienne; cette voiture est française*). However, when such words function as nouns referring to people hailing from the place in question a capital letter is used (e.g. *un Italien* = 'an Italian'). Note that for languages small letters are used (e.g. *l'italien* = 'the Italian language').

Compréhension du texte

1. Expliquez le jeu de mots dans le titre.

2. Expliquez les expressions suivantes: *efface les frontières (1), télévision 'à la carte' (7), 'l'écoute parallèle' (32).*

3. Comment sait-on que les frontaliers préfèrent souvent la télévision étrangère à l'ORTF? Quelles sont les raisons de cette préférence?

4. L'auteur de cet article veut-il simplement informer le public d'un état de fait ou cherche-t-il à faire autre chose en plus?

B. EXERCICES DE RENFORCEMENT

A l'oral

1. Préparez des réponses orales aux questions suivantes:

(a) Que faut-il faire si l'on veut recevoir — et bien recevoir — des chaînes étrangères?

(b) Pourquoi l'*employée de commerce (19)* niçoise préférait-elle la Télé-Monte-Carlo?

(c) Quelle est l'importance du sport pour beaucoup de téléspectateurs, d'après le texte?

Exercices lexicaux

2. Cherchez dans le texte et sur la carte tous les noms de ville et de pays et, sur le modèle *Alsace — Alsaciens (34, 35)*, trouvez le substantif qui en désigne les habitants.

3. Complétez les phrases suivantes en utilisant des mots tirés des paragraphes du texte indiqués:

(a) Les informations de la deuxième . . . de la BBC sont les meilleures. (¶1)

(b) Ces élèves ont servi de . . . à une nouvelle méthode pédagogique. (¶2)

(c) Avec les progrès de la médecine, le . . . de mortalité infantile diminue. (¶3)

(d) C'est l' . . . du risque qui a fait de lui un explorateur. (¶5)

(e) Hier soir j'étais très énervé, donc pour me . . . j'ai regardé un film. (¶5)

(f) Cette émission est trop idiote à mon . . . (¶6)

(g) N'hésitez pas, abordez . . . la question! (¶6)

(h) Votre projet ne sera jamais . . . sans quelqu'un pour le financer. (¶7)

Exercices grammaticaux et structuraux

4. Le temps au passif: mettez le verbe *être* au temps passé approprié dans les phrases suivantes:

(a) L'année dernière mon récepteur . . . équipé d'une nouvelle antenne, après que l'autre . . . emportée par le vent.
(b) L'auteur a constaté que toutes les maisons . . . déjà équipées d'antennes tournées vers la Belgique.
(c) Une grande série sur les Alsaciens célèbres . . . réalisée il y a deux ans par la télévision allemande.
(d) Mon ami trouvait que les exploits des champions sportifs . . . montrés bien trop rarement par l'ORTF.
(e) Ce jour-là, tous les récepteurs de Strasbourg . . . branchés sur une chaîne allemande.

5. Traduisez en français:

(a) Current affairs in France are not adequately covered by foreign stations for my taste.
(b) I was given that television by my parents in 1971.
(c) We were told on the news that the sales rate of television sets is increasing.
(d) I was allowed out once a week last year.

(e) Colour televisions are being sold at half price this week.
(f) During the interview, M. Conte was asked to justify the live coverage of the *Tour de France.*
(g) It was at the time when the French were being thrilled by Poulidor's achievements.
(h) He got beaten by his daughter in that quiz-game compered (*animé*) by Guy Lux.

6. Les mots entre parenthèses doivent-ils s'écrire avec une majuscule ou non? Voir le Commentaire grammatical p. 36.
Le peuple (BASQUE), les Pyrénées (ESPAGNOLES), les (BELGES), la population (BRETONNE), les (NORMANDS), l'association (FRANCO-BELGE), l'orchestre de la (SUISSE ROMANDE), les joueurs (TOULOUSAINS), les (AGENAIS), les soldats (ALLEMANDS).

7. Composez des phrases où vous employerez les structures suivantes:

(a) *Il suffit de . . . pour ne pas . . . (11–12)*
(b) *Elle a une maison genre . . . (cp. 23)*
(c) *au gré de . . . (30)*
(d) *Il arrive même que . . . (30)*

C. EXPLOITATION DU TEXTE

A l'oral

1. Exposé: D'après le texte, quelles sortes d'émission les Français préfèrent-ils?

2. Sujet de discussion: Quelles sortes d'émission préférez-vous? Pourquoi?

A l'écrit

3. Rédaction dirigée: Mettez-vous à la place d'un téléspectateur strasbourgeois. Ecrivez une lettre au directeur général de l'ORTF où vous exprimerez vos griefs contre le choix des émissions de l'ORTF (200–300 mots). (Pour les formules de la lettre en français, voir pp. 183–188.)

Modèle à suivre:
– Introduction: formule d'introduction, qui vous êtes, sujet de la lettre.

– Déficiences de la télévision française: pas assez de documentaires, d'émissions sur l'actualité régionale, trop de discours politiques.

– Sports: pas assez de retransmissions en direct, manque d'émissions sur les rencontres importantes à l'étranger; trop de football, de rugby et de cyclisme, pas assez sur les autres sports.

– Autres émissions qui manquent: variétés, films, jeux, musique.

– Comparaison avec les émissions des chaînes périphériques que l'on capte à Strasbourg, surtout celles des chaînes allemandes.

– Conclusion: vos propositions et idées, formule de conclusion.

4. Rédaction: Faites la comparaison entre le 'menu' offert par une chaîne commerciale et la BBC (300 mots).

5. Version: Traduisez en anglais les lignes *26–40.*

6. Thème. Traduisez en français le passage suivant en vous servant le plus possible d'expressions tirées du texte:

Several million people in the outlying regions of France are offered a choice of up to eight television channels, whereas other French viewers are expected to choose between two only. A recent survey has shown that people near the borders often prefer foreign stations to

4   programmes which are broadcast by the ORTF. The majority of the inhabitants of more than 30 of the French departments (a third) have invested in special television sets and aerials, in order to get programmes from neighbouring countries like Germany, Belgium and French-speaking Switzerland. All one has to do, if one wishes to see where viewers'

8   preferences lie, is to look at the way aerials are pointing on houses near the Belgian border. There are several reasons for this, but they are all summed up by an office worker from Marseilles: 'The ORTF should have been reformed years ago.'

In France today, when evening comes, people like to relax. What they particularly enjoy

12 on television are films and sport — politicians speechifying are disliked. Besides the lack of films, there is discontent about the news programmes. It occasionally happens that matters of regional interest are covered much more fully by foreign stations than by French television. This peaceful invasion will not be stopped until the ORTF is radically changed.

TEXTE DEUX: Les métamorphoses d'une citrouille

PERIGUEUX (AFP) — M. Joseph Millevin, cultivateur à Castelnau (Dordogne), a récolté une citrouille phénomène qui ne pèse pas moins de 150 kilos.   4

Comment les journaux peuvent-ils être différents puisqu'ils reçoivent les mêmes informations des agences de presse? En réponse à cette question, Maurice Herr se livre ici à un petit exercice de style. Il a imaginé que l'agence France-Presse ait transmis aux journaux la   8
dépêche ci-dessus.

Voici comment, avec leurs préoccupations particulières, chaque journal pourrait présenter ce fait:

Le journal local: Sensation au petit village de Castelnau, près de Bergerac, où M. Joseph   12
Millevin a récolté dans son champ une citrouille de 150 kg. M. Millevin, qui est très fier de son exploit, est le beau-frère de notre sympathique dépositaire de Castelnau. Nos félicitations.

L'Aurore: Un cultivateur de la Dordogne a récolté une citrouille phénomène, pesant 150 kg.   16
Les services du ministère de l'Agriculture pourraient en prendre de la graine. Car la France, qui importe des citrouilles de Grèce, pourrait largement satisfaire ses besoins si l'administration n'entravait pas les efforts des producteurs. Qu'attend le gouvernement pour prendre les mesures qui s'imposent?   20

L'Humanité: Un petit cultivateur de Castelnau (Dordogne), a réussi, à force de travail et de courage, à faire pousser une citrouille de 150 kg. Sans doute serait-il heureux et pourrait-il nourrir convenablement sa petite famille si la loi inique sur le métayage ne l'obligeait à partager avec son propriétaire, un gros industriel de Périgueux, le fruit admirable de son   24
travail. Mais, grâce à l'action des élus communistes et aux efforts de tous les travailleurs unis derrière notre parti, la loi sur le métayage sera bientôt abolie.

Le Monde: Une citrouille pesant 150 kg. a été récoltée par M. Joseph Millevin, cultivateur à Castelnau (Dordogne). A l'heure où la France prend place dans le Marché Commun, et au   28
moment où s'ouvre devant son agriculture un avenir incertain, une récolte de ce genre est de nature à faire mesurer aux cultivateurs français les possibilités qui leur sont offertes, en

32   même temps que le chemin qui leur reste à parcourir, après un demi-siècle de malthusianisme, pour que leurs productions deviennent compétitives.

France-Soir: M. Joseph Millevin, cultivateur à Castelnau (Dordogne), a récolté une citrouille phénomène de 150 kg. Interrogé par notre envoyé spécial permanent à Bergerac, M. Millevin a déclaré: «J'ai envie d'offrir cette citrouille à la princesse Margaret à l'occasion
36   de son prochain mariage avec le colonel Townsend.»

Le Parisien Libéré: A Castelnau, petit village de la Dordogne, situé à 17 km. de Bergerac, sur la route nationale n° 618, M. Joseph Millevin, 54 ans, père de cinq enfants, a récolté une citrouille phénomène. Celle-ci pèse 150 kg. et mesure 1,12 m. de circonférence.

40   **Le Figaro:** Brantôme en fût tombé en pâmoison. Dans son Périgord natal, à Castelnau, un cultivateur a récolté une citrouille phénomène de 150 kg. Notre éminent collaborateur, J. de la Bretelle, de l'Académie d'agriculture, nous précise que «citrouille» est le nom vulgaire de la courge, laquelle appartient à la famille des cucurbitacées.

Presse-Actualité, décembre 1959

A. PREPARATION DU TEXTE

Notes

Périgueux (1), Périgord (40): Périgueux est le chef-lieu du département de la Dordogne, dans le sud-ouest de la France, et un centre gastronomique. Le Périgord (adjectif: *périgourdin*) est la région qui l'entoure.

AFP (1): Agence France–Presse, l'une des plus grandes agences de presse internationales. Indépendante de l'état français depuis 1975, elle est tenue de fournir des informations exactes et impartiales à tous ses clients.

le métayage (23): système où l'agriculteur remet au propriétaire une certaine proportion des récoltes plutôt qu'une somme d'argent fixe.

malthusianisme (32): T. R. Malthus (1766–1834), économiste anglais qui préconisait la restriction volontaire des naissances. Il s'agit ici de malthusianisme économique: limitation volontaire de la production agricole afin de maintenir un niveau élevé des prix en ne satisfaisant jamais complètement la demande.

la princesse Margaret . . . le colonel Townsend (35–36): vers la fin des années '50 la possibilité d'un mariage entre la princesse et Peter Town-send et puis leur rupture ont fait couler beaucoup d'encre, surtout dans la presse populaire française. *Colonel (d'aviation)* = 'group captain'.

1,12 m. (39): 1 mètre 12 (centimètres). Notez l'emploi de la virgule dans le système décimal français. Voir aussi p. 167.

Brantôme (40): Pierre de Bourdeilles, seigneur de Brantôme en Périgord et auteur de *Mémoires*, (1538–1614).

en fût tombé en pâmoison (40): 'would have swooned', 'you could have knocked him down with a feather'. Expression archaïque, devenue familière et ironique donnant un effet de burlesque. Voir aussi GS 8, §4.2, p. 130.

J. de la Bretelle (41–42): personnage fictif dont le nom ressemble étrangement à celui de Jacques de Lacretelle, écrivain français du XXᵉ siècle.
Bretelles (f. pl.) = 'braces'.

Voir aussi le dossier sur la presse française aux pp. 43–44.

Vocabulaire

1. Traduisez en anglais les mots et expressions suivants:
récolté (3), se livre . . . à (7), dépêche (9), administration (19), entravait (19), s'imposent (20), à force de (21), convenablement (23), inique (23), faire mesurer aux cultivateurs français les possibilités . . . (30), précise (42).

2. Définissez en français et dans le contexte ce que font:
un cultivateur (2), un dépositaire (14), un élu (25), un collaborateur (41).

3. Dressez une liste de huit mots tirés du texte qui se rapportent à l'agriculture et expliquez-en le sens en français.

Commentaire grammatical

(i) The Passive

la loi . . . sera bientôt abolie (26): with 'verbs of event' the future tense of *être*+past participle can express either a state of affairs or an action (see GS 3, §§3.2.1 and 3.2.2, pp. 46–47). However, the presence of a complement *bientôt* indicates that here we are probably dealing with an action, i.e. the act of abolition.

Une citrouille . . . a été récoltée par M. Joseph Millevin (27): no such ambiguity exists with the perfect tense of *être*+past participle — this expresses an action rather than a state of affairs, particularly when accompanied by a complement, *par M. Joseph Millevin.*

les possibilités qui leur sont offertes (30): 'the possibilities that are open to them'. The present tense of *être*+past participle expresses only a state of affairs and not an action when the verb is not accompanied by a complement.

au moment où s'ouvre devant son agriculture un avenir incertain (28–29): 'just when an uncertain future is being opened up to its/her agriculture'. In order to distinguish 'is open' (a state) from 'is being opened' (an action) French often uses constructions other than the passive. Here the reflexive is used. See GS 3, §4, p. 47.

(ii) Other grammar points

M. Joseph Millevin, cultivateur à Castelnau (1–2): the noun *cultivateur* appears here in apposition to the preceding noun phrase. It places M. Millevin in a broad and permanent professional category. In this way *cultivateur* is almost adjectival, so no article is required. Cp. *son propriétaire, un gros industriel de Périgueux (24):* here the phrase *gros industriel* is not a broad and permanent category — thanks to the restriction brought by *gros;* the phrase then is not adjectival so an article is inserted. See GS 5, §3.3, p. 81.

une citrouille phénomène (3–4): phénomène, a noun, is used here adjectivally. In such cases there is usually no agreement, e.g. *des industries clef.* Exceptions include some nouns with feminine forms, *une amie actrice,* and also some nouns describing professions and used in the plural, *des femmes professeurs.*

Comment les journaux peuvent-ils être différents . . .? (6), Qu'attend le gouvernement . . .? (19): these are two typical examples of direct questions involving noun subjects. Note how 'simple' inversion is used after *Que* (see GS 7, §3.2.2, p. 114) and 'complex' inversion after *Comment* (see GS 7, §3.3, p. 114). In both cases, the insertion of *est-ce que* would avoid the need to invert, e.g. *Qu'est-ce que le gouvernement attend?*

si la loi . . . ne l'obligeait (23): ne can be used alone (without *pas*) after *si,* especially in formal style.

le nom vulgaire de la courge, laquelle appartient (42–43): a consciously archaic or pedantic use of *laquelle* rather than *qui.* It serves to make it clear that the relative refers to *courge* (f) and not to *nom* (m).

B. EXERCICES DE RENFORCEMENT

Exercices lexicaux

1. Complétez le tableau suivant:

producteur	production
cultivateur (2)	
	information (6–7)
dépositaire (14)	
	administration (19)
propriétaire (24)	
travailleur (25)	
collaborateur (41)	
	agriculture (42)

2. Trouvez des mots ou expressions pour remplacer les expressions suivantes, sans changer le sens du texte:

se livre à (7)
ait transmis (8)
à force de (21)
élus (25)
A l'heure où (28)
prend place dans (28)
au moment où (28–29)
est de nature à (29–30)
en même temps que (30–31)
à l'occasion de (35–36)
précise (42).

Exercices grammaticaux et structuraux

3. Récrivez les phrases du texte identifiées ci-dessous en mettant au passif les verbes indiqués. Effectuez les autres changements entraînés par cette transformation: accord, ordre des mots, etc.
Exemple *(3): a récolté.   Une citrouille phénomène qui ne pèse pas moins de 150 kilos a été récoltée par M. Joseph Millevin.*

(a) *(8): ait transmis*
(b) *(13): a récolté*
(c) *(18–19): pourrait satisfaire, entravait*
(d) *(23): obligeait*

4. Le passif. Traduisez en français en utilisant un passif là où vous le pouvez:

(a) Pumpkins are being sold for one-and-a-half francs a kilo.
(b) The despatch is being opened this very minute.
(c) I'm watching the new Pompidou Centre at Beaubourg being officially opened.
(d) Traffic is held up every day in the Rue Alphonse Daudet by badly parked cars.
(e) Small farmers are faced by a bleak future.
(f) They are asked to take the necessary measures to make their produce competitive.
(g) Their children are not getting fed properly.
(h) We've only got one pumpkin left, all the others are sold.
(i) Strawberries are often grown here.
(j) Sales of fruit are held up every year by wet weather.

C. EXPLOITATION DU TEXTE

A l'oral

1. Exposé: Quelles sont les préoccupations particulières de chaque journal telles qu'elles apparaissent dans la présentation imaginaire de ce fait divers? Pour guider votre analyse, voici quelques questions:

(a) Le cultivateur est-il nommé par le journal, ou reste-t-il un représentant anonyme de sa profession?

(b) Quels autres détails personnels sont donnés par le journal? Et dans quel but?

(c) Qu'est-ce qui est dit de sa profession?

(d) Quels journaux donnent le plus de place aux faits bruts? Et aux commentaires ou à l'interprétation de l'incident?

(e) Quelle signification politique est accordée à ce fait divers?

(f) Quel genre de lecteur semble visé par chaque journal (ses caractéristiques socio-économiques, politiques ou socio-culturelles)?

A l'écrit

2. Rédaction: Après avoir analysé les préoccupations de chaque journal telles qu'elles apparaissent dans leur traitement imaginaire du fait divers, essayez vous-même de récrire cet autre fait divers dans le style de ces deux journaux: le journal local, *L'Humanité*.

'**Montélimar** (AFP) — Mme Honorine Létourdi, 43 ans, boulangère à St Alban–sous–Sampzon (Ardèche), vient d'accoucher de quadruplés. Les Létourdi ont maintenant 13 enfants, dont trois autres paires de jumeaux.' (150 mots)

3. Rédaction: Prenez deux journaux (français ou britanniques) de la même date. Cherchez dans chacun un article traitant du même sujet et comparez ces deux articles du point de vue de leur contenu et de leur style. Vous pourriez aussi faire mention du format, de la place donnée aux photos et aux gros titres, etc. A votre avis, quel public est visé par chacun des deux journaux? Expliquez pourquoi. (Minimum 300 mots)

4. Version: Traduisez en anglais les articles attribués à *L'Aurore (16–20)* et au *Monde (27–32)*.

Dossier: La Presse Française

(a) Détails sur quelques journaux français publiés à Paris.

L'Aurore (tirage 290.000): créé à la Libération, c'est un journal de droite et d'opposition, qui prend position tant contre le gouvernement que contre les partis de gauche.

L'Humanité (tirage 151.000): fondé en 1904 par Jean Jaurès, ce quotidien est devenu l'organe officiel du PCF (Parti Communiste Français).

Le Monde (tirage 432.000): c'est le quotidien français le plus influent, le plus objectif et le plus sérieux. De tendance libérale, il est lu par l'élite socio-professionnelle et socio-culturelle des villes.

France-Soir (tirage 727.000): c'est l'un des plus populaires et l'un des plus lus des journaux français. On y trouve les nouvelles à sensation, de gros titres et beaucoup de photos.

Le Parisien Libéré (tirage 786.000): le plus grand quotidien du matin, il se consacre aux informations générales, au sport et aux photos.

Le Figaro (tirage 402.000): le plus ancien des journaux français, il 'défend traditionnellement les intérêts de la bourgeoisie libérale'. Il cultive un style soigné, élégant, voire littéraire dans certains articles écrits par ses 'éminents collaborateurs'.

La Croix (tirage 128.000): d'abord l'organe officiel du catholicisme français, ce journal fait depuis 1944 des efforts pour attirer un public plus large, tout en gardant une orientation catholique.

L'Equipe (tirage 229.000): quotidien consacré exclusivement aux sports nationaux et internationaux.

(b) La Presse de Province: Les journaux locaux se développèrent beaucoup sous l'Occupation à cause des problèmes de distribution nationale et de la division du pays en zone occupée et zone libre. Ils tendent à donner la primauté à l'information locale et dépendent beaucoup de la publicité. Depuis 1960 le tirage des journaux locaux a augmenté, tandis que celui de la presse parisienne et nationale a diminué. Voici quelques-uns des plus importants journaux de province:

Ouest-France (Rennes), **Le Progrès** (Lyon), **La Voix du Nord** (Lille), **Sud-Ouest** (Bordeaux), **Le Dauphiné Libéré** (Grenoble).

(Ces détails se rapportent à l'année 1975.)

GRAMMAR SECTION 3: *Expression of the Passive*

§1. **Preliminaries**
§2. **Direct and Indirect Objects**
§3. **Verbs of State and Verbs of Event**
§4. **Alternatives to the Passive form**
§5. **The Expression of the Agent**

§1. Preliminaries

The passive voice can be used only with verbs which take a direct object: transitive verbs. The construction with a transitive verb involves three factors: agent/action/patient,

e.g.

Paul	*frappa*	*Pierre*
agent	action	patient

As we can see from this example, when a transitive verb like *frapper* is used in the active, the agent (*Paul*) is expressed as the subject, and the patient (*Pierre*) as the direct object. When the same idea is expressed in the passive,

e.g.

Pierre	*fut frappé*	*par Paul*
patient	action	agent

the patient (*Pierre*) 'becomes' the subject, and the agent (*Paul*) follows the verb, introduced by the preposition *par*. Thus the order of ideas in the sentence is reversed as we move from active to passive. This change in order of agent/ action/patient shifts the focus of attention from one of the three elements to another. Indeed, the agent can be left out entirely in the passive construction, e.g. *Pierre fut frappé*.

1.1 In French the passive voice is used much less widely than the active. When it **is** used, it shifts the focus of attention very distinctly. It is used in French significantly less than in English and the aim of much of what follows is to explain when the passive form (*être*+past participle) may or may not be used.

§2. Direct and Indirect Objects

In English both direct and indirect objects of an active sentence can become the subject of a passive sentence, e.g. 'The lady showed the boy (indirect object) the book (direct object)': **either** 'The book was shown to the boy by the lady' **or** 'The boy was shown the book by the lady'. In French **only the direct object** of an active sentence can become the subject of a passive sentence. Thus *La dame montra le livre au garçon: Le livre fut montré au garçon par la dame* **but not** **Le garçon fut montré le livre* . . . Alternative constructions may have to be used in French to give the desired focus to the sentence. See §4 below.

EXERCISE A: Translate the following sentences into French using the passive voice where possible:

(a) M. Sauvat was given a present by his employees.
(b) The criminal was arrested by a detective.
(c) He was told the news by his wife.
(d) The prisoner was allowed no luxury.
(e) The student was asked for his card.

---

§3.   Verbs of State and Verbs of Event

In using the passive in French it is helpful to distinguish between the meanings of two classes of verbs:

– verbs of **state**, e.g. *aimer, observer, parler.* These verbs involve processes that can go on indefinitely.

– verbs of **event**, e.g. *ouvrir, tuer, dire.* These verbs involve processes which presuppose their ultimate completion. For example, the act of killing someone (*tuer*) cannot go on indefinitely.

3.1   Verbs of state

With these verbs the passive poses no problem for English speakers. All tenses can be formed by use of the relevant tense of *être*+past participle,

e.g. $J(e)$ $\begin{cases} serai \\ suis \\ étais \\ ai\ été/fus \\ avais\ été \end{cases}$ aimé.

The past participle agrees with the subject in gender and number,
e.g. *Elles sont aimées.*

3.2   Verbs of event

With verbs of event, in contrast to verbs of state, use of the construction *être*+past participle is restricted. Restrictions affect its use mainly in the present and imperfect tenses. Much depends on whether the verb is accompanied by a complement or not. The complements which concern us here are: the agent and adverbial expressions of time.

3.2.1   If the verb of event has a complement, all tenses of the construction *être*+past participle can be used in the same way as with verbs of state. This is because the complement shows clearly that the construction is a verb and not *être*+an adjectival participle.

e.g.

La porte $\begin{cases} sera \\ est \\ était \\ a\ été/fut \\ avait\ été \end{cases}$ *ouverte* $\begin{cases} par\ le\ gardien. \\ \text{(agent)} \\ tous\ les\ jours. \\ \text{(adverbial} \\ \text{complement} \\ \text{of time)} \end{cases}$

But it is important to be aware of distinctions of meaning between the imperfect and perfect tenses of *être* in these constructions: *La porte était ouverte par le gardien* implies that the opening of the door took place habitually. *La porte a été/fut ouverte par le gardien* indicates one specific occasion on which the door was opened.

EXERCISE B: Insert either *étai(en)t* or *fut (furent)* in the blank spaces:

M. Dupont sortit à 7h. Il _____ invité par Leclerc dont la femme était sa maîtresse. Il se hâta de traverser le jardin public dont les portes _____ fermées tous les jours par le gardien à 7h.15. Il héla un taxi et _____ remarqué par le chauffeur qui devait en témoigner par la suite. Il arriva devant la porte des Leclerc à 7h.30 et c'est là qu'il _____ assassiné par son hôte jaloux.

3.2.2 If the verb of event is **not** accompanied by a complement, there are important tense restrictions on the use of *être* + past participle:

– the future tense of *être* + past participle expresses either a state of affairs or an action, e.g. *La porte sera ouverte.* ('will be open'/'will be opened')

– the perfect, past historic and pluperfect of *être* + past participle generally express an action rather than a state of affairs, e.g.

$$\text{La porte} \begin{cases} \textit{a été} \\ \textit{fut} \\ \textit{avait été} \end{cases} \textit{ouverte.} \text{ ('was etc. opened')}$$

– the present and imperfect tenses of *être* + past participle express only a state of affairs, **not an action**, e.g.

$$\text{La porte} \begin{cases} \textit{est} \\ \textit{était} \end{cases} \textit{ouverte.}$$

('is/was open' **not** 'is being/was being opened')

---

§4. Alternatives to the Passive form

To overcome the restrictions in the use of the passive form outlined in the preceding paragraphs — on verbs which take an indirect object (§2) and on verbs of event in tenses expressing 'is being –/was being –' (§3.2.2) — French uses alternative means of expression. However, these alternatives are not reserved solely for the cases just mentioned.

4.1 A device which stresses the duration of the process is *être en train d'être* + past participle, e.g. *La porte est en train d'être ouverte.* However, this construction is not recommended because of the rather unwieldy repetition of the verb *être*.

4.2 Use of *on* + active verb, e.g. *On ouvre la porte.* Here, it should be noticed that *on* can only be used when the action is performed by a human: *on* derives from the Latin *homo* ('a man').

4.3 Pronominal ('reflexive') usage, e.g. *La porte s'ouvre.* Here two points need to be made. Firstly, this construction cannot be used when the agent is expressed, e.g. ** La porte s'ouvre par le gardien* is **not** acceptable. Secondly, the subject of a 'pronominal passive' can only be non-human, e.g. *La femme se vendit* means 'she sold herself' not 'she was sold'. This second restriction on the use of the pronominal passive is circumvented in contemporary French by using the construction *se voir* + infinitive, e.g. *Le commissaire Dides se voit reprocher (= is reproached) de ne pas avoir rendu compte de ces activités (Le Monde).*

Il s'est vu demander (= was asked)... *par un jeune homme fort poli s'il était* ... (Daninos).
Other constructions similar to this one are: *se*

faire+infinitive and *se laisser*+infinitive, e.g. *Il s'est fait tuer.* 'He got killed.'
    Il s'est laissé tromper. 'He got tricked.'

4.4 A verb taking an indirect object, e.g. *permettre à quelqu'un de faire quelque chose*, can be used in the passive by introducing

impersonal *il* as its subject: *Il lui fut permis de* ... 'He was allowed to ...'.

4.5 French frequently uses an abstract noun where an English speaker might be tempted to use a passive:
'They watch it being built/destroyed/demolished': *Ils en regardent la construction/destruction/démolition.*
'They are waiting for it to be published': *Ils en attendent la publication.*

EXERCISE C: Translate into French:

(a) This book is published by Gallimard.
(b) French is spoken in Canada.
(c) He nearly got run over.
(d) The theatre was closed by the police.
(e) I am waiting for it to be re-opened.

§5. Expression of the Agent

In passive sentences the agent is preceded usually by *par*, but occasionally by *de*. *De* occurs in certain fixed phrases and elsewhere,

mainly after verbs of state:
être bien vu de tous, être couronné de succès, il est craint/respecté/aimé de tout le monde.

IV L'Ouvrier et l'industrie

TEXTE UN: Une ouvrière dans une usine d'automobiles

Le roman de Claire Etcherelli d'où est tiré ce texte fit remporter à son auteur le prestigieux Prix Femina. L'auteur fut elle-même ouvrière avant de devenir écrivain et portraitiste de la situation sociale des ouvriers. Ce texte raconte une partie de la première journée d'Elise à l'usine, où elle est « l'élève » de Daubat. Le frère d'Elise l'avait recommandée à Gilles, le contremaître de l'atelier où elle travaille.

Rien n'était prévu pour s'asseoir. Je me tassai entre deux petits fûts d'essence. Là, je ne gênerais personne. La fatigue me coupait des autres et de ce qui se passait autour de moi. Les moteurs de la chaîne grondaient sur quatre temps, comme une musique. Le plus aigu était le troisième. Il pénétrait par les tempes telle une aiguille, montait jusqu'au cerveau où il 4 éclatait. Et ses éclats vous retombaient en gerbes au-dessus des sourcils, et, à l'arrière, sur la nuque.

— Mademoiselle? A vous.

Daubat me tendit sa plaque. 8

— Allez-y, je reviens. Attention aux pare-soleil.

Grimper, enjamber, m'accroupir, regarder à droite, à gauche, derrière, au-dessus, voir du premier coup d'œil ce qui n'est pas conforme, examiner attentivement les contours, les angles, les creux, passer la main sur les bourrelets des portières, écrire, poser la feuille, 12 enjamber, descendre, courir, grimper, enjamber, m'accroupir dans la voiture suivante, recommencer sept fois par heure.

Je laissai filer beaucoup de voitures. Daubat me dit que cela ne faisait rien puisqu'il était avec moi pour deux ou trois jours. Gilles le lui avait confirmé. 16

— Ensuite, dit Daubat, ils me mettront à la fabrication.

Sur son poignet, je voyais les aiguilles de sa grosse montre. Encore une heure et demie . . .

Quand il resta moins d'une heure à travailler, je retrouvai des forces et je contrôlai très bien deux voitures à la suite. Mais l'élan se brisa à la troisième. Au dernier quart d'heure, je 20 n'arrivais plus à articuler les mots pour signaler à Daubat ce qui me paraissait non conforme. Certains ouvriers nettoyaient leurs mains au fût d'essence qui se trouvait là.

— Ceux-là, me dit Daubat, ils arrêtent toujours avant l'heure.

Je les enviai. 24

Nous contrôlâmes jusqu'à la fin et, quand la sonnerie se fit entendre, Daubat rangea posément nos plaques dans un casier, près de la fenêtre.

Une joie intense me posséda. C'était fini. Je me mis à poser des questions à Daubat, sans même prêter attention à ce qu'il me répondait. Je voulais surtout quitter l'atelier en sa 28 compagnie, j'avais peur de passer seule au milieu de tous les hommes.

Dans le vestiaire, les femmes étaient déjà prêtes. Elles parlaient fort, et, dans ma joie de sortir, je leur fis à toutes de larges sourires.

Claire Etcherelli, *Elise ou la vraie vie*, Denoël, 1967

A. PREPARATION DU TEXTE

Notes

fût(s) (m) d'essence (1): 'drum of petrol'.

sur quatre temps (3): 'four beats to the bar'.

musique (f) (3): 'band'.

en gerbes (5): l'auteur compare la sensation d'une explosion sonore à l'intérieur de son cerveau à une sensation visuelle — celle de l'éclatement d'un feu d'artifice dont les éclats prennent en tombant la forme d'une gerbe ('sheaf').

plaque(s) (f) (8, 26): 'clip-board'.

enjamber (10, 13): 'step over'.

conforme (11, 21): 'up to standard'.

bourrelets (m) (12): 'sealing strips'.

Vocabulaire

1. Trouvez le sens des mots et expressions suivants:
prévu (1), Je me tassai (1), gênerais (2), grondaient (3), Grimper (10), m'accroupir (10), contrôlai (19), élan (20), rangea posément (25–26).

2. Traduisez en anglais:
Je laissai filer beaucoup de voitures (15)
ils me mettront à la fabrication (17)
ils arrêtent toujours avant l'heure (23)
la sonnerie se fit entendre (25)

Commentaire grammatical

(i) Subjunctive, avoidance of

sans même prêter attention . . . (27–28), Je voulais surtout quitter . . . (28), j'avais peur de passer seule . . . (29): in these cases the subjunctive is not needed, since the (understood) subject of the infinitive is the same as that of the first (finite) verb. If the subjects were different, the subjunctive would be obligatory after the constructions used, cp. *sans qu'il prêtât attention . . ., je voulais qu'il quittât . . ., j'avais peur qu'il ne passât seul . . .* For sequence of tenses see GS 4, §4, pp. 65–66.

(ii) Other grammar points

Je me tassai (1): the past historic is used throughout this passage. This is still common in literary narrative, even in the first person. It is not found incongruous that this 'literary' tense should occur side by side with colloquial and even vulgar expressions in the dialogue, cp. text on pp. 172–173. See also GS 2, §3.1, p. 28.

Là, je ne gênerais personne (1–2): this sentence is in the *style indirect libre.* Cp. *Là, je ne gênerai personne* (style direct) and *Je me suis dit que, là, je ne gênerais personne* (style indirect 'normal'). See GS 2, §3.2.5, p. 29.

Il pénétrait . . . telle une aiguille (4): telle here is used with the same sense as *comme,* which it may replace in more formal style.

Grimper, etc. (10): the infinitives are used here to present a series of ideas. In these circumstances English would probably use a present participle. Cp. GS 9, §2.1, p. 142.

il était avec moi pour deux ou trois jours (15–16): pour is used for intended periods of time as opposed to actual ones. Cp. GS 11, §3.1, p. 178.

Quand il resta moins d'une heure (19): '. . . there remained'. The *il* here is impersonal, as it is in *il pleut, il faut,* etc. See also p. 2.

Je leur fis à toutes de larges sourires (31): 'I gave them all broad smiles.' Note that in French the words for 'them' and 'all' are separated by the verb (*fis*) and that both are presented as indirect objects: *leur* and *à toutes.*

Compréhension du texte

1. Quels sont les éléments du texte qui font croire qu'Elise est à l'usine depuis peu de temps?

2. Comment l'auteur nous fait-il comprendre la fatigue d'Elise? Citez les passages du texte.

3. Décrivez le rôle et le personnage de Daubat dans cet extrait.

B. EXERCICES DE RENFORCEMENT

A l'oral

1. Préparez des réponses orales aux questions suivantes:

(a) En quoi consistait le travail d'Elise dans la chaîne de production?

(b) A quel point la fatigue empêcha-t-elle Elise d'effectuer son travail?
(c) Quelle réaction la fin du travail provoqua-t-elle chez Elise?

Exercices lexicaux

2. L'expression *Elles parlaient fort (30)* offre l'exemple d'un adjectif (*fort*) faisant fonction d'adverbe. Complétez les phrases suivantes en utilisant d'autres adjectifs:

(a) *Elles parlaient* . . . (in a low voice).
(b) *Il chante* . . . (out of tune).
(c) *La fleur sentait* . . . (sweet).
(d) *Le tricot a coûté* . . . (dear).
(e) *Je vois* . . . (clearly).
(f) *Marchez* . . . (straight ahead).

3. Décrivez dans un français simple les choses désignées par les mots suivants: *pare-soleil (9), angles (12), creux (12), portières (12), casier (26).*

4. *Pare-soleil (9)* est un substantif composé du verbe *parer* et du substantif *soleil.* Donnez cinq mots français composés de la même façon et notez-en le genre.

5. *Au-dessus (5, 10),* à *l'arrière (5), derrière (10).* Consultez le *DFC* à *arrière, dessous* et *devant,* ainsi que GS 11, §2.2, p. 177 et ensuite traduisez en français les expressions suivantes:

(a) To reverse a car.
(b) To take a step back.
(c) At the back of the car.
(d) Behind the car.
(e) The people (neighbours) upstairs.
(f) Arm in arm.
(g) To lay hands on something.

6. Trouvez une expression française qui pourrait remplacer chacun des mots suivants dans son contexte, sans en changer le sens: *prévu (1), gênerais (2), élan (20), posément (26).*

Exercices grammaticaux et structuraux

7. Dans chacune des phrases suivantes mettez le verbe entre parenthèses au temps approprié de l'indicatif *ou* du subjonctif. Faites le choix entre le présent et l'imparfait du subjonctif, etc., compte tenu de GS 4, §4, pp. 65–66:

(a) Je me tassai là, bien que rien n(e) (*être*) prévu pour s'asseoir.

(b) Il était probable que tout le monde (*voir*) que je venais d'arriver.

(c) Il était bien temps que Daubat me (*tendre*) sa plaque.

(d) Il est bien possible qu'il le (*faire*) demain.

(e) Je craignais fort que M. Gilles ne (*rentrer*) me surveiller.

(f) Je croyais que le patron me (*congédier*) le lendemain.

(g) Je cherchais un employeur qui (*accepter*) mon peu d'expérience.

8. Traduisez en français en employant le subjonctif ou l'indicatif, suivant le cas:

(a) I want you to go and Susan to come.

(b) I am so glad we have arrived.

(c) It surprises no one that he has left.

(d) I believe that Napoleon was a great man.

(e) I don't believe that we have paid.

(f) Stay there till I come back.

(g) I won't tell you until John has said yes.

(h) Find me someone who can cook without spoiling the food.

(i) They certainly hope that you will help them.

(j) I very much doubt if he will sell it.

9. Récrivez chacune des phrases suivantes de façon à éviter l'emploi du subjonctif (voir le Commentaire grammatical, p. 50).

Par exemple: Je voudrais que l'on *me donne l'ordre* de partir.

Je voudrais *recevoir l'ordre* de partir.

(a) Je regrette fort que je vous aie créé des ennuis.

(b) A moins que l'on ne vous choisisse, vous ne partirez pas.

(c) Il est parti sans qu'il ait reçu nos lettres.

(d) Je l'ai fait afin que je puisse la retrouver.

(e) En attendant qu'elle y consente, il n'y a rien à faire.

C. EXPLOITATION DU TEXTE

A l'oral

1. Récit oral: Elise raconte à une amie sa première journée à l'usine.

2. Sujets de discussion:

(a) Comparez les effets de la fatigue physique d'Elise à ceux de la fatigue ressentie par une étudiante ou une employée de bureau.

(b) 'Le travail à la chaîne convient aux hommes mais non aux femmes.' Etes-vous d'accord?

A l'écrit

3. Résumé: Racontez la journée d'Elise comme si elle écrivait dans son journal intime (150 mots).

4. Rédaction dirigée: Vous êtes le responsable syndical. Vous expliquez dans un rapport adres- sé au patron pourquoi les travailleurs à la chaîne demandent une réduction des heures de travail (200–300 mots). Modèle à suivre:

– Introduction expliquant le but du rapport.

– Les heures de travail actuelles, heures

d'ouverture des magasins, écoles, etc., problèmes concernant les transports en commun, la fatigue qui en résulte.

– Les conditions physiques du travail, mouvements physiques, concentration.

– Les conséquences de la fatigue et de l'attention interrompue: accidents, produits endommagés.

– Vos demandes précises. Vous dites qu'une réponse négative n'est plus acceptable et vous demandez une réunion pour décider des détails.

5. Rédaction: En vous servant du dossier (p. 59), écrivez un article pour votre journal syndical où vous décrivez un incident qui arrive pendant le travail et qui oppose le patron à ses ouvriers, aboutissant ainsi à une grève (200–300 mots).

6. Version: Traduisez en anglais les lignes *1–7* et *19–23*.

7. Thème: Traduisez en français en puisant le plus possible d'expressions dans le texte:

Every morning the workers hung up their coats, picked their tools up again and started the motors on the production line. Nothing was provided for our physical comfort although for years we had pointed out to the management what we needed to make the working day more bearable. The manager was the best I had ever known, but however competent he was, it was never sure that he saw things from the workers' point of view. At nine o'clock precisely his bald head would appear round the office door and he would shake hands with the nearest worker and ask the foreman questions that he couldn't possibly hear unless there were some break in the noise. Hearing was normally impossible and in any case no one believed that what he said was more than his way of saying 'Good morning'. Yet for all that, the men worked to support their families until they reached retirement age. It was important that they should remain in good health for as long as possible and that they should not kill themselves by working under impossible conditions, when those conditions could themselves be improved.

4

8

12

TEXTE DEUX: Un jeune ouvrier en 1936

Nous sommes en 1936. Près de l'atelier, les usines d'aviation Latécoère ont débrayé. Et les ouvriers, paraît-il, occupent l'usine. Partout, le mouvement de grève s'étend. . . . Les camarades qui avaient de lourdes charges de famille, n'avaient pas hésité à débrayer. Il fallait que leurs raisons fussent fortes.

4

Le responsable syndical prenait tout à coup une importance énorme. Ce bon camarade, toujours effacé dans ses multiples tâches, devenait notre point de mire. Il fallait composer une délégation. Elle irait derrière les verrières trouver le patron. Elle dirait nos désirs.

8 J'aurais voulu être de la délégation. J'étais trop jeune. Je souhaitais à cet instant avoir quarante ans. Le patron arriva. Nous avions entendu les pneus de sa grande auto noire virer sur les cailloux de la cour. Aussitôt la délégation alla vers la verrière. Nous attendions en silence son retour. Mentalement je me répétais ce que j'aurais dit au patron:

12 «Nous en avons assez d'être comme des machines. A partir d'aujourd'hui, vous allez être contraint à plus de considération . . .

«Travailler pendant que vous allez à la campagne un mois et plus . . . c'est fini! Nous sommes des hommes, nous aussi! Nous allons vous demander quinze jours par an pour aller

16 pêcher à la ligne dans la Garonne si cela nous plaît.

«Nous allons travailler moins d'heures. Nous aussi, nous avons droit à la culture, aux loisirs. Le but de votre vie est, nous le savons, d'amasser de l'argent; les bénéfices: vous n'avez que ce mot à la bouche. Vous nous considérez comme un moyen de le réaliser. Tout

20 cela va bientôt se terminer.

«Vous voudriez que nous restions des anonymes à la merci d'un chantier qui commence ou qui finit; les lois sociales vont désormais nous protéger . . .

«Vous voudriez que notre seul espoir soit de devenir individuellement propriétaires des

24 moyens de production; mais nous sommes des millions à avoir en nous ce refus, ce «refus de parvenir» qui fait notre force, qui fait notre union. Vous avez été jusqu'ici un maître absolu. Nous sommes des millions à ne vouloir comme maîtres que la justice et la liberté . . .»

Mais cela aurait été trop sentimental. La grève, notre grève, n'était pas un fait accidentel,

28 une affaire sentimentale. C'était fini, on allait s'expliquer. Tous les sentiments que nous portions depuis des années à l'état latent venaient brusquement d'éclater. Tout ce que nous avions refoulé, toutes les injustices de notre condition, tout cela venait en surface.

B. Cacérès, *La Rencontre des hommes*, Seuil, 1950

54

A. PREPARATION DU TEXTE

Notes

1936 (1): époque où la France fut gouvernée par le Front Populaire, constitué en 1935 et composé de plusieurs partis de gauche. Il remporta la victoire aux élections d'avril-mai 1936. Le gouvernement de Léon Blum, composé de radicaux et de socialistes et soutenu par les communistes, imposa plusieurs réformes sociales à la suite de grèves avec occupation de locaux.

Latécoère (1): cette société qui construisait des avions, surtout à Toulouse, fut une de celles dont les usines furent occupées en 1936. Depuis, elle est devenue une partie de 'Sud-Aviation' qui construit le 'Concorde'.

grève (f) (2): 'strike', terme provenant de la Place de la Grève à Paris où se réunissaient autrefois les gens en chômage.

verrières (f. pl) (7): cloison vitrée qui séparait le bureau du patron de l'atelier. Donc *aller derrière les verrières* = aller parler au patron.

ce 'refus de parvenir' (24–25): les ouvriers veulent rester ouvriers; ils refusent de s'élever socialement, par exemple en cherchant à devenir eux-mêmes propriétaires.

Vocabulaire

1. Traduisez en anglais les mots suivants: *débrayé (1), s'étend (2), virer (9), réaliser (19), chantier (21), s'expliquer (28), refoulé (30), condition (30).*

2. Traduisez en anglais les expressions suivantes:
Il fallait que leurs raisons fussent fortes (3–4)

toujours effacé dans ses multiples tâches (6)
devenait notre point de mire (6)
J'aurais voulu être de la délégation (8)
aller pêcher à la ligne . . . si cela nous plaît (15–16)
vous n'avez que ce mot à la bouche (18–19)
les sentiments que nous portions . . . à l'état latent (28–29)

Commentaire grammatical

(i) Use of the subjunctive

Il fallait que leurs raisons fussent . . . (3–4), Vous voudriez que nous restions . . . (21), Vous voudriez que notre seul espoir soit . . . (23): according to traditional sequence of tense rules, all three of these cases should have used the imperfect subjunctive (i.e. *restassions* and *fût* in the second and third examples). Since the author is quoting direct speech (or imagined speech), he prefers the present subjunctive after *vouloir que* which is more normal outside formal, literary contexts. See GS 4, §4, pp. 65–66.

(ii) Word order as applied to adverbs

*Le responsable . . . prenait **tout à coup** . . . (5), Je souhaitais **à cet instant** avoir . . . (8):* these examples show the tendency of adverbs to occur immediately after the finite verb, i.e. before an object, an infinitive or a past participle. Cp. *Nous visiterons **dimanche prochain** le musée de la ville, J'ai **souvent** remarqué que . . ., Je préfère **de beaucoup** éviter des ennuis pareils, Il faudra **bientôt** prendre une décision.*

Aussitôt la délégation alla . . . (10), Mentalement je me répétais . . . (11), A partir d'aujourd'hui, vous allez . . . (12): these examples show how the adverb can be placed first to give it stress. See also GS 7, §1.3, p. 112.

(iii) Other grammar points

Elle irait . . . Elle dirait (7): the conditional is used here in its temporal 'future-in-the-past' sense, 'It **was going to** go . . . tell'.

vous n'avez que ce mot à la bouche (18–19), à ne

vouloir comme maîtres que la justice . . . (26): the *que* in the construction *ne . . . que* precedes the item it refers to. Cp. the other negatives which have a more fixed word order, see GS 7, §1.4, p. 113. See also H. Ferrar, *A French Reference Grammar,* O.U.P., 1967, §250(f).

Compréhension du texte

1. Pourquoi le *responsable syndical (5)* accompagné de la délégation allait-il voir le patron?

2. Quelle était l'attitude du patron envers ses ouvriers, selon l'auteur?

3. Pourquoi l'auteur écrit-il: *Il fallait que leurs raisons fussent fortes (3–4)*?

4. Pourquoi l'auteur écrit-il: *Mais cela aurait été trop sentimental (27)*?

B. EXERCICES DE RENFORCEMENT

A l'oral

1. Préparez des réponses orales aux questions suivantes:

(a) Comment le *responsable syndical (effacé (6)* etc.) s'impose-t-il au cours des événements racontés?

(b) En termes généraux quelles sont les revendications principales du jeune ouvrier dans sa harangue imaginée *(12–26)*?
(c) A quoi serviraient les heures de loisir et les vacances revendiquées par le jeune ouvrier?

Exercices lexicaux

2. Utilisez les mots suivants dans des phrases qui feront apparaître le lien existant entre les professions et les métiers qui utilisent ces lieux de travail.
Par exemple: *Le **médecin** m'a reçu dans son **cabinet de consultation.***

atelier (1), chantier (21), étude, cabinet de travail, bureau, secrétariat, quartier général, scène, cuisine.

3. Formez des phrases à partir des expressions suivantes:
Jusqu'ici . . . désormais . . . (25)
Certains . . . d'autres . . .
Qu'il . . . ou qu'il . . .
Ce qui . . ., c'est que . . .

Tantôt . . . tantôt . . .
Soit que . . . soit que . . .
A en juger d'après . . .
. . . mais par contre . . .
Plutôt que de . . .

4. Expliquez en français le sens de *point de mire (6).* Employez ensuite les expressions suivantes dans des phrases qui en illustreront le sens:
point de vue, point de départ, mise au point, à point.

5. Expliquez en français la signification des mots suivants: *patron (7), bénéfices (18), moyens de production (24).*

Exercices grammaticaux et structuraux

6. Lisez GS 4, §4, pp. 65–66 concernant l'emploi des temps du subjonctif. Traduisez ensuite en français les phrases suivantes en indiquant les cas où la langue vous offre un choix entre deux temps selon le style:

(a) Would they like us to take over the factory?
(b) I have not liked her going out with that boy.
(c) I would like them to continue working.
(d) I like you to come and see me.
(e) I liked him coming each week.
(f) She would have liked you to go to Dijon.

7. Traduisez en français, utilisant *ne . . . que . . .* dans chaque phrase:

(a) I only came when he had left.
(b) The bosses are only rich because the workers are poor.
(c) The boss never came to the factory in any other way but in his black car.
(d) I only gave money to this man, not to that one.
(e) Soon the trade union representative was the only man left in the factory.
(f) I only lent him money, I did not give him any.

8. Mettez les paroles du jeune ouvrier *(12-26)* au style indirect et à la première personne du singulier: 'J'ai dit que nous en avions assez . . .'.

C. EXPLOITATION DU TEXTE

A l'oral

1. Saynète: Racontez les événements de la journée sous forme d'une conversation entre le patron et sa femme.

2. Exposé: Décrivez une grève à laquelle vous avez assisté, que vous avez vue ou dont vous avez lu le compte–rendu dans les journaux.

3. Sujets de discussion:

(a) Dans quelles circonstances les grèves sont-elles justifiées?
(b) 'Les syndicats sont trop puissants.'

A l'écrit

4. Rédaction dirigée: Ecrivez l'article qui aurait pu paraître dans un journal le lendemain des événements racontés dans le texte; n'oubliez pas le titre ('headline') (250–350 mots). Modèle à suivre:

– Les grèves qui soutiennent, contre le patronat, le programme de réformes sociales du gouvernement de Léon Blum. Les événements dans différentes industries clef.

– Les principales revendications des ouvriers.

– La grève dans l'usine du jeune ouvrier (inventez un nom pour l'entreprise), interviews données par le patron et par le responsable syndical.

– Analyse par le journaliste de la peur du patron devant un mouvement qui fait boule de neige et de l'émotion manifestée par les ouvriers.

– Perspectives pour l'avenir: la position du gouvernement.

5. En restant dans le domaine de l'ouvrier et de l'industrie, complétez les phrases suivantes:

(a) Bien que . . . il est important que . . .

(b) Il est regrettable que . . . au moment même où . . .

(c) J'espère que vous ne . . .

(d) Je crains fort qu'il ne . . .

(e) Nous sommes désolés que vous . . . par le temps qu'il fait.

(f) C'était le seul homme qui . . . et qui . . .

(g) Nous continuerons à travailler en attendant que . . .

(h) Tous les ouvriers sont syndiqués de sorte que . . .

(i) Ils sont sortis après que . . .

(j) A moins que . . . on ne pourra jamais . . .

6. Version: Traduisez en anglais les lignes *1–7* et *23–30.*

7. Thème: Traduisez en français en vous servant le plus possible d'expressions tirées du texte et du dossier qui suit:

The foreman went up to the worker to ask him to shut down his machine, for the trade union representative had called a meeting, and the worker had to go to it. The shop floor emptied and it looked as if we were on strike. You could even hear the buses passing in the

4   street outside. The boss and foreman were waiting in silence, or speaking in low voices. The strength of the manager was in his ability[1] to suppress his own feelings, and to be self-effacing. Yet since he had taken me on and set me before a machine on his shop floor I had come to respect him. I knew him too well to change my opinion of him now. Whatever

8   people say about the 'bosses', I doubt if there has ever been anyone as concerned for justice as he was. I don't think it is so important to remodel the structures of society and industry. I far prefer to work for a boss like that, although I am not saying that he was an angel.

Note: [1] *capacité*

Dossier sur l'organisation de la main–d'œuvre et des cadres industriels

Le lieu de travail

Le mot *usine (f)* traduit normalement l'anglais 'factory': on dit, par exemple, 'une usine d'automobiles, de transformation de métaux', etc. Une *fabrique* est plus petite et plus artisanale qu'une usine: 'fabrique de porcelaine, de petite mécanique', etc. Le mot *manufacture (f)* est assez rare et ne se trouve que dans des contextes précis, par exemple 'manufacture de tabacs, de porcelaine de Sèvres, d'armes'. Le mot *atelier (m)* peut désigner les diverses divisions d'une usine ou, plus rarement, une petite fabrique, (de vêtements, par exemple). Le terme *chantier (m)* est d'habitude réservé aux travaux à l'extérieur, aux dépôts de matériaux, etc.: 'chantier de construction, de bois, naval', etc.

Le personnel d'une entreprise

(a) Les *cadres* exercent le contrôle d'une entreprise au nom de la direction générale. Le directeur d'usine est normalement appelé 'le patron' par les ouvriers. Le CNPF (Conseil national du patronat français) représente les intérêts des patrons; cp. la 'CBI' britannique.

(b) La *main–d'œuvre* (= l'ensemble des ouvriers) elle-même est sous le contrôle de contremaîtres, responsables chacun d'une équipe d'ouvriers.

(c) Les *ouvriers* se divisent en différentes catégories suivant leur formation professionnelle. En haut de l'échelle on trouve les ouvriers qualifiés ('skilled workers'), suivis des ouvriers spécialisés ('semi-skilled workers') et, en bas de l'échelle, des manœuvres. Ces derniers remplissent, comme travailleurs manuels, les fonctions les plus humbles dans l'atelier. Tous ces employés sont *salariés*, qu'ils soient *mensuels* ou payés à la semaine. Un *artisan* est généralement employé pour son propre compte. Une machine est normalement contrôlée par un *machiniste* et entretenue par un *mécanicien*.

La production

La production se déroule le plus souvent *à la chaîne*, du moins pour la production *en grande série*, mode de fabrication conçu pour le maximum de *productivité* ou de *rendement*. Certains salariés sont payés *à la tâche* et font un travail *aux pièces*, (ou *à la pièce*).

L'emploi

Une fois *embauché*, ou *recruté*, un employé *touche un salaire* jusqu'au moment de *prendre sa retraite*, ou d'être *licencié* ou *congédié*. Un *chômeur* (quelqu'un sans travail) reçoit le plus souvent une *indemnité de chômage*.

Le syndicalisme

Les principales organisations syndicales françaises sont: la CGT (Confédération générale du travail), la CGT-FO (Confédération générale du travail — Force ouvrière) et la CFDT (Confédération française et démocratique du travail). Leurs *adhérents*, les *syndiqués*, poursuivent leur action par voie de négociation, pour améliorer leurs *conditions de travail* ou pour soumettre des *revendications d'augmentations*, (ou de *hausse(s) de salaire*), par l'entremise de leurs *responsables syndicaux*. Ces délégués syndicaux convoquent des réunions des membres du syndicat. Ils négocient *les heures de travail* et la répartition des *heures supplémentaires*, tant pour les *jours ouvrables* que pour le weekend. (Les jours ouvrables sont les jours où l'on travaille, par opposition aux dimanches, et aux jours fériés. Cp. *journée de travail*= le nombre d'heures que l'ouvrier travaille, par exemple 'une journée de travail de huit heures'.) Au cas où les revendications des ouvriers échoueraient et que la direction refuserait la hausse des salaires demandée, les ouvriers pourraient *se mettre en grève*; les grèves sont parfois *sauvages* ou non officielles. Les grévistes peuvent faire une *grève du zèle* ('work to rule'), une *grève perlée* ('go slow') ou éventuellement installer des *piquets de grève* aux portes des usines.

GRAMMAR SECTION 4: *The Subjunctive*

§1. **Introduction**
§2. **Formation of the Subjunctive**
§3. **Uses of the Subjunctive**
§4. **Tenses of the Subjunctive**

§1.   Introduction

The subjunctive, like the indicative, is a mood of the verb (see Glossary). It is used when the speaker wishes to present an idea not as a matter of fact (this is the function of the indicative) but merely as a notion he is entertaining in his mind. In practice, however, the French subjunctive is most often used as a response to its grammatical environment, so the foreign learner might find it easier to learn the contexts where the subjunctive occurs rather than its 'meaning'.

The subjunctive plays an important role in French syntax and far from disappearing from the modern language, as is sometimes alleged, it is used in both spoken and written French by all native speakers. This section can deal only with the main uses of the subjunctive.

§2.   Formation of the Subjunctive

The tenses of the subjunctive are present, imperfect, perfect, and pluperfect (use of tenses, see below, §4). They are formed as follows:

– **Present subjunctive.** First find the **stem** from the 3rd person plural of the present indicative,

e.g. Infinitive	3rd person plural present indicative	Stem
donner	*donn/ent*	*donn-*
finir	*finiss/ent*	*finiss-*
vendre	*vend/ent*	*vend-*

Add the endings: *–e, –es, –e, –ions, –iez, –ent.*

e.g.	*je finiss/e*	*nous finiss/ions*
	tu finiss/es	*vous finiss/iez*
	il finiss/e	*ils finiss/ent*

– Imperfect subjunctive. Find the **stem** from the 2nd person singular of the past historic,

e.g. Infinitive	2nd singular past historic	Stem
donner	*donna/s*	*donna-*
finir	*fini/s*	*fini-*
vendre	*vendi/s*	*vendi-*

Add the imperfect subjunctive endings,

e.g. *je donna/sse*	*nous donna/ssions*
tu donna/sses	*vous donna/ssiez*
il donnâ/t	*ils donna/ssent*

– Perfect subjunctive. This is formed from the present subjunctive of *avoir* or *être* followed by the past participle,

e.g. Present subjunctive *avoir/être*	Past participle	Perfect subjunctive
il ait	*acheté*	*il ait acheté*
nous soyons	*sorti*	*nous soyons sortis*

– Pluperfect subjunctive. This is formed from the imperfect subjunctive of *avoir* or *être* followed by the past participle,

e.g. Imperfect subjunctive *avoir/être*	Past participle	Pluperfect subjunctive
ils eussent	*su*	*ils eussent su*
elle fût	*arrivé*	*elle fût arrivée*

Full details of the formation of the subjunctive in all its tenses are given in reference grammar books. **Irregular** forms occur frequently in the subjunctive (just as they do in the indicative). You should make sure that you know the subjunctive of the following very common irregular verbs: *aller, avoir, être, faire, pouvoir, savoir, vouloir.*

§3. Uses of the Subjunctive

French uses the subjunctive mood in:

– single clause sentences (*Qu'elle* **sorte***!*)

– dependent clauses of compound sentences (*Je vote pour la grève, bien qu'elle* **soit** *illégale*)

3.1 Single clause Subjunctives

These are much rarer than dependent clause subjunctives. They concern mainly third person imperative constructions,
e.g. *Qu'il parte!* 'Let him be off!'

Que le patron comprenne enfin!

In certain expressions *que* is omitted,
e.g. *Dieu vous bénisse!   Vive la jeunesse!*

3.2 Dependent clause Subjunctives

Most uses of the subjunctive occur in dependent clauses of compound sentences. The subjunctive is used mainly in response to the particular grammatical environment in which it occurs. It is triggered by a signal in its immediate context. There are three main types of signal for dependent clause subjunctives: verb, conjunction, antecedent plus relative pronoun.

EXERCISE A: Identify the dependent clause subjunctives below. Underline the *que* which precedes each one and say whether it is part of a conjunction or follows a verb signalling the subjunctive.

(a) Je veux que tu le dises au patron.
(b) Il faut que le responsable syndical agisse tout de suite.
(c) Je travaillerai tard ce soir pour que je puisse m'absenter demain.
(d) Bien que les conditions de travail soient très désagréables, il faut se rappeler les usines d'avant-guerre.
(e) Il demande que je me fasse couper les cheveux avant de reprendre le travail.

3.2.1   The **verbs** which signal the subjunctive are of two kinds:

– a first group of verbs express an emotional attitude on the part of their subject (below, §3.3),
e.g. ***Vous voulez que*** *nous restions ici.*

– a second group of verbs have impersonal *il* as subject (below §3.4),
e.g. ***Il faut que*** *le patron s'en aille.*

3.2.2   An infinitive construction is used in preference to *que*+subjunctive when the subject of both verbs is the same,
e.g. *Vous voulez rester ici,*

or after an impersonal verb when the subject of the second verb is general and indeterminate,
e.g. *Il faut s'en aller.*

3.3   *Verbs expressing an emotional attitude*

Pattern:

Clause containing signal verb		*Que*	Dependent clause with subjunctive verb
DOUBT	*Je doute* ⎫ *Je ne crois pas* ⎭	*qu'*	*elle vienne.*
FEAR	*Je crains* ⎫ *J'ai peur* ⎭	*qu'*	*elle **ne** vienne.*
DESIRE	*Je souhaite* ⎫ *J'aimerais bien* ⎪ *Je préfère* ⎬ *Je veux* ⎪ *Je désire* ⎭	*qu'*	*elle vienne.*

This first group also includes verbs which express:

REGRET	*regretter, être désolé*
PLEASURE	*être content, aimer*
SURPRISE	*être surpris, être étonné, s'étonner*
COMMAND	*ordonner, conseiller, exiger, demander*
PROHIBITION	*défendre, interdire, ne pas vouloir*
COMPLAINT	*se plaindre, ne pas aimer*

Another set of verbs express PERSONAL OPINION: *croire, dire, espérer, être sûr, penser, nier*. However, these verbs signal a subjunctive verb only when used negatively,
e.g. *Je ne dis pas que les invités **veuillent** partir.*

or interrogatively,
e.g. *Croyez-vous que le patron **ait** raison?*

3.4 *Impersonal verbs*

Pattern:

Signal clause containing impersonal verb		*Que*	Dependent clause with subjunctive verb
NECESSITY	*Il faut* *Il est temps* *Il importe*	*que*	*vous compreniez.*
JUDGMENT	*Il est regrettable* *Il est juste*	*que*	*vous compreniez.*
POSSIBILITY	*Il est possible* *Il se peut*	*que*	*vous compreniez.*
IMPOSSIBILITY	*Il est impossible*	*que*	*vous compreniez.*

Note the gradation from **Improbability** (subjunctive) to **Probability** (indicative):

Il est improbable *Il est peu probable* *Il semble*	*que*	*vous compreniez.*
BUT *Il me semble* *Il est probable* *Il est certain*	*que*	*vous compren**ez**.*

EXERCISE B: Examine the following sentences carefully. Identify:

– the verb in the subjunctive

– the subjunctive signal.

Rewrite each sentence, replacing the clause which contains the subjunctive verb by another subjunctive clause you have composed yourself:

(a) Je souhaite que vous marchiez toujours dans les voies de l'honneur.

(b) Moi, je voudrais que tu t'en ailles.

(c) Il faut que tu comprennes — je vais me marier!

(d) Pour ma part je trouve qu'il est temps que le patronat écoute les employés.

(e) Il ne croit pas que nous ayons le droit de faire la grève.

(f) Etes-vous sûr que ce soit votre poste qu'il désire?

3.5 *Conjunctions*

The conjunctions which signal the subjunctive introduce events which might happen but which do not necessarily happen,

e.g. *Il veut partir **avant que** les autres **ne sachent** le résultat de ses recherches.*
*Je suis sorti **sans qu'**il me **voie/m'ait vu**.*

An infinitive construction is preferred if the subject of both the main and the subordinate verb is the same,

e.g. *Il veut partir avant de **savoir** le résultat de ses recherches.*

*Je suis sorti sans le **voir**.*

Time conjunctions:

Avant qu'
Jusqu'à ce qu' } *elle **vienne**, je lis.*
En attendant qu'

Notice that *après que*, which introduces events which have already taken place, is followed by the **indicative**,

e.g. *Après qu'on **a menti**, il faut une bonne mémoire.* (See also GS 2, §3.4.3, p. 31.)

Conjunctions of Purpose:

Pour que } *vous **puissiez** me comprendre,*
Afin que }   *j'apprends le français.*

Some conjunctions of purpose vary their meaning according to whether they are followed by the subjunctive or the indicative. *De sorte que, de façon que* and *de manière que*+subjunctive all mean 'in order that'. However, followed by the indicative they mean 'with the result that', cp. *Je parle fort de façon qu'elle m'entende/ entend.*

Conjunctions of Condition or Supposition:

A condition que } *vous **veniez** avec moi, j'irai*
Pourvu que   }   *chez le dentiste.*

Other conjunctions in this group are: *en supposant que, en admettant que.*

Conjunctions expressing Reservation:

Bien qu' } *il **soit** désagréable, elle l'aime.*
Quoiqu' }
*A moins qu'il ne **soit** désagréable, elle sortira avec lui.*

Another conjunction in this group is *sans que.*

Note the group of conjunctions which in English end in '-ever':

'However': *Quelque désagréable qu'* }
Pour désagréable   qu' } *il soit,*
Si désagréable   qu' } *elle*
Aussi désagréable   qu' } *l'aime*

'Whoever': *Qui qu'* } *il soit, elle l'aime.*
'Wherever': *Où   qu'* }
'Whatever': *Quoi que vous disiez, elle partira.*

A **choice** between alternatives is often expressed by *que*+subjunctive . . . *ou* . . .,

e.g. ***Que*** *ce **soit** lui **ou** elle qui l'**ait** fait, c'est déplorable.* ('Whether it be he or she who did it . . .')

Note the use of subjunctive in the dependent relative clause above (*ait fait*).

EXERCISE C: Combine the following pairs of sentences to form one compound sentence:

– Make use of the conjunction printed in brackets

– Change the order of the clauses where possible

– Pay attention to the tense and mood of the verb

(a) Je vous écris à la hâte.
    Vous saurez cette nouvelle le plus tôt possible. (*afin que*)
(b) Ils ont voté pour nous.
    Nous n'avons rien fait pour eux jusqu'ici. (*quoique*)
(c) Il parlera demain au patron.
    Les ouvriers changent d'avis. (*à moins que*)
(d) Pierre l'attendait toujours à la sortie de l'usine.
    Elle vint. (*jusqu'à ce que*)
(e) Vous aurez certainement le poste.
    Il n'y a pas d'autres candidats. (*pourvu que*)

3.6 *Antecedent plus relative pronoun* (for the meaning of these terms, see Glossary)

Subjunctives signalled in this way indicate a personal assessment of an event or situation and suggest that the opinion expressed may not be generally shared.

Principal clause with antecedent	Relative pronoun	Subjunctive relative clause

(a) In a relative clause qualifying a noun accompanied by a **superlative** adjective or by *seul, unique, dernier,* a subjunctive verb gives a suggestion of subjective impression:

C'est le plus grand chat	*que*	*j'aie jamais vu.*
C'est le seul endroit	*où*	*je puisse le rencontrer.*
C'est l'unique ville du monde	*où*	*l'on puisse vraiment se détendre.*
C'est le dernier pays	*où*	*l'homme n'ait pas détruit la nature.*

But where the relative clause expresses not subjective judgment but an established fact, the indicative is used,
e.g. *C'est le plus grand chat que j'ai jamais vu.*

Moreover, where *C'est . . . qui/que . . .* are used merely to place the superlative noun in emphatic position (see GS 10 §4.2, p. 162), no subjunctive is required,
e.g. *C'est le plus petit enfant qui est allé chercher le pain.*

(b) In a relative clause qualifying a **negated** main clause, the verb goes in the subjunctive:

Il n'y a qu'elle	*qui*	*sache réussir un soufflé.*
Il n'y a personne	*qui*	*puisse l'aider.*

(c) To express **requirements** or desirable qualifications:

Je cherche quelqu'un	*qui*	*veuille bien travailler.*
Nous voulons une maison	*qui*	*n'ait pas de jardin.*

But when our requirements have been met, or when the situation actually exists, the indicative is used,
e.g. *Nous avons trouvé une maison qui n'a pas de jardin.*

§4. Tenses of the Subjunctive

The tenses of the subjunctive which are most often used both in speech and writing are the present and the perfect. The other tenses — the imperfect and the pluperfect — are becoming increasingly rare, except in the 3rd person singular of common verbs in formal or literary contexts. The following table shows the sequence of tenses used in formal or literary French.

Tense of verb in the signal clause	*Que*	Tense of dependent subjunctive verb
Present ⎫ Future ⎬ indicative Perfect ⎭	*que*	Present ⎫ Perfect ⎬ subjunctive

e.g. *Je crains*
    Je craindrai
    J'ai craint
	qu'
	
	qu'
		il ne vienne, 'that he comes, is coming, will be coming, may come, may be coming'.
		il ne soit venu, 'that he has come, has been coming, will have come, may have come'.

Imperfect ⎫ Past historic ⎪ Conditional ⎬ indicative Pluperfect ⎭	*que*	Imperfect ⎫ Pluperfect ⎬ subjunctive

e.g. *Je craignais*
    Je craignis
    Je craindrais
    J'avais craint
	qu'
	
	qu'
		il ne vînt, 'that he came, was coming, would come, would be coming, might come, might be coming'.
		il ne fût venu, 'that he had come, had been coming, would have come, might have come'.

In less formal French the present and the perfect are used where formal French uses the imperfect or the pluperfect,

e.g. *J'avais craint qu'il ne **soit** venu*, etc.

TU L'AS DESCENDU QUAND IL T'A CAPTURÉ. IL EST NORMAL QU'ON LUI PAIE CET ENTERREMENT AVEC LA RÉCOMPENSE...

V L'Ecole en France

TEXTE UN: La semaine du pas de jeudi

Pourquoi Niort? «Et pourquoi pas Niort?» répond, blasé, l'inspecteur d'académie de cette petite ville de province que le ministère de l'Education nationale a choisie comme centre d'expérimentation.

Après un premier trimestre d'essai, les 18,300 élèves de Niort reprennent, ce lundi, une 4
expérience originale mise en place depuis la rentrée 1971: la semaine de cinq jours, du lundi au vendredi, entrecoupée d'un bref mercredi après-midi, en principe réservé aux sports.

«Jusqu'ici, explique l'inspecteur d'académie, on n'avait jamais osé mettre l'idée en pratique. Elle aurait bouleversé des habitudes séculaires, et notamment le traditionnel 8
catéchisme du jeudi. Or, aujourd'hui, au contraire, elle correspond parfaitement aux nouvelles habitudes des Français, dont une partie toujours croissante fait, elle aussi, la semaine continue.»

C'est là le cas à Niort, où, seuls, les commerçants et les ouvriers d'une grosse entreprise 12
qui assurent le roulement de fin de semaine travaillent le samedi. Tous les autres, notamment les employés des administrations et surtout des assurances aux noms étranges (Maif, Maf, Macif), sont libres dès le vendredi soir.

A Niort donc, depuis trois mois, la plupart des familles ont la chance de se retrouver au 16
grand complet pour deux jours. «Et les pères de profiter un peu plus de leurs enfants», dit un ouvrier, rayonnant. Les professeurs, eux, ne sont pas toujours convaincus des bienfaits de l'expérience. «D'un point de vue égoïste, explique l'un d'entre eux, elle facilite notre tâche. Notre travail est plus groupé, et nous disposons de beaucoup plus de temps pour nos loisirs. 20
Mais les enfants . . . Personnellement, le jeudi après-midi, je ne les tiens plus. Ils sont fatigués, énervés, incapables d'une attention soutenue.»

Même écho chez cette mère de famille venue chercher son bambin à la sortie de la maternelle: «Maintenant, les enfants sont obligés de se lever cinq jours de suite de très 24
bonne heure, sans possibilité de récupération.» Et, à Niort, vingt-cinq pour cent des élèves d'un CES périphérique se réveillent à 5h30 chaque matin pour attraper le car qui les conduira à l'école.

«En réalité, affirme un enseignant, cette semaine continue n'est ni meilleure ni moins 28
bonne que l'ancien système. A quoi bon changer les horaires sans modifier aussi les programmes et les méthodes d'enseignement?» Pour servir l'intérêt même des enfants, répondent les pédagogues et les médecins qui réclamaient depuis longtemps cette répartition du temps scolaire. Parce qu'ils estiment que la semaine de travail des écoliers est 32
beaucoup plus harmonieuse et équilibrée lorsqu'elle est interrompue juste au milieu, le mercredi à midi, et tout en fin, le vendredi soir.

36   Les principaux intéressés, les enfants, semblent, quant à eux, partager cette opinion: quatre-vingt-dix pour cent d'entre eux se déclarent très satisfaits de la nouvelle formule. «On ne pense pas à la fatigue, dit une fille de sixième, ni au travail. Parce qu'il y a ces deux jours où on oublie complètement l'école. Comme ça, on est heureux.»

40   Pour le ministre, cette satisfaction est sa meilleure récompense. Il attendra pourtant le mois de juin pour décider si le bilan de l'expérience justifie qu'elle soit étendue au reste de la France. «En tout cas, conclut l'inspecteur d'académie, j'ai la conviction qu'à Niort il sera difficile de revenir en arrière.»

Elisabeth Schemla, *L'Express*, 3 octobre 1972

A. PREPARATION DU TEXTE

Notes

La semaine du pas de jeudi (titre): 'A week without Thursday off'. Traditionnellement les écoles françaises fermaient le jeudi et restaient ouvertes le samedi. Dans le titre l'auteur fait un jeu de mots sur l'expression *la semaine des quatre jeudis* (un moment parfait qui n'arrivera jamais).

Niort (1): petite ville du Bas-Poitou, chef-lieu du département des Deux-Sèvres, à 414 km au sud-ouest de Paris. Niort a bénéficié de la décentralisation de certaines compagnies d'assurance autrefois basées à Paris, ce qui a créé dans la ville un grand nombre d'emplois de bureau (cp. *14–15*).

18.300 élèves (4): les écoles de Niort, ville de 44.500 habitants, hébergent un nombre surprenant d'écoliers. Ceci peut s'expliquer par le fait que certains d'entre eux habitent le pays environnant et non pas la ville même.

la semaine de cinq jours (5): une semaine de travail continu du lundi au vendredi, sans jour de congé (cp. *11*).

catéchisme (9): instruction religieuse (catholique) élémentaire donnée aux enfants en dehors des heures de classe.

sixième (37): classe de première année de l'enseignement secondaire (voir le Dossier, p. 78).

le bilan de l'expérience (40): depuis l'année scolaire 1972–73 le mercredi a été adopté comme jour de congé ou de demi-congé au lieu du jeudi, mais la pratique de la semaine de cinq jours ne s'est pas généralisée.

Vocabulaire

1. Quelle est la différence de sens entre *trimestre (4)* et *rentrée (5)*?

2. Quelle est la différence de sens entre *horaires (29)* et *programmes (30)*?

3. Donnez la traduction anglaise des termes suivants dans leur contexte:

expérience originale (5), en principe (6), habitudes séculaires (8), entreprise (12), roulement de fin de semaine (13), administrations (14), se retrouver au grand complet (16–17), énervés (22), une attention soutenue (22), bambin (23), cinq jours de suite (24), périphérique (26), répartition (32), principaux intéressés (35), le bilan (40).

Commentaire grammatical

(i) The Article

Use/non-use of articles in the phrase:

noun + *de* + noun.

(a) where the second noun is preceded by an article,

e.g. *le ministère de l'Education nationale (2)*

Here both nouns are of equal status. See GS 5, §4, pp. 82–84.

(b) where the second noun is not preceded by an article,

e.g. *l'inspecteur d'académie (1)*

Here the emphasis is on the first noun, with the second functioning like an adjective. Some of these are idiomatic compounds,

e.g. *mère de famille (23)*,

cp. *chemin de fer, chemise de nuit*, etc. See GS 5, §3.1.4, p. 81.

The article and days of the week:

(a) with no article or with demonstratives: this means a date, a single occasion: *lundi*, 'on Monday'; *ce lundi (4)*, 'this coming Monday'.

(b) with the definite article (always masculine): this means a regular and recurrent date: *le jeudi après-midi (21)*, 'on Thursday afternoons'; *le mercredi à midi (33–34)*, 'every Wednesday at noon'; *du lundi au vendredi (5–6)*, 'from Monday to Friday of every week'; *le traditionnel catéchisme du jeudi (8–9)*, 'the traditional Thursday catechism'.

(ii) Other grammar points

Compare the use of *dès* and *depuis* to express a date or moment in time:

(a) *une expérience originale mise en place depuis la rentrée 1971 (4–5)*: here *depuis* ('since') indicates the starting-point from which something still existing came into existence.

(b) *les employés ... sont libres dès le vendredi soir (14–15)*: here *dès* ('from Friday evening onwards'/'as early as') indicates the point at which something begins with no implication that it still continues.

Compréhension du texte

1. Qu'est-ce qui a amené les autorités à vouloir changer le jour de congé?

2. Pourquoi a-t-on choisi Niort, plutôt qu'une autre ville, pour cette expérience?

3. Qui est pour le changement d'horaire, et pourquoi?

4. Qui est contre, et pourquoi?

B. EXERCICES DE RENFORCEMENT

A l'oral

1. Préparez des réponses orales aux questions suivantes:

(a) Quelle est l'expérience faite à Niort par le ministère de l'Education nationale?

(b) Pourquoi les élèves sont-ils *fatigués, énervés, incapables d'une attention soutenue (22)* et donc difficiles à maîtriser le jeudi après-midi dans les écoles de Niort?

(c) A la date où l'article a été écrit, sait-on déjà si le nouveau système sera étendu au reste de la France? Dites pourquoi.

Exercices lexicaux

2. Cherchez dans le texte des mots ou expressions quasi-synonymes des termes suivants: *inaugurée, interrompue, dérangé, très heureux, concentration, petit enfant, repos, distribution, jugent, personnes concernées, résultat, je suis persuadé que.*

3. Utilisez les mots suivants dans des phrases de votre invention pour en faire ressortir le sens: *roulement (13), au grand complet (16–17), disposer de (20), soutenu(e) (22), à quoi bon (29), réclamer (31), bilan (40).*

Exercices grammaticaux et structuraux

4. Articles: Remplissez les blancs dans le passage suivant. Vous aurez à mettre *de/du/de la/des/d'un/d'une.* Pour vous aider, voir le Commentaire grammatical et GS 5, §§3 et 4, pp. 80–84.

Nous avons analysé le contenu d... manuel d... Bouillot, *Le Français par les textes,* pour le cours moyen, édition d... 1912, qui fut utilisé, pendant trente ans, dans la quasi-totalité des. écoles primaires de la France. Sur les cent-vingt-huit textes qu'il contient, cinquante-deux ont trait à l'agriculture et à la vie des. paysans, douze sont destinés à préparer les écoliers à une mort glorieuse sur le champ de... bataille. Le reste est composé des. leçons de la morale ou des. souvenirs d'... enfance. Trois textes concernant, l'un le potier, l'autre le commerçant, le troisième l'entrepreneur de... maçonnerie, voilà tout pour les métiers non agricoles. Un texte décrivant un 'aéroplane' peut passer pour une allusion à la civilisation industrielle.

5. Remplissez les blancs des phrases suivantes en y mettant soit *dès* soit *depuis.* Si, dans certains cas, les deux sont possibles, notez comment le sens en diffère selon la forme choisie. Voir le Commentaire grammatical.

(a) Il est absent ... trois jours.
(b) Il s'est mis à neiger ... le 2 décembre, ce qui est plus tôt que d'habitude.
(c) Il neige ... le 20 décembre.
(d) Je l'attends ... midi: il est parti de chez lui à 11h30 en promettant de passer me prendre pour aller au restaurant.
(e) Il est venu me prendre ... son retour.
(f) ... mai 1968 le système d'éducation en France a beaucoup changé.

C. EXPLOITATION DU TEXTE

A l'oral

1. Sujet de discussion: Quel est le plus puissant des divers arguments invoqués dans le texte pour ou contre le changement du jour de congé?

2. Sujet de discussion: L'enseignement ne sert qu'à former des chômeurs instruits.

A l'écrit

3. Résumé: Faites le résumé en français de l'article suivant (200 mots):

National tradition breached

It is so axiomatic in France that schools close on Thursdays and open on Saturdays instead, that the idea of doing it differently hardly occurs to anyone, and when some revolutionary suggests that it is not necessarily the best way to do things, the suggestion is received with incredulity and contempt.

The one idea is that children, particularly the little ones, get tired in the middle of the week and should have a day off. The principle, like so much else in the French educational system,

4

goes back to Jules Ferry and the early days of the Third Republic. This means it is a sacred   8
institution, and the fact that foreign countries seem to get by all right with sending their
children to school for five consecutive days is not allowed to affect the argument. (The
French, like most other people, do not pay a great deal of attention to 'abroad'.)

Some free spirit in the Ministry of Education at last put the argument correctly. He asked   12
himself whether the Thursday-off Saturday-on system was suitable to modern conditions.
The answer was obvious: it isn't.

In fact, a regular complaint is that children whose mothers work have nothing to do and
nowhere to go on Thursdays, get into trouble, sometimes have accidents. For years, this   16
problem has been studied in terms of giving the mothers Thursday off, or supplying
expensive crèches one day a week.

The Ministry official proposed, instead, that the children stay at school and have a full
weekend at home like children abroad. So last autumn Niort was chosen as the experimental   20
town. If the younger children are tired in the middle of the week, they are sent home on
Wednesday at midday. They thus have a four and a half day week, and only time-table
fanatics would claim that their education thereby suffers.

As for the parents of Niort, after the initial shock, they are now convinced of the   24
advantages of the experiment. The Ministry has yet to pronounce, but the chances are that in
a year or two the rest of France will adopt the new formula. All those Parisians who bought
country cottages for weekends will at last be able to use them and the traffic jams on Friday
evenings will be enormous. Such is progress.   28

Public gardens will be full of children on Saturday and on Thursday the museums will be as
cluttered with school parties going round as they are now on every other day of the week. A
whole literature of children's songs and games will have to change. For practically the entire
French population, Thursday is still a magic day, because when they were kids they were let   32
off school then.

One question still remains unanswered: why Niort? The local education officials are
inclined to reply 'Why not?' when the question is put to them. But the answer seems to be
that the Ministry wanted a small and typical town, off the main stream of noise and bustle,   36
but not backward or remote, and probably someone in the Ministry offered Niort as the ideal
place. Its inhabitants are delighted at the choice.

Patrick Brogan, *The Times Educational Supplement*, 21 January 1972

4. Rédaction: Vous êtes père de famille.
Ecrivez à l'Inspecteur d'Académie pour lui
demander de prolonger l'expérience de la
'semaine du pas de jeudi', en expliquant quels
avantages elle offre pour votre vie de famille.
(250–300 mots)
(Voir Module *XII* pour vous aider à composer
une lettre en français.)

5. Version: Traduisez en anglais les lignes
1–14.

6. Thème: Traduisez en français les lignes
24–38 de l'article de Patrick Brogan ci-dessus.
(Voir le *DFC* pour ne pas vous tromper
d'expression en traduisant 'pronounce' et 'the
chances are'. 'Country cottage': *maison de
campagne* ou *résidence secondaire*.)

TEXTE DEUX: Enfances, adolescences

L'école communale d'hier, rurale et républicaine, ne joue plus dans les campagnes le rôle de creuset qu'elle eut pendant soixante ans. Dépeuplement, télévision, recrutement plus difficile de maîtres ont changé le climat idéologique. La vedette est passée aux écoles

4 primaires des villes, souvent installées de façon moderne et appliquant les méthodes pédagogiques nouvelles. Les «écoles pilotes», animées par des maîtres intelligents, l'emportent sur les cours privés survivants. La bourgeoisie y envoie volontiers ses enfants: cette nouvelle attitude fera plus qu'on ne croit pour la mobilité sociale. L'instituteur d'hier,

8 ce saint laïque, cet apôtre de la démocratie qui apprit à plusieurs générations les pleins et les déliés, l'orthographe et le civisme, est en voie de disparition. L'instituteur d'aujourd'hui — loin des villes surtout — lutte pour son salaire et sa promotion sociale. Il vit et travaille parfois dans des conditions déplorables. Il forme la base de l'électorat de gauche non

12 communiste, croit dans le syndicalisme et nourrit souvent des aigreurs, des méfiances plus réactionnaires qu'il ne croit. Au vrai, la «France de la Communale», si vivante entre Jules Ferry et 1914 (et même 1936), se métamorphose sans qu'on sente surgir aucune mythologie assez forte pour succéder à ses valeurs vieillissantes.

16 Longtemps, les deux grands seuils scolaires furent: à onze ans le passage du primaire au secondaire et au lycée; à quatorze la fin de l'école obligatoire et l'entrée en apprentissage ou à l'école professionnelle. C'était entre ces deux passages que se scindait la société française en deux catégories: les futurs anciens bacheliers et les autres: ceux qui pensaient accéder au

20 statut de bourgeoisie et ceux qui désespéraient d'y atteindre. Tout cela, que les réformes tentent de bousculer, reste vrai pour l'essentiel. Les résistances aux changements — qu'elles viennent des parents, des professeurs ou des enfants eux-mêmes — prouvent qu'il ne suffit pas de réclamer une révolution pour souhaiter sincèrement des réformes, et que le vieil

24 homme, même dans l'adolescent, reste vivace.

La «France du bachot»: la verrons-nous sombrer, emportée par le bon sens et la nécessité? On n'ose espérer que presque un siècle d'obstination cède aussi aisément. Toutes les plaisanteries et les lamentations sur ce sujet sont justifiées. Il est vrai de dire que le bachot

28 a été la grande maladie de la petite bourgeoisie, l'obsession des pères de famille, le symbole de l'accession à la classe moyenne. Pas de bachot? en bleu de travail et les ongles noirs! Bachelier? En route pour les titres universitaires et les professions prestigieuses.

Hélas! tombé de plus en plus bas, le baccalauréat avait cessé de signifier en lui-même quoi

32 que ce fût et il ne constituait plus un filtre assez serré avant l'Université. Il permettait à n'importe quel bachelier, eût-il été «repêché» avec huit sur vingt de moyenne, de s'inscrire à n'importe quelle faculté où il allait occuper une place, mobiliser des efforts et de l'argent,

72

jusqu'à ce que, de guerre lasse, il renonçât. Après quoi, dépité, humilié, il se retournerait vers les emplois médiocres du commerce, vers une bureaucratie dont il accentuerait encore les défauts et les paralysies, tout en rongeant son frein une vie durant. Vers 1967, avant l'explosion de l'année suivante, on savait que sept sur dix des étudiants de première année de faculté ne parviendraient jamais au niveau de la licence. Gâchis de force, de place, de crédits. Usure des psychologies. Mauvaise répartition des efforts puisque, pendant ce temps, le pays manquait des techniciens et des agents de maîtrise bien rémunérés en quoi la bourgeoisie refusait de transformer ses fils.

François Nourissier, *Vive la France*, Laffont, 1970

A. PREPARATION DU TEXTE

Notes

L'école communale (1): cp. *la Communale (13)*, c'est l'école élémentaire et laïque établie dans chaque commune. Voir p. 2.

La vedette est passée aux écoles primaires . . . (3–4): 'the primary schools . . . are now in the limelight . . .'

'écoles pilotes' (f) (5): écoles expérimentales où des méthodes nouvelles de pédagogie sont utilisées. *Les cours privés survivants (6)* s'applique aux écoles privées tenues d'habitude par des prêtres.

ce saint laïque, cet apôtre de la démocratie (8): termes religieux évoquant le prestige et les fonctions de l'instituteur à une époque où un gouvernement *républicain (1)* et anticlérical reprenait l'enseignement d'entre les mains de l'Eglise.

les pleins et les déliés (m) (8–9): différents aspects de l'écriture à la plume: les lignes grasses et plus fines du tracé d'une lettre.

Jules Ferry (13–14): ministre de l'Instruction publique (c'est-à-dire de l'Education nationale)

1879–85, il a créé le système d'enseignement élémentaire d'Etat, obligatoire et gratuit. Voir thème p. 77.

1936 (14): l'année de l'arrivée au pouvoir d'un gouvernement de gauche, du Front Populaire. La période entre Ferry et le Front Populaire correspond plus ou moins à celle de la Troisième République. Voir p. 55.

bachot (m) (25): abréviation familière de 'baccalauréat'.

eût-il été 'repêché' (33): 'even if he had just scraped through'. Les candidats avec 10 sur 20 sont reçus automatiquement au baccalauréat. Certains ayant atteint une note au-dessous de la *moyenne (33)* peuvent être reçus (ou *repêchés*) après l'oral de contrôle.

agents de maîtrise (m) (41): techniciens formant les cadres inférieurs d'une entreprise, c'est-à-dire les contre-maîtres ou chefs d'équipe. Voir p. 59.

Voir aussi le Dossier p. 78.

Vocabulaire

1. Dressez une liste de 20 mots tirés du texte ayant trait à l'enseignement et notez leur sens en français.

2. Traduisez en anglais les mots et expressions suivants selon leur contexte:
creuset (2), Dépeuplement (2), en voie de disparition (9), nourrit des aigreurs (12), seuils scolaires

(16), se scindait (18), futurs anciens bacheliers (19), accéder (19), s'inscrire (33), de guerre lasse (35), dépité (35), rongeant son frein (37), crédits (40).

3. Expliquez le sens des expressions suivantes dans leur contexte:
climat idéologique (3)
gauche non communiste (11–12)
mythologie (14)
mobiliser des efforts (34)
Usure des psychologies (40)

Commentaire grammatical

(i) Uses of articles

Note the cases in ¶1 where the **definite** and **indefinite articles** are used in French where in direct translation into English they would be omitted:

(a) Definite article:
les méthodes pédagogiques nouvelles (4–5): 'modern teaching methods';
la mobilité sociale (7): 'social mobility'.
These are cases of the definite article being used with nouns expressing generalities (the generic use), and abstracts. See GS 5, §§4.1.2 and 4.1.3, pp. 82–83.

(b) Indefinite article:
par des maîtres intelligents (5): 'by intelligent teachers' (not 'by all teachers' or 'by teachers in general').
Here the indefinite article (plural) is used to express an unspecified (plural) number. See GS 5, §4.2.1, p. 83.

The respective uses of the **indefinite** and **partitive articles** are seen in *il allait occuper* **une** *place, mobiliser* **des** *efforts et* **de** *l'argent (34).* In each case the article is attached to a noun which has no specific reference and which has not been mentioned before (cp. *Mauvaise répartition des (de+les) efforts (40)*, where *efforts* refers back to a previous use of the word, and so the definite article is used). In line 34 the indefinite article is used with *place* (sing.) and *efforts* (pl.) since they are 'count-nouns' and thus have plurals, whereas the partitive article is used with *argent* because it is a 'non-count-noun'. See GS 5, §4.2.3, p. 84.

(ii) Other grammar points

Equivalents of ANY

(a) Partitive articles: in questions:
'Have you any money?': *Vous avez de l'argent?*

(b) Indefinite articles:
'Do you know any law students?': *Connaissez-vous des étudiants en droit?*

(c) *en*: in negative replies:
'I don't know any': *Je n'en connais pas/point/aucun.*

(d) *Aucun*: almost always occurs in correlation with *ne* . . . to mean 'not any'. In the text it occurs not with *ne* but with *sans que*, another negative idea: *sans qu'on sente surgir aucune mythologie (14).*

(e) *Quoi que ce soit*, or its past tense form, after a negative idea: *avait cessé de signifier . . . quoi que ce fût (31–32):* 'no longer meant anything at all.'
It is more emphatic than *rien* (cp. *il ne signifiait plus rien*).

(f) *Tout: En tout cas:* 'in any case' — Where 'any' = 'any and every': *Toute personne franchissant cette barrière sera punie* (cp. *Quiconque franchira . . .*).

(g) *N'importe quel*: 'any one at all':
n'importe quel bachelier (33), n'importe quelle faculté (34).
Cp. 'I don't mind where I go, anywhere will do': *J'irai n'importe où*; 'I'd do anything (rather than teach)': *Je ferais n'importe quoi . . .*

Compréhension du texte

1. Indiquez trois aspects de l'enseignement en France qui subissent des changements.

2. Expliquez le double rôle de l'instituteur rural sous la 3ᵉ République.

3. Pourquoi l'instituteur d'aujourd'hui a-t-il perdu de son prestige?

4. Qu'est-ce que les *réformes (20)* essaient de changer?

5. Qu'est-ce que l'auteur trouve à critiquer dans le baccalauréat?

6. L'auteur approuve-t-il les changements qu'on est en train de mettre en œuvre dans l'ensemble de l'éducation en France? Justifiez votre réponse par des citations du texte.

B. EXERCICES DE RENFORCEMENT

A l'oral

1. Préparez des réponses orales aux questions suivantes:

(a) Quelle est la différence entre les notions de *mobilité sociale (7)* et *promotion sociale (10)*? Donnez des exemples.

(b) Quels furent pendant longtemps les deux grands seuils scolaires, et quelles en étaient les conséquences sociales?

(c) Quels aspects du système universitaire français ont besoin d'être réformés, d'après le texte?

Exercices lexicaux

2. Construisez des phrases pour faire ressortir la signification des verbes suivants:
se méfier (cp. 12), *se défier, surgir (14), gâcher* (cp. 39), *user* (cp. 40).

3. Complétez les phrases ci-dessous par un mot tiré du texte:

(a) Le bassin méditerranéen a été le ⟨creuset⟩ ... de brillantes civilisations. (¶1)

(b) Le ministre de l'Education nationale était en ⟨forme⟩ ... hier à l'Assemblée nationale lors de sa brillante intervention. (¶1)

(c) Soixante ans: le ⟨seuil⟩ ... de la vieillesse. (¶2)

(d) Dans une lettre ouverte au gouvernement, les syndicats ⟨réclament⟩ ... une augmentation de salaire. (¶2)

(e) Après la perte de sa femme et de son argent, il a ⟨sombré⟩ ... dans le désespoir et la misère. (¶3)

(f) Son ... au rang d'ambassadeur l'a rempli d'orgueil. (¶3)

(g) Puisqu'il n'a pas eu son bachot, il a dû ⟨renoncer⟩ à son idée de s'inscrire à la faculté de droit. (¶4)

(h) Ce projet me semble coûteux: sa réalisation exigera d'importants ⟨crédits⟩ (¶4)

4. Traduisez en français les phrases suivantes en utilisant des mots ou expressions puisés dans le texte pour les mots imprimés en italique:

(a) I'll show you the way *to reach the grade of* foreman. ⟨accéder au statut de contremaître⟩

(b) The work is *nearing* completion. ⟨en voie d'achèvement⟩

(c) The union *was being split* into two factions. ⟨se scindant⟩

(d) In order to learn it *is not enough just to* come to classes. ⟨ne suffit pas de venir en classe⟩

(e) He was not *allowed* to go to university. ⟨permis⟩

(f) Four *out of* five wives remain faithful to their husbands *all their lives.* ⟨des épouses fidèles / une vie durant⟩

Exercices grammaticaux et structuraux

5. Cherchez dans les trois derniers paragraphes du texte les substantifs qui prennent un article en français et qui n'en prendraient pas dans une traduction anglaise.

Par exemple: au premier paragraphe, *les méthodes pédagogiques nouvelles (4–5)* serait traduit par 'modern teaching methods'.

Classez vos exemples selon les catégories de GS 5, §4, pp. 82–84 et du Commentaire grammatical ci-dessus.

6. Articles: Remplissez les blancs dans le passage ci-dessous. Vous aurez à mettre *l'/le/la/les/un/une/des/de/du/de la/de l'* ou rien du tout (voir le Commentaire grammatical et GS 5). S'il y a une alternative, expliquez la différence de sens qui en résulte.

A la fin du siècle dernier, l'instituteur apparaissait dans le quartier, dans le village, comme un 'notable admiré', à qui on demandait du conseil. Pour l'enfant du peuple, le fils d'ouvrier, d'employé, de petit cultivateur ou de fonctionnaire subalterne, devenir ... instituteur était une grande promotion sociale. Maintenant, avec des besoins accrus en ... techniciens de plus en plus qualifiés, les études primaires ne sont qu(e) un premier maillon d'une chaîne de plus en plus longue. Suivi, dans la vie scolaire ou post-scolaire des jeunes par . d. autres maîtres plus spécialisés, on comprend que l'instituteur ait perdu une part de son prestige. Mais l'image ancienne subsiste dans . de nombreux esprits, et elle n'est pas sans susciter de . l' amertume chez les instituteurs d'aujourd'hui.

maillon = 'link (of a chain)'

7. Traduisez en français (voir le Commentaire grammatical):
(a) We haven't any classes today. Have you got any?
(b) Any schoolmaster wanting a higher salary should join (*adhérer à*) the union.
(c) Anyone can reach second year level in law.
(d) If the present state of affairs lasts any longer, I shall have to demand changes in teaching methods.
(e) He does not get any salary during his apprenticeship.
(f) I didn't succeed in doing anything at all to overcome his mistrust.
(g) Any qualified technician can achieve the status of foreman in any of our factories.

C. EXPLOITATION DU TEXTE

A l'oral

1. Sujet de discussion: Pourquoi, à votre avis, la bourgeoisie refuse-t-elle de transformer ses fils en *techniciens* et *agents de maîtrise bien rémunérés (41)*? Que pensez-vous de ces attitudes?

2. Sujet de discussion: Comparez les problèmes rencontrés dans l'enseignement français (selon ce texte) et ceux qui existent actuellement dans notre pays.

A l'écrit

3. Résumé: Résumez en français l'argument de l'auteur. (150 mots)

4. Rédaction dirigée: Pour ou contre la sélection dans l'éducation? (200 mots au minimum.)

Pour vous aider, suivez les arguments ci-dessous, en les reprenant à votre compte ou en les réfutant, avant de donner votre conclusion personnelle:

INTRODUCTION: Qu'est-ce que la sélection?

RAISONS AVANCÉES POUR LA SÉLECTION: Crédits limités. Aptitudes et capacités différentes des enfants ou étudiants. Besoins de la société.

RAISONS AVANCÉES CONTRE LA SÉLECTION: Injustice sociale. Evaluation des aptitudes des enfants faussée par l'influence du milieu familial.

Invalidité des examens comme méthode de sélection.

CONCLUSION: Le système que vous préférez. Le plus puissant de tous les arguments invoqués.

5. Version: Traduisez en anglais les lignes *31–42.*

6. Thème: Traduisez en français, en vous servant le plus possible d'expressions tirées du texte:

Hand in 20 Jan

Jules Ferry and the *Ecole sans Dieu*

Ferry, who throughout his life strove to change the ideological climate of France, succeeded, through his reform of the educational system, in creating the Republican mythology of democracy. As a free-thinker and an atheist he believed in Science and Reason for running   4
human affairs, and was convinced that progress was possible in society. Thus he sought to free future generations from Church influence. As a Republican he believed in a secular system of education, under state control, which would emphasise democratic ideology, national unity and the duties of the citizen.   8

After setting up a system of free, obligatory, secular, elementary education in the 1880's, Ferry felt that any Frenchman, whether he came from the capital or the provinces, even if his parents were the poorest of peasants, would have the chance of becoming a minister, judge or even . . . archbishop.   12

DOSSIER

Lexique succinct de quelques sigles et termes en usage dans l'Education nationale

1. *Types d'établissements*

(Ecole) Maternelle: reçoit les enfants entre 2 et 6 ans.

Ecole primaire: reçoit les enfants entre 6 et 11 ans pour l'enseignement élémentaire obligatoire.

CES: Collège d'enseignement secondaire. Il accueille l'ensemble des élèves de 11 à 15 ans.

Lycée: Les lycées classiques et modernes accueillent généralement les élèves de 16 à 18 ans, et ils comportent, à côté des sections traditionnelles (littéraires, économiques, mathématiques) des sections techniques.

Ecole Normale: Etablissement de formation professionnelle des maîtres de l'enseignement primaire. 'College of Education'.

Les Grandes Ecoles: Il existe un certain nombre de Grandes Ecoles, dont certaines dépassent les facultés en prestige, par ex. L'Ecole Normale Supérieure (Lettres), l'Ecole Nationale d'Administration (ENA), l'Ecole des Hautes Etudes Commerciales (HEC), l'Ecole Polytechnique (Science). On n'y entre que par un concours. L'élite française dans tous les domaines sort des Grandes Ecoles.

N.B. *Académie:* ne désigne pas un type d'établissement scolaire, mais plutôt la direction de l'enseignement — y compris les universités — dans une région donnée. 'Inspecteur d'Académie' (nommé par le ministre de l'Education nationale) = 'regional director of education'.

2. *Personnel des établissements*

head *Proviseur:* Chef d'établissement dans les lycées.
Principal: Chef d'établissement dans les collèges.

Directeur / Directrice: Chef d'établissement d'école normale ou de *CES.*
Censeur: Administrateur chargé de l'organisation des études dans les lycées. Deputy/ass. head

3. *Examens et études*

A. Enseignement supérieur

Agrégation: Titre le plus élevé que reçoivent les professeurs de l'enseignement secondaire à l'issue d'un concours: ses titulaires sont appelés agrégés. Le concours est un examen compétitif qui admet aux postes les plus élevés de l'enseignement.

CAPES: Certificat d'aptitude pédagogique à l'enseignement secondaire: ses titulaires sont appelés professeurs certifiés.

Licence: Diplôme décerné après trois années d'études universitaires. 'BA or BSc degree'.

B. Enseignement secondaire

Baccalauréat: Diplôme de fin d'études secondaires, accordé après examen à la fin de la 'Classe Terminale' dans une des sections suivantes:
A Philosophie — Lettres
B Economique et social
C Mathématiques et Sciences physiques
D Mathématiques et Sciences de la Nature
E Mathématiques et Technique
Classes: Elles vont de la 'Sixième' (début de l'enseignement secondaire) à la 'Terminale' (dernière classe, après la classe de 'Première'). Les études secondaires comportent donc sept années.

GRAMMAR SECTION 5: *The Articles*

§1. **Forms**
§2. **Function**
§3. **Omission of the Article**
§4. **Use of the Article**

§1. Forms

1.1 Definite: *le, la, les* (see §4.1)
Indefinite: *un, une, des, de* (see §4.2.1)
Partitive: *du, de la, de* (see §4.2.3)

The definite articles *le* and *les* combine with the prepositions *de* and *à*, when these immediately precede, giving *du/des* and *au/aux*.

1.2 The indefinite article and the partitive article both become *de* in certain circumstances:

(a) before a direct object of a negated verb,
e.g. *J'ai **un** stylo/**du** fromage*
*Je n'ai pas **de** stylo/**de** fromage.*

(b) before an adjective preceding a plural noun,

e.g. *Nous avons **des** enfants*
*Nous avons **de** bons enfants.*

However, there are numerous exceptions to this rule in contemporary French,
e.g. *des petits pains, des jeunes gens, des grands groupes.*

1.3 The form *de* (including *du, de la, des*), it will now be clear, has two quite distinct functions in French:

(a) as a preposition ('of', 'from'),

e.g. *La salle **des** (de+les) professeurs.*

(b) as an article (indefinite or partitive),
e.g. *J'ai vu **des** professeurs.*
*Nous n'avons pas **de** professeur.*

---

§2.   Function

2.1   Articles belong to a class of words known as determiners. (For this term see the Glossary.) Nouns in French are usually accompanied by determiners of some sort. The function most of them share in French is to mark the distinction singular/plural. This is especially so in the spoken language where written markers of the plural are frequently not pronounced,

e.g.   *Les enfants mangent des poires*
Written   +   +   + +   +
Spoken   +   +

In this example we can see how the written language marks the plural on each of the five words in question, and how in the spoken language only the articles (*les* and *des*) have a separate form for the plural.

2.2   Nouns can occur with or without articles. When a noun occurs **without** an article its sense is general and unspecific,
e.g. *Beaucoup d'enfants sont malheureux* ('Many children (in general) are unhappy').

When a noun occurs **with** an article its sense is usually (but not always, see §4.1.2–3) more specific,
e.g. *Beaucoup **des** (de + les) **enfants** ici sont malheureux* ('Many of the children (the specific children in question) are unhappy').

---

§3.   Omission of the Article

Nouns and noun phrases occur in three main situations: after a preposition (e.g. *Il a besoin **d'amis***), after a verb (e.g. *Il **a peur***), and after another noun (e.g. **Henri IV, roi** de France). Let us look at the non-use/use of articles in each of these groupings in turn.

3.1   After a preposition

3.1.1   After **prepositional** de articles containing the form *de* (i.e. *de, du, de la, des*) are always omitted. Let us take for example the sentence *Il lui faut **des** (article) amis*: if we replace *Il lui faut* by *Il a besoin **de*** we have *Il a besoin **d'** (preposition) amis*, i.e. *des* is omitted. *Le/la/les* and *un/une* are not omitted in this way,
e.g. *Il a besoin d'**un** ami. Il a besoin **des** (de + les) amis de son père.*

3.1.2   After **expressions of quantity** like *peu de, assez de, beaucoup de, trop de, plus de, moins de*, etc. those articles which contain *de* are omitted,
e.g. *Beaucoup **d'**enfants sont malheureux.*

However, if the noun is made specific by the context, the definite article will be used,
e.g. *Beaucoup **des** (de + les) enfants (dans cette école) sont malheureux.*

Certain other expressions of quantity are normally accompanied by the definite article: **La plupart des** *gens. Dans **bien des** cas.*

3.1.3   After *en* the article is almost always omitted,
e.g. *Nous sommes venus **en** voiture.*
      *On se marie tard **en** France.*

However, if the noun is qualified or made specific, not only is the article inserted, but *en* is replaced by *dans*,
e.g. *Nous sommes venus **dans la** voiture **de mon père**.*
      *On se marie tard **dans la** France **d'aujourd'hui**.*

Exceptions to this pattern are the phrases *en l'an 1978, en l'église Notre Dame, en l'espèce* ('in that particular case'), *en l'air*, etc. See also GS 11, §2.1, p. 177 for names of countries.

3.1.4 Adjectival phrases:

Modern French creates many compound nouns on the basis of noun+preposition+noun,

e.g. *le chemin de fer, une chemise de nuit, un stage pour assistants, une chambre à air.*

Here the article is omitted before the second noun because reference is made to no specific *fer, nuit, assistants,* or *air.* The second noun serves merely as a distinguishing feature of the first noun. Cp. *le chien de berger* ('the sheepdog') and *le chien du berger* ('the dog belonging to the shepherd').

3.1.5 Adverbial phrases:

e.g. *avec courage, à genoux, à pied, entre camarades, contre terre, par terre, sous terre, par mer, par avion,* etc.

3.2 After a verb

3.2.1 As predicates of *être, devenir, rester,* etc. nouns not accompanied by an article perform an almost adjectival function — they place the subject in a general class (often a profession),

e.g. *Il est roi/médecin/Allemand.*
   Il est devenu maître de l'atelier.
   Elle est restée veuve.

If the noun is qualified by an adjective, an article is often inserted,

3.3. Nouns in apposition

The article is normally omitted before nouns in apposition, e.g. *Henri IV, roi de France* — here the second noun is seen as a general characteristic of the first; cp. *Henri IV, le roi de France* — here the second noun acts as a specific feature distinguishing one particular Henri IV from a series. This series might include Henry IV of England, Henry IV of Germany, etc. Other

3.4 In other constructions

3.4.1 Articles are often omitted in negative sentences involving *ni . . . ni . . .* and *jamais,*
e.g. *Elle n'a ni père ni mère* and
   Jamais individu de notre espèce n'eut

In these cases the insertion of an article would restore to the noun its full nominal value, cp. *avec courage* ('courageously'), and *avec **du** courage* ('by bringing courage into play'). If the noun is qualified by an adjective, an article is inserted,

e.g. *Il s'est battu avec **un** courage **remarquable**.*

3.1.6 After *sans* articles are frequently absent,

e.g. *Il est venu sans argent/sans partenaire/sans enthousiasme.*

However, if the noun is particularised the article is inserted,

e.g. *Il est venu sans **l'argent** que lui avait donné sa mère.*

e.g. *C'est **un** roi/médecin/Allemand **admirable**.*
See also GS 1, §2.3.3, p. 13.

3.2.2 Idiomatic compounds:

e.g. *avoir peur/besoin/soif; perdre courage/connaissance; rendre service/visite,* etc.
In these cases, if the noun is qualified by an adjective, an article is inserted,
e.g. *Il avait **une** peur **atroce** de . . .*
   *Elle m'a rendu **un grand** service.*

examples of nouns in apposition are:
Passy, faubourg de Paris. Il est franc, qualité rare. Il refusa net, chose inconcevable.

A related omission of the article occurs after *comme* and *en tant que,*
e.g. *Je l'ai eu comme professeur.*
   Il l'a engagé en tant qu'ingénieur.

naturellement moins de vanité que moi (Rousseau).
This latter construction belongs mainly to the literary language.

3.4.2　Lists:

e.g. *Vieillards, hommes, femmes, enfants, tous voulaient me voir* (Montesquieu).

3.4.3　Linguistic fossils:

e.g. *Par monts et par vaux.*
Nécessité est mère d'invention.
Noblesse oblige.

EXERCISE A: Complete the following sentences by inserting in the gaps (if necessary) the relevant article. Remember §1.1.

(a) Pierre se nourrit uniquement de (___) gâteaux.

(b) M. V. Giscard d'Estaing, (___) Président de la République, va se rendre au Sénégal.

(c) J'ai (une) faim de loup.

(d) Il me faut la carte de (d') identité de chacun des visiteurs.

(e) Jean-Paul est (un) garçon intelligent.

(f) Ma sœur est (___) infirmière.

(g) C'est un peintre de (___) paysages.

(h) Sans (l') amitié de Jean-Paul j'aurais succombé.

(i) Nous n'avons pas (d') enfants.

(j) C'est le peintre de (des) paysages suspendus dans cette salle.

---

§4.　Use of the Article

When an article accompanies a noun in French it usually implies that the sense of the noun is more specific and less general than if the article is absent. However, there are three articles in French and we have to choose between them. A basic distinction exists between the definite article on the one hand, and the indefinite and partitive articles on the other.

The **definite article** usually presents a noun as an item of information which the hearer knows about already,

e.g. *J'ai vu le monsieur hier　(Le monsieur dont on vient de parler). Donnez-moi le poisson. (Le poisson que vous avez pêché).*

The **indefinite article** and the **partitive article** present the noun as an item new to the conversation,

e.g. *J'ai vu un monsieur hier.*
Donnez-moi du poisson.

4.1　Definite article (le/la/les)

4.1.1　The basic function of the definite article is to link up the noun with the general context of the conversation or situation,

e.g. *J'ai mangé le fromage (que tu as acheté hier).*

Here the piece of cheese in question is already known to the hearer.

4.1.2　However, in Modern French the definite article has developed a secondary usage with nouns denoting the whole of a class,

e.g. *J'aime le fromage.* ('I like cheese (in general)').
Les hommes sont mortels. ('Men are mortal').
L'homme est un animal raisonnable. ('Man is an animal endowed with reason').
Les chats aiment le poisson. ('Cats like fish').

In these examples French uses articles where English does not.

Another problem faced by English speakers involves the confusion of *les* and *des* in these circumstances,

e.g. *Nous allons aider les pauvres.*
Cp. *Nous allons aider des pauvres.*

In the first sentence we intend to help the poor in general, with no particular poor people in mind. In the second sentence we intend to help only a certain number of poor people. Cp. §4.2.1.

4.1.3　A further development in the use of the article in Modern French concerns its use with abstract nouns, e.g. **La** *patience a des limites.   Il a toujours aimé* **la** *gloire.   Il nous a décrit les malheurs de* **la** *pauvreté.*

In these examples the abstract nouns are all used in a general sense, i.e. 'patience' in general, 'glory' in general, 'poverty' in general. See §4.2.4.

4.1.4 With names for parts of the body or faculties of the mind, the definite article replaces the possessive adjective (*son, sa, ses*) in a number of contexts. Very often common sense indicates that the part of the body in question can belong only to the subject of the clause or sentence,

e.g. *Il a perdu* **la** *mémoire.*
 Il allait l'épée **au** *poing.*

Sometimes possession is expressed by other means, particularly by the verb *avoir*,

e.g. *Il a* **les** *mains sales.*

With verbs other than *avoir* possession may be expressed by the dative and reflexive pronouns,

e.g. *Il* **lui** *a lavé* **les** *mains* ('He washed his (someone else's) hands') and *Il* **s'est** *lavé* **les** *mains* ('He washed his (own) hands').

French prefers this reflexive construction to use of the possessive adjective when the part of the body belongs to the subject of the verb,

e.g. *Il* **se** *gratte* **la** *tête* rather than *Il gratte sa tête.*

4.1.5 It should also be noted that, unlike English, French uses the definite article before names of countries, counties, *départements*, mountains, etc: **la** *France,* **les** *Deux-Sèvres,* **le** *Mont Blanc.* In such phrases as *les vins de France*, the adjectival force of the last two words accounts for the absence of the article (cp. §3.1.4 above).

EXERCISE B: Translate into French:

(a) He was seized by a desire for vengeance.
(b) Desire for vengeance has poisoned his mind.
(c) Young people are no longer interested in sport.
(d) Surgeons had to amputate three people's legs.
(e) His eyes were hurting him.
(f) True satisfaction comes only to industrious people.
(g) She broke her arm.
(h) He showed his finger to his mother.

4.2   Indefinite and partitive articles

If the speaker wishes to present an item as new to the conversation, he has to choose between the indefinite and partitive articles.

4.2.1   Indefinite article *(un, une, des)*

The basic function of the indefinite article is to present an item as part of a countable series, as one of a variety of possible types,

e.g. *J'ai mangé* **un** *fromage* (France boasts 350 different varieties of cheese).

The plural of the indefinite article often poses problems to English speakers who fail to distinguish adequately between *des, plusieurs* and *quelques*,

e.g.
Nous avons trouvé { *des*
quelques pièces de monnaie.
plusieurs

All three indicate an unspecified plural number; whereas *des* is neutral, *quelques* emphasises the smallness of the number (= 'a few'), and *plusieurs* the greatness of the number (= 'a good number').

4.2.2 In Modern French the indefinite article has developed a secondary usage with nouns which one would not normally regard as countable, i.e. abstract nouns,

e.g. *Il souffre* **d'une** *grippe* **infectieuse**.
 Il nous faut **une** *patience* **absolue**.

In these cases the abstract noun is qualified by an adjective which points to the existence of a number of possible types of, for example, 'flu and patience. Hence the indefinite article.

84 *LE FRANÇAIS EN FACULTE*

4.2.3 Partitive article *(du, de la)*
The basic function of the partitive article is to present an item as part of an uncountable whole, i.e. as part of a mass which has to be measured by some means other than by counting,

e.g. *J'ai mangé* **du** *fromage.*

Here *fromage* is taken not as a specific piece of cheese (see §4.1.1), nor as one variety of cheese (see §4.2.1) but as an indeterminate part of the general substance cheese.

4.2.4 In Modern French the partitive article
has developed a secondary usage with nouns which one would not normally regard as quantifiable at all, i.e. abstract nouns,

e.g. *(Dans les circonstances actuelles) il lui faut* **de la** *patience.*

Cette victoire lui a apporté **de la** *gloire.*

Quand il s'est trouvé devant l'ennemi, il a montré **du** *courage.*

In these examples **de la** *patience*, **de la** *gloire*, **du** *courage* are not patience, glory, courage in general (cp. §4.1.3), but are manifestations of these abstracts in particular circumstances.

However, it should be noted that in none of these cases does the abstract act as the subject of the verb: the definite article is required there,

e.g. *Quand il s'est trouvé devant l'ennemi,* **le** *courage lui a manqué.*

EXERCISE C: Complete the following sentences by inserting in the gaps (if necessary) the relevant article.

(a) Je n'ai que (du) mépris pour elle.
(b) Mes couleurs préférées sont (le) bleu et (le) rouge.
(c) Tous mes étudiants auront (de) bonnes notes à l'examen.
(d) Il faut tenir compte (des) bonnes notes acquises pendant l'année.
(e) C'est un homme courageux, mais il a (une) peur irraisonnée des souris.
(f) Il a mis (de la) persévérance dans toutes ses entreprises.
(g) Ce qui lui fait défaut c'est (la) franchise.
(h) On ne peut pas appeler cela (de la) misère.

VI La vie à deux

TEXTE UN: Le désordre . . . c'est le secret des couples unis

Il existe un vieux dicton dans la marine: un bateau a coulé parce que la boîte d'allumettes n'était pas à sa place. Cette notion d'ordre me rappelle certains amis.

Prenez les S . . ., par exemple. Vous arrivez chez eux pour dîner: «L'ouvre-bouteille de Perrier, mon chéri», dit la maîtresse de maison à son mari. Et hop! en un clin d'œil, 4 l'ouvre-bouteille apparaît au bout des doigts du mari. Un peu plus tard: «Où donc ai-je mis le double de cette lettre de réclamation à la banque, en juin cinquante-quatre?» — «Ici, mon chéri», répond Jacqueline en l'extrayant de sa manche ou de ce qui lui en tient lieu.

Voici maintenant comment se passe, à peu près, une soirée semblable chez nous. 8

Moi: C'est quand même formidable! Je suis sûr d'avoir mis l'ouvre-bouteille dans le troisième tiroir.

Mylène: La dernière fois que je l'ai aperçu, il était sous le lit.

Moi: Et, évidemment, tu l'as changé de place! 12

Mylène: Regarde, à tout hasard, sur le dessus du compteur à gaz.

Un quart d'heure plus tard, ayant vidé sur le carrelage de la cuisine le contenu des quatre tiroirs du buffet, et n'ayant toujours pas trouvé l'ouvre-bouteille, nous nous avisons, Mylène et moi, qu'il doit être (comment n'y avons-nous pas pensé plus tôt!) dans le tiroir aux outils. 16

Le tiroir aux outils est un vaste tiroir extrêmement pratique qui contient tous les outils de la maison. Il en contient même tellement qu'il est coincé en permanence, et comme, pour l'ouvrir, nous avons besoin des outils qui se trouvent à l'intérieur, cela nous ramène au point de départ. Je connais des alpinistes qui ont abandonné l'ascension de l'Everest à trois mètres 20 du sommet pour moins que ça.

Mais, avec Mylène, nous ne perdons jamais tout espoir. C'est ainsi qu'après le départ des S . . ., nous avons trouvé — sans le chercher — l'ouvre-bouteille: il était tout simplement pendu au crochet de l'entrée, là où nous mettons les clefs de l'appartement. En principe, car, 24 en réalité, elles sont dans le tiroir aux outils.

D'après cet exemple, le lecteur va s'imaginer que Mylène et moi vivons un cauchemar. Je tiens tout de suite à le rassurer: il n'en est rien. Au contraire. Nous prétendons, en effet, qu'un des secrets du bonheur d'un couple est de prendre, systématiquement, le contre-pied 28 des grands principes qui font la prospérité de toutes les autres formes d'entreprises.

Voici, par exemple, le principe numéro un: il faut résoudre les difficultés au fur et à mesure qu'elles se présentent. Je répondrai à cette affirmation gratuite par une simple anecdote.

Un soir que nous avions rapporté pour dîner deux douzaines de superbes belons, j'ai voulu 32 les ouvrir sitôt arrivé à la maison. Comme, par malheur, ce soir-là nous n'avions pas égaré le couteau à huîtres, je me suis tailladé le pouce sur une profondeur de trois centimètres dès ma première tentative. Après quoi, j'ai remis toute l'opération à une autre fois.

36   Or — c'est là que j'attire votre attention — en retrouvant les huîtres, par hasard, un mois plus tard, dans le placard à chaussures, que vis-je? Elles s'étaient ouvertes toutes seules. Preuve que ma précipitation n'était pas seulement dangereuse: elle était inutile.

Un couple qui adopte ces principes raisonnables est un couple où l'on ne s'ennuie jamais.

40   Et je m'étonne qu'aucun conseiller conjugal n'en ait encore préconisé l'application systématique à la crise du mariage.

P. Andréota, *Marie-Claire*, novembre 1969

A. PREPARATION DU TEXTE

Notes

Perrier (4): eau minérale gazeuse qui se vend surtout en petites bouteilles.

au fur et à mesure qu' (30–31): 'as, as and when'. Cette expression est utilisée pour exprimer un développement graduel. On trouve également *à mesure que.* Cp. *au fur et à mesure de*

(+substantif): au fur et à mesure de la montée de la marée, 'with the gradual rise of the tide'.

gratuite (31): 'gratuitous, groundless'.

belons (m) (32): une espèce d'huître.

Vocabulaire

1. Traduisez en anglais les mots suivants:
dicton (1), coulé (1), double (6), formidable (9), carrelage (14), buffet (15), D'après (26), égaré (33), tailladé (34), remis (35), préconisé (40).

2. Traduisez en anglais les expressions suivantes dans leur contexte:
Et hop! en un clin d'œil (4)
ou de ce qui lui en tient lieu (7)
tu l'as changé de place (12)
nous nous avisons (15)
comment n'y avons-nous pas pensé plus tôt (16)
coincé en permanence (18)
En principe (24)
Je tiens tout de suite à (26–27)
il n'en est rien (27)

prendre . . . le contre-pied de (28–29)

3. Quelquefois l'ordre des mots est le même dans les deux langues et quelquefois non. Par exemple *lettre de réclamation (6):* letter of complaint; *compteur à gaz (13):* gas-meter.

Traduisez les expressions suivantes:
boîte d'allumettes (1)
notion d'ordre (2)
maîtresse de maison (4)
quart d'heure (14)
tiroir aux outils (16)
point de départ (19–20)
placard à chaussures (37)

Commentaire grammatical

(i) Uses of the relative pronoun

ce qui lui en tient lieu (7): ce qui (subject) and *ce que* (object) are both used for the English 'what'. They also appear in indirect questions,

as in *Je lui ai demandé ce qu'il voulait,* and are frequently used to give emphasis, e.g. *Ce qui . . . c'est . . .* See GS 6, §1.2, p. 96 and GS 10, §4.3, p. 162.

La dernière fois que (11), Un soir que (32): que is frequently used in such time expressions. *Où* is also used in some cases, e.g. **un** *jour que*/**le** *jour où.* See GS 6, §§1.5 and 1.5.1, p. 97.

Après quoi (35): both this expression and *sur quoi* are used to mean 'after which', 'whereupon'. *Quoi* as a relative is only used after a preposition. See GS 6, §1.3.4, p. 97.

(ii) Other grammar points

Uses of the colon (*deux points*):

(a). before speech: *Un peu plus tard: 'Où donc ai-je mis . . .?' (5)*

(b) reinforcing or explaining an idea: *Je tiens tout de suite à le rassurer: il n'en est rien. (27)*

(c) introducing an example: *Voici, par exemple, le principe numéro un: il faut . . . (30)*

donc (5): donc, quand même and *toujours* tend not to occur as first word in a sentence, e.g. *Où donc ai-je mis (5), C'est quand même formidable (9), n'ayant toujours pas trouvé (15).*

tellement qu' (18): tellement can be used with nouns as an alternative to *tant*, (e.g. *tellement d'argent*), and with adjectives and adverbs as an alternative to *si* (e.g. *tellement intelligent, tellement souvent*).

moins que ça (21): moins que is used as a 'true' comparative to denote inferiority, e.g. *J'ai moins que vous, moins que jamais. Moins de* is used with quantities and measurements, e.g. *en moins de deux heures, moins de vingt francs.* See GS 12, §§4.1 and 4.2, pp. 198–199.

Mylène et moi vivons (26): where there is a multiple subject (of which any or all may be personal pronouns) the verb agrees with the whole subject which is plural, e.g. *Toi et Louis partirez. Toi et moi, nous irons voir. Avec Mylène, nous ne perdons . . . (22):* another way of saying, *Mylène et moi, nous ne perdons . . .* See GS 1, §2.2, p. 12.

Compréhension du texte

1. A quoi se réduit la différence entre la famille d'Andréota et leurs amis les S. . . ?

2. Quels aspects de la vie conjugale des S. . . sont susceptibles de créer l'ennui, à en croire l'auteur?

3. Expliquez ce que sont les *grands principes qui font la prospérité de toutes les autres formes d'entreprises (29).*

4. Quelle est *la crise du mariage (41)* dont parle l'auteur?

B. EXERCICES DE RENFORCEMENT

A l'oral

1. Préparez des réponses orales aux questions suivantes:

(a) Quels arguments Andréota donne-t-il pour justifier le désordre dans sa vie familiale?
(b) Dans quels endroits les Andréota cherchent-ils l'ouvre-bouteille?
(c) Pourquoi le tiroir aux outils des Andréota n'est-il pas réellement *pratique (17)*?
(d) Quel est, selon l'auteur, *un des secrets du bonheur d'un couple (28)*? Donnez un exemple tiré du texte.
(e) Qu'est-ce qui a fourni la preuve qu'il était inutile d'avoir pu trouver tout de suite le couteau à huîtres?

Exercices lexicaux

2. *le carrelage (14):* Voici quelques autres expressions pour parler de la matière qui peut recouvrir un sol: *la carpette, le lino(léum), la moquette, le parquet, le tapis.* Vérifiez le sens de ces expressions dans un dictionnaire français, et dites de quoi le sol des différentes pièces de votre maison est fait ou recouvert.

3. *ramène (19):* Employez les verbes *ramener* et *rapporter* dans une phrase de façon à en montrer la différence de sens. Faites-en de même pour *mener* et *porter*; *amener* et *apporter*.

4. *crochet (24): accrocher, s'accrocher* sont des verbes formés à partir du même radical que le substantif *crochet* (m). Quels sont les verbes dérivés des substantifs suivants? Donnez-en aussi la traduction en anglais: *clou* (m), *écrou* (m), *vis* (f), *agrafe* (f).

5. Ecrivez des phrases qui utilisent les expressions suivantes:
quand même (9)
sûr d'avoir mis (9)
à tout hasard (13)
tellement que (18)
d'après (26)
un soir que (32)
après quoi (35)

Exercices grammaticaux et structuraux

6. Remplacez les formes courtes *qui* et *que*, par les formes longues qui y correspondent, *qui est-ce qui*, *qu'est-ce qui*, etc.
Par exemple: Q. *Qu'a-t-il dit?*
      R. *Qu'est-ce qu'il a dit?*
N'oubliez pas de changer l'ordre des mots là où il le faut.

(a) Que vous a-t-il fait?
(b) Qui veut cette orange?
(c) Que s'est-il passé?
(d) Qui ont-ils nommé? *qui est ce qu'ils*
(e) A qui s'est-elle adressée?
(f) Que te faut-il encore?
(g) Qui a changé cette chaise de place?
(h) Qui a-t-on désigné comme représentant?
(i) Que t'en a-t-elle dit?

7. Voici quelques questions indirectes. Reconstituez les questions directes qui y correspondent.

Par exemple:
Q. *Il me demande où j'habite.*
R. *(Il me demande:) 'Où habitez-vous?' (ou 'Où habites-tu?' ou 'Où est-ce que tu habites?' etc.)*
N'oubliez pas de changer l'ordre des mots et la personne du sujet du verbe là où il le faut.

(a) Il me demande qui je suis.
(b) Elle me demande ce que je fais.
(c) Ils demandèrent ce qui s'était passé.
(d) Elle a demandé quand nous partirions.
(e) Il me demande qui j'ai rencontré hier.
(f) Elle nous demande combien il y a de personnes dans la salle.
(g) Il demande à sa femme ce qu'elle veut s'acheter.
(h) Elle demandait qui ne connaissait pas déjà cet hôtel.
(i) Elles nous demandent ce qui s'est cassé.

C. EXPLOITATION DU TEXTE

A l'oral

1. Exposé: Décrivez une soirée pareille à celle décrite dans le texte *(8–21)* chez des personnes de votre connaissance.

2. Exposé: Etes-vous une personne ordonnée ou au contraire facilement distraite et désor-ganisée? Racontez des incidents qui le prouvent.

3. Sujet de discussion: Un ménage désordonné est un ménage uni. Etes-vous d'accord?

A l'écrit

4. Rédaction dirigée:

(a) Si vous êtes étudiant, prenez comme point de départ un couple où le jeune mari plutôt méticuleux découvre que sa jeune épouse manque d'ordre à tel point qu'ils se querellent, et écrivez la lettre qu'il écrit à sa mère.
(b) Si vous êtes étudiante, mettez-vous dans la peau d'une épouse méticuleuse qui se plaint d'un mari désordonné (250 mots).

Modèle à suivre:

Chère maman; s'enquérir de sa santé à elle.

– Raconter ce qui vous plaît dans la vie à deux: votre femme/mari est un ange, vous l'aimez beaucoup, etc.

– Expliquer ce qui vous a déplu: désordre, poussière, malpropreté; les discussions et les disputes provoquées par cette situation.

– Demander des conseils; peut-être avez-vous déjà des idées.

– Lui recommander le plus grand secret.

Conclusion; *ton fils/ta fille qui t'aime*, etc. (Pour les formules de la lettre en français, voir le Module *XII*)

5. Rédaction: Comment un bateau aurait-il pu couler parce que la boîte d'allumettes n'était pas à sa place (250–300 mots)?

6. Rédaction: Commentez cette phrase de Gide: 'Le désordre de ma pensée reflète le désordre de ma maison' (200 mots).

7. Version: Traduisez en anglais les lignes *30–38.*

8. Thème: Traduisez en français:

What we all need, some say, is order and stability in our lives, but there are many who would think differently. The British have a low opinion of countries where the trains always run on time, and the streets are always clean. The French despise the over-zealous, and the English the over-meticulous. A totally clean street is somehow inhuman. Who ever saw a   4
home in which there are children where there are no dirty finger-marks, newspaper-racks crushed under the weight of books that should have been put away upstairs, shoes, toys left lying about? Compromise, tolerance, that is what is really important in life. The wife with whom a husband is to share his life and home is someone with whom he must come to some   8
sort of agreement, so that they can both pass things off with a smile. For whatever she does, and even though their friends do things differently, it is she with whom he is to spend the rest of his life and not the ideal housewife.

TEXTE DEUX: Catherine

Catherine Simonidzé est l'une des trois femmes autour desquelles Aragon construit son roman Les Cloches de Bâle. *L'ouvrage doit son titre au fameux congrès socialiste à la veille de la guerre de 1914-18: Catherine se laisse attirer par les milieux anarchistes et socialistes du jour.*

Mais elle aurait voulu dominer les hommes, et non pas que leurs épaules retinssent ses yeux, leur aisance. Elle aurait voulu se comporter avec les hommes comme il est entendu qu'un homme se comporte avec les femmes. Un homme n'est pas défini par les femmes avec
4 lesquelles il a couché.

La situation des femmes dans la société, voilà ce qui révoltait surtout Catherine. L'exemple de sa mère, cette déchéance sensible, dont elle avait devant elle le spectacle, ces vies finies à l'âge où l'homme est à son apogée, l'absurde jugement social qui ferme aux
8 femmes dont la vie n'est pas régulière tant de possibilités que Catherine n'enviait pas, mais qui étaient pour elle comme ces robes atroces et chères aux étalages, dont on se demande quel corps dément va s'en vêtir et qui pourtant vous font sentir votre pauvreté. Vierge, Catherine se sentait déjà déclassée comme une cocotte.

12 Toute l'énorme littérature sociale qu'elle avait dévorée avait essentiellement atteint Catherine par ce côté-là de ses pensées. Il est certain qu'elle brûlait les pages quand son problème, le problème de la libération de la femme, de l'égalité de l'homme et de la femme, n'était pas, au moins indirectement, en jeu. L'opposition fondamentale dans la société, la
16 contradiction criarde n'était-ce pas entre l'homme et la femme qu'elle se trouvait? . . . La révolution c'était sa place enfin faite à la femme. Les premières mesures révolutionnaires seraient l'abolition du mariage, l'avortement légal, le droit de vote aux femmes. Oui, même le droit de vote, bien que peut-être on ne voterait plus . . .
20 Catherine, à dix-sept ans, se mettait tout le fard qu'elle pouvait, parce que c'était afficher sa liberté et son dédain des hommes, et les provoquer, et rentrer dans cette atmosphère romantique où les femmes de demain retrouvent le souvenir des héroïnes antiques comme Théroigne de Méricourt.
24 Que pensait-elle de l'amour? C'est ce que lui demanda le jeune Devèze, qui était aux Langues Orientales et avec lequel elle était allée trois ou quatre fois, avenue du Bois . . . «Est-ce que je vous demande ce que vous pensez de la police?» Il rougit terriblement, et l'interrogea avec amertume. Qu'est-ce qu'elle voulait dire par là? Mais c'était toujours ainsi
28 quand on mettait l'amour en cause. . . . Elle parla très amèrement de la fidélité des femmes, du mariage, cette honte, ce marché. Devèze, soudain, lui proposa de l'épouser. Cela fit très

bizarre dans la tête de Catherine à qui personne n'avait encore jamais . . . mais elle vit bien dans les yeux de l'apprenti diplomate cette lueur du désir qu'elle avait une sorte de fureur d'allumer. Tant pis pour les passants! Elle s'approcha de lui, qui n'osait bouger, et comme il était très grand, elle se haussa sur la pointe des pieds pour atteindre ses lèvres . . . soudain Catherine s'écarta, et dit avec une simplicité d'assassin: «Non, mon cher, je ne serai pas votre femme à cause de ce tic que vous avez dans la figure.»

32

L. Aragon, *Les Cloches de Bâle*, Denoël, 1934
(1897–1982)

A. PREPARATION DU TEXTE

Notes

aisance (f) (2): 'ease of manner'. C'est à contre-cœur que cette féministe se sent attirée par la carrure masculine et par l'air dégagé des hommes.

cocotte (f) (11): 'tart'.

elle brûlait les pages (13): elle les lisait très rapidement, elle les lisait à peine. Cp. *brûler les feux* ('drive through red traffic-lights').

droit de vote (18): en France, le droit de vote ne fut accordé aux femmes qu'après la fin de la Deuxième Guerre Mondiale.

Théroigne de Méricourt (23): héroïne de la Révolution française, surnommée 'l'Amazone de la liberté' (1762–1817).

(les) Langues Orientales (25): école supérieure à Paris où l'on étudie ces langues. Parmi ceux qui y font leurs études on compte des jeunes qui se destinent à une carrière diplomatique, autrement dit des *apprentis diplomates (31)*.

avenue du Bois (25): le Bois de Boulogne, à l'ouest de Paris, est un lieu de promenade et aussi, entre autres, un lieu de rencontre pour les amoureux.

quand on mettait l'amour en cause (28): Catherine répond à la question de Devèze sur l'amour *(24)* en lui posant une autre sur la police *(26)*. La réaction choquée et pleine d'amertume que cela provoque chez Devèze *(26–27)* est, selon Catherine, précisément celle qu'on attendrait de quelqu'un ayant une idée tout à fait conventionnelle de l'amour — c'était toujours ainsi, pensait-elle, 'quand on s'attaquait à l'idée courante de l'amour'. *Mettre en cause* = 'call into question'.

Vocabulaire

1. Vérifiez le sens de tous les mots que vous ne connaissez pas et surtout des mots suivants:
se comporter (2), spectacle (6), apogée (7), dément (10), criarde (16), avortement (18), fard (20), amertume (27), marché (29), tic (35).

2. Donnez une traduction anglaise des expressions suivantes dans leur contexte:
il est entendu qu' (2)
cette déchéance sensible (6).

l'énorme littérature sociale (12)
n'était pas . . . en jeu (15)
afficher sa liberté (20–21)
Cela fit très bizarre (29–30)
lueur du désir qu'elle avait une sorte de fureur d'allumer (31–32)
Tant pis pour les passants (32)
simplicité d'assassin (34)
mon cher (34).

Commentaire grammatical

(i) Uses of relative pronouns

lesquelles (4), lequel (25): as a relative *lequel*, etc., is normally used only after prepositions. (For an exception see p. 41.) When used to designate persons as here, it is interchangeable with *qui*. When things (not persons) are referred to, only *lequel*, etc. is possible, not *qui*. See GS 6, §1.3, p. 97.

dont (6, 8, 9): note the word order here. The word following *dont* is always the subject of the verb in the relative clause. See GS 6, §1.4.1, p. 97.

où (7): for the use of *où* in time expressions cp. Commentaire grammatical, p. 87.

(ii) Other grammar points

vous font sentir (10): faire sentir qch à qn. Vous is used here as the object pronoun corresponding to *on*. Cp. **On** a beau ne pas aimer le menu fixe, ils **vous** l'offrent tout de même. Se is the reflexive object form of *on*, e.g. *on se défend, on se bat*, and *son*, etc., is the corresponding possessive adjective, e.g. *On fait son possible*. (See GS 1, §2.1, p. 12.)

Vierge (10): note the omission of the article with nouns in apposition ('As a virgin . . .'). Cp. *En tant que vierge*. See GS 5, §3.3, p. 81.

bien que peut-être on ne voterait plus (19): bien que normally takes the subjunctive, but can, as here, take the conditional when future rather than past or present time is involved.

Qu'est-ce qu'elle voulait dire par là? (27): this sentence is written in 'style indirect libre'. We can compare this to:

(a) style direct: (Il lui demanda:) *Qu'est-ce que vous voulez dire par là?*
(b) style indirect: *Il lui demanda ce qu'elle voulait dire par là.*
(c) style indirect libre: omits any verb of saying, but uses the indirect tense sequence. See GS 2, §3.2.5, p. 29.

See the Thème p. 94 for a parallel style in English.

lui proposa de l'épouser (29): 'il lui demanda de l'épouser.' *Proposer* is used to suggest that **someone else** do something, so that *Il me proposa de faire des traductions* means 'he suggested that I should do some translations'.

Compréhension du texte

1. Que représentent pour Catherine *ces robes atroces et chères aux étalages (9)*?

2. Qu'est-ce que Catherine reproche à la situation des femmes dans la société?

3. Pourquoi Catherine répond-elle à la question de Devèze sur l'amour *(24)* en lui en posant une autre sur la police *(26)*?

4. Par quels moyens Catherine pense-t-elle s'imposer dans un monde injustement subordonné aux désirs des hommes?

5. L'auteur présente-t-il Catherine sous un jour favorable ou défavorable? Justifiez votre réponse à partir du texte.

B. EXERCICES DE RENFORCEMENT

A l'oral

1. Préparez des réponses orales aux questions suivantes:

(a) Quels aspects du rôle masculin Catherine voudrait-elle adopter?

(b) Que ferait Catherine si elle se trouvait à la tête d'un gouvernement révolutionnaire?

(c) Pourquoi Catherine met-elle tant de fard?

(d) Comment Catherine conçoit-elle le mariage?

(e) Est-ce que Catherine embrasse Devèze? Pourquoi l'insulte-t-elle?

Exercices lexicaux

2. Certaines formules reviennent souvent en français. En voici quelques-unes; utilisez-les dans des phrases convenables:
. . . voilà ce qui . . . (5)
. . . vous fait/font sentir . . . (10)
. . . n'était-ce pas . . .? (16)
. . . c'est ce que . . . (24)
. . . c'était toujours ainsi quand . . . (27–28)

3. Cherchez des substantifs (différents de ceux du texte) qui peuvent se combiner avec les adjectifs suivants; utilisez ces expressions dans une phrase de votre invention. L'adjectif doit garder le sens qu'il a dans le texte: *sensible (6), absurde (7), régulière (8), atroces (9), dément (10), romantique (22), bizarre (30).*

4. Trouvez les verbes formés à partir du même radical que les mots suivants.
Par exemple: *épaule — épauler.*

jugement (7), régulière (8), libération (14), opposition (15), contradiction (16), révolution (17), abolition (18), avortement (18), fard (20), liberté (21), dédain (21), simplicité (34).

Exercices grammaticaux et structuraux

5. Dans le deuxième paragraphe du texte, trouvez tous les pronoms relatifs, et donnez pour chacun son antécédent.
Par exemple: *dont (6) — déchéance.*

6. Faites des phrases complexes en reliant les éléments donnés ci-dessous par des pronoms relatifs.
Par exemple: Elle haïssait ces robes chères.
Les robes se trouvaient à la vitrine.
Elle avait le spectacle de cette vitrine devant elle.

Elle haïssait ces robes chères *qui* se trouvaient à la vitrine *dont* elle avait devant elle le spectacle.

(a) Elle m'a annoncé l'arrivée de la lettre.
La lettre ne m'est pas parvenue.
Cela me gêne beaucoup.
(b) Le jeune homme m'a donné la boîte.
Il suit des cours à l'université.
Des papillons se trouvaient dans la boîte.
(c) Ils sont venus me voir.
Ce jour-là j'avais quatre classes.
Je ne pouvais pas les annuler.

(d) Le professeur d'université parlait mal l'anglais.
Il donnait des conférences sur la littérature anglaise.
Au cours de ces conférences il parlait français.

7. Dans les phrases suivantes, l'ordre des mots a été brouillé. Ecrivez-les dans un ordre correct.
Par exemple: Q. *vous que ? faites-*
R. *Que faites-vous?*

(a) *caché est-ce Jean ? où que s'est*
(b) *demande ce demain arriver me va il qui*
(c) *c'est ça que que ? qu'est-ce*
(d) *ce est-ce n'a papier ? qui encore qui signé pas*
(e) *d'elle elle pensez savoir que vous ce aimerait*

8. Traduisez les phrases suivantes en français:

(a) **What**
What did he ask you?
What a lovely hat you're wearing!
What did he hit you with?
What I need is a hot shower.
What will you suggest to him?
Look what I've found!

I want to know what he'll do now.
What annoyed me was your stupidity. *bêtise*
She asked me what would make me change
my mind.

(b) **Which**

She told me the truth, which surprised me.
He told me which one to buy.
Which author do you prefer?

They informed him which of the cars would
go faster.
He has hired a boat, which he has been
doing for years.
Which of the candidates will you vote for?
I was told which shop sold them.
We'd like to know which of the rooms has
the best view.

C. EXPLOITATION DU TEXTE

A l'oral

1. Récit oral: Vous êtes Devèze. Racontez la scène du baiser à un camarade.

2. Sujet de discussion: Aimeriez-vous être/ épouser une fille comme Catherine?

A l'écrit

3. Rédaction dirigée: Vous êtes Devèze, vous écrivez votre journal intime: vous y racontez ce qui s'est passé entre vous et Catherine et ce que vous pensez d'elle (250 mots).
Modèle à suivre:

– La façon dont vous avez fixé le rendez-vous avec Catherine et la façon dont vous vous êtes rendus au Bois.

– Vos intentions: ce que vous aviez dans la tête en l'invitant.

– Quelles remarques de Catherine vous ont frappé ou surpris? Pourquoi? En avait-elle fait de semblables les fois précédentes?

– Ce qui vous a poussé à lui proposer de vous épouser. Y pensiez-vous déjà? Comment voyez-vous votre vie privée et votre carrière avec une femme comme Catherine?

– Ce qu'elle a fait et ce qu'elle vous a dit. Votre réaction.

– Que pensez-vous d'elle maintenant? Allez-vous chercher à la revoir?

4. Rédaction: Que pensez-vous de l'attitude d'une féministe comme Catherine (300 mots)?

5. Version: Traduisez en anglais les lignes *1–11* et *29–35*.

for 3 Feb

6. Thème: Traduisez en français, après avoir étudié GS 6, pp. 95–100.

At the meeting on the 21st March Ms Smyth, the Chairwoman, had to answer a number of polite but searching questions. Why hadn't the demonstration been a success? What changes in plans were proposed? Who was responsible for overspending the budget? When would

4   new proposals be made which would bring the ideas of the local Women's Liberation Committee to the notice of the public? None of the questioners mentioned any names, but everyone knew what everyone else was thinking and who would eventually have to resign if matters did not improve.

8   Ms Smyth, whose experience of the Women's Liberation movement went back fifteen years, knew what needed to be done. What she had to do was to persuade the members to give her another month, after which she would be able,[1] she hoped, to announce reassuring news. Otherwise, what she would do would be to arrange a long tour abroad.

Note: [1] *être en mesure de.*

GRAMMAR SECTION 6: *Relative and Interrogative Pronouns*

§1.   **Relative Pronouns**
§2.   *Qui* and *que* **as Relative or Interrogative Pronouns**
§3.   **Interrogative Pronouns**

§1.   Relative Pronouns

Relative pronouns are essentially words linking one clause or idea to another, and allowing a single, complex sentence to be constructed from two or more simple sentences,

e.g. *Mon fiancé n'aime pas la mer.*
  Je vous ai parlé de lui auparavant.
  Son aversion pour la mer me déplaît.
  becomes
  Mon fiancé, **dont** *je vous ai parlé auparavant, n'aime pas la mer,* **ce qui** *me déplaît.*

Relative pronouns are so called because they relate to a previous noun or pronoun (known as the 'antecedent'):

e.g. *L'accusateur fut un* **homme** . . .
  que je connais bien.
  qui me connaît.
  dont je connais la femme.

The relative pronoun may be omitted from relative clauses in English: 'The woman (whom) you love'. It is never omitted in French: *La femme* **que** *vous aimez.*

1.1   *Qui, que* ('that, which, who')

> QUI is the SUBJECT pronoun
> QUE is the OBJECT pronoun

e.g. *Catherine,* **qui** *avait dix-sept ans, aimait provoquer les hommes.*

The subject of *avait* is *qui* = Catherine;

  Cette jeune femme, **que** *j'ai aimée autrefois, s'est mariée récemment.*

The object of *ai aimée* is *que* = *Cette jeune femme.*

Subject and object pronouns may have the same antecedent,

c.g. *Nous parlons de Catherine,* **que** *j'aime mais* **qui** *ne m'aime pas.*

The French relative pronouns *qui* and *que* do not distinguish human (who) from non-human (which). Cp. §2.

EXERCISE A: Put *qui* or *que* into the following sentences:

(a) Voilà l'homme _____ m'a conseillé de changer de métier.

(b) C'est sa femme _____ vous voyez là-bas.
(c) Voici la même édition que celle _____ Jean vient d'acheter.
(d) Ils étaient quatre amis _____ voulaient partir au même régiment.

(e) Au moins six fois Jeanne, _____ ses amis appelaient 'la rousse', a essayé de me téléphoner.
(f) C'est un vaste tiroir _____ contient tous les outils de la maison.

1.2   Ce qui, Ce que ('what')

> CE QUI is the SUBJECT pronoun
> CE QUE is the OBJECT pronoun

1.2.1   *Ce qui* and *ce que* act as subject and object of a relative clause respectively (= 'what'),
e.g. *Après **ce qui** vient d'arriver, je me méfie de toi.* (subject)
*Je sais **ce que** tu aimes.* (object)
See also below §3.5.2.

In *ce qui/ce que*, *ce* is a demonstrative pronoun meaning 'this (thing)' and standing as antecedent to the relative pronoun *qui/que*. Analysed in this way, *ce* functions either as the **object** of the **main** verb in the sentence,
e.g. *Il **dit** ce (qui lui plaît),*

or as the **subject** of the **main** verb,
e.g. *Ce (qui te plaira) me **plaira** à moi aussi.*

In sentences constructed on the pattern *Ce qui/que . . . c'est . . .*, notice how *ce* is used in both halves of the sentence,
e.g. ***Ce qui** me plaît, **c'est** un bon vin d'Alsace* ('What I like is . . .')
***Ce que** je déteste, **c'est** un beaujolais bien lourd* ('What I hate is . . .')

1.2.2   Note the use after *tout* of *ce qui/que* rather than simple *qui/que*,
e.g. *Je ferai **tout ce qui** vous plaira et **tout ce que** je peux.*

1.2.3   Whereas *qui* and *que* usually relate to individual nouns or pronouns, *ce qui* and *ce que* may relate to whole clauses,

e.g. *Nous habitons un appartement **qui** nous plaît.* (i.e. we like the flat)
*Nous habitons un appartement, **ce qui** nous plaît.* (i.e. we like living in a flat)

*Elle refuse, **ce qui** nous étonne.*
*Elle refusa, **ce qu**'elle n'avait jamais fait auparavant.*

1.2.4   *Ce que* is used to introduce a clause after a conjunction or verb constructed with *à* or *de*,
e.g. *Nous attendrons jusqu'à **ce qu**'il arrive.*
*Je tiens à **ce qu**'il vienne.* (*tenir à* = 'to be anxious for')
*Il riait de **ce qu**'elle était tombée.* (*rire de* = 'to laugh about')

EXERCISE B: Insert *qui, que, ce qui, ce que* into the following sentences at the places left blank:

(a) C'est sa manche ou _____ lui en tient lieu.
(b) Quelques trucs _____ ne coûtent pas cher sont en vente ici.
(c) Un ami _____ il croyait disparu à jamais est revenu.
(d) _____ vous pensez de la police m'est indifférent.
(e) Racontez-moi tout _____ vous avez vu.
(f) Il est entré, son chapeau sur la tête, _____ n'est pas habituel chez lui.
(g) Ses camarades ne lui en avaient pas parlé, _____ il a trouvé très mal de leur part.
(h) Je ne sais que trop bien _____ vous tient à cœur.
(i) Il s'est plaint de _____ son frère l'avait volé.
(j) Comment s'assurer de _____ lui plaît?

1.3 After prepositions: qui, lequel, quoi.

1.3.1 When the antecedent is a person, you may use either *qui* or *lequel*,
e.g.

Le jeune homme avec $\begin{cases} qui \\ lequel \end{cases}$ *elle était sortie.*

Qui is probably more normal, except after *parmi* and *entre*,
e.g. *Les gens parmi* **lesquels** *je me trouvais* . . .

1.3.2 When the antecedent is not a person, you must use *lequel*,
e.g. *La compagnie pour* **laquelle** *je travaille* . . .
It combines with *à* to form *auquel*, etc., and with *de* to form *duquel*, etc.

1.3.3 When two prepositions are involved, you should normally use *lequel*,
e.g. *Mon voisin, à la femme* **duquel** *je me suis adressé* . . .

1.3.4 When the antecedent is indefinite or consists of a whole clause, *quoi* is to be used,
e.g. *Il y a de* **quoi** *manger dans la cuisine.*
('There is something to eat in the kitchen')
Il arriva, sur **quoi** *nous nous mîmes à table.*
('He arrived, whereupon we sat down to table')
Je me suis tailladé le pouce, après **quoi** *j'ai remis toute l'opération à une autre fois.*

1.4 Dont ('of whom', 'of which')

Dont and *de qui* are interchangeable when the antecedent is a person, but not when it is a thing. *De qui* refers only to persons.
Word order: the subject of the relative clause follows *dont* directly:
Cette déchéance sensible, **dont** *elle avait devant elle le spectacle, révoltait Catherine.*
Mon voisin, **dont** *la femme est à l'hôpital, est malheureux.*

French prefers *dont* to *duquel*, except where two prepositions are involved. See §1.3.3.

1.4.1 When *dont* stands for one of a number, meaning 'among which', 'including', it may occur without a verb:
Il cita plusieurs exemples, **dont** *celui de sa femme.*

EXERCISE C: Combine these sentences using *dont* if possible, *duquel* if not:
(a) Le directeur va nous envoyer les détails. *[à une. duquel j'ai]*
    J'ai parlé à un collègue du directeur.
(b) L'article me paraît un peu long.
    Le titre de l'article est 'La Normandie de nos jours'.
(c) Les clés ont été laissées sur la porte. *[dont]*
    J'ai constamment besoin des clés.
(d) Le général a refusé de parler aux journalistes. *[pour le frère duquel ma f. trav.]*
    Ma femme travaille pour le frère du général.
(e) Elle a vendu sa voiture.
    Elle venait de changer ses pneus.
(f) L'étudiant a raté ses examens.
    Ma femme joue au tennis avec la mère de l'étudiant.

1.5 Où ('where', 'to where', 'in which', 'at which')

PLACE: *Un vaste endroit* **où** *enfouir tout* . . .
TIME: *Les vies finies à l'âge* **où** *l'homme est à son apogée* . . .
OTHER: *Cette atmosphère romantique* **où** *les femmes de demain retrouveront le souvenir* . . .

1.5.1 *Que* replaces *où* in time phrases with an indefinite article:
e.g. **Le soir où** *il est arrivé* . . .
BUT **Un soir que** *nous mangions des huîtres* . . .

EXERCISE D: to practise *où, dont,* and *lequel,* combine the following sentences,

e.g. L'idéologie s'est montrée défectueuse.
  Ils ont combattu pour cette idéologie.
= L'idéologie pour laquelle ils ont combattu s'est montrée défectueuse.

(a) C'était un jeune diplomate.
  Elle était allée plusieurs fois au Bois de Boulogne avec ce diplomate.

(b) C'est une villa au bord de la mer.
  Nous espérons passer un mois dans cette villa.

(c) Ma voisine est une femme d'un certain âge.
  La vie de cette voisine n'est pas régulière.

(d) C'est un journal où paraissent grand nombre de petites annonces.
  C'est au moyen de ces petites annonces que j'ai trouvé mon studio.

(e) Ils habitent un appartement au 20e étage.
  On ne s'ennuie jamais dans leur appartement.

(f) Le marteau se trouvait sur la table.
  Elle s'est emparée du marteau.

seize

§2.   *Qui* and *que* as Relative or Interrogative Pronouns

These pronouns function differently according to whether they are relative or interrogative:

As a RELATIVE PRONOUN	QUI is SUBJECT
	QUE is OBJECT
As an INTERROGATIVE PRONOUN	QUI is for PEOPLE
	QUE is for THINGS, IDEAS, etc.

RELATIVES
*L'homme **qui** est là . . .*
*La chose **qui** est là . . .* } subject
*L'homme **que** je vois . . .*
*La chose **que** je vois . . .* } object

QUESTIONS
***Qui** est là?*
***Qui** voyez-vous?* } people
***Qu'**est-ce qui est là?*
***Que** voyez-vous?* } things

§3.   Interrogative Pronouns

Questions involve the use of pronouns in different ways: in direct questions *qui, que, quel, lequel, quoi;* in indirect questions *ce qui, ce que, ce dont, ce à quoi,* etc.

3.1   Direct questions

Qui? and *Que?* meaning 'who?', 'whom?', 'what?'.

PERSONS	SUBJECT	QUI	or	QUI est-ce qui
	OBJECT	QUI	or	QUI est-ce que
THINGS	SUBJECT	—		QU'est-ce qui
	OBJECT	QUE	or	QU'est-ce que

As an interrogative, QUI is used only for persons (as either subject or object) and QUE is used only for things (as object only). In the optional longer form above, the first element (capitalised QUI/QU') is interrogative and the second (lower case *qui/que*) is a relative pronoun. See §1.1. Note the change in word order:

*Qu'**avez-vous** fait?*
*Qu'est-ce que **vous avez** fait?*

EXERCISE E: Use the appropriate question form. If more than one form may be used, give them all.

(a) _____ vous avez rencontré hier?

(b) _____ s'est passé?

(c) _____ vis-je?

(d) _____ pensait-elle de l'amour?

(e) _____ est venu vous dire cela?

(f) _____ c'est?

3.2 Quel? ('which?', 'what?')

Quel is an **adjective**: it is usually followed by a noun and must agree with it,

e.g. ***Quelle*** *heure est-il?*

   Quel *livre choisirais-tu?*

But the adjective may be separated from the noun,

e.g. ***Quel*** *est ton* ***nom****?*

Quel is also used in indirect questions, but there is no inversion,

e.g. *Il me demanda quel livre* ***je choisirais***.

3.3 Lequel? ('which one?' (of several))

Lequel is a **pronoun**: as such, it is never followed by a noun:

'J'ai parlé avec notre voisin' prompts two possible questions bearing on *voisin*: *'Lequel?'*

and *'Quel voisin?'*

Lequel can be followed by *de* or *parmi*,

e.g. *Laquelle de ces trois portes mène à la cuisine?*

3.4 Quoi?

3.4.1 Quoi? by itself, meaning 'what?'.

'Il m'a dit beaucoup de choses intéressantes' prompts two possible questions: *'Mais* ***quoi*** *exactement?'*; *'Mais qu'est-ce qu'il t'a dit exactement?'*

3.4.2 Quoi de?

'Qu'est-ce qui pourrait être plus simple que de lui téléphoner?' can be expressed as:

*'****Quoi*** *de plus simple que de lui téléphoner?'*

3.4.3 Quoi after prepositions:

Avec quoi compte-t-il payer son loyer?

Derrière quoi a-t-elle pu le cacher?

Note that *en quoi?* usually means 'in what way?'

e.g. *En quoi est-il plus habile que son frère?*

3.5 Indirect questions

3.5.1 Indirect questions with *qui* (= 'who') raise no particular problems, but note that there is no inversion of subject and verb:

Direct: *'****Qui*** *voyez-vous?' me demanda-t-il.*

Indirect: *Il demanda* ***qui*** *je voyais.*

Direct: *'****Qui*** *peut me le dire?' demanda-t-il.*

Indirect: *Il demanda* ***qui*** *pouvait le lui dire.*

Note that the long forms (see §3.1) are not used in indirect questions.

3.5.2 Direct questions with *que* (+ *'est-ce qui/que*) (= 'what') are changed into indirect questions with *ce qui/ce que*:

Direct: *'****Que*** *voyez-vous?' me demanda-t-il.*

Indirect: *Il demanda* ***ce que*** *je voyais.*

Direct: *'****Qu'est-ce qui*** *se passe?' demanda-t-il.*

Indirect: *Il demanda* ***ce qui*** *se passait.*

Direct: *'****Qu'est-ce que*** *tu espères faire?' demanda-t-il.*

Indirect: *Il demanda* ***ce que*** *j'espérais faire.*

EXERCISE F: Change the following sentences from direct into indirect speech:

(a) Le jeune Devèze lui demanda: 'Que pensez-vous de l'amour?'
(b) 'Qui pourra m'aider?' se demanda-t-il.
(c) 'Qu'est-ce qui se passerait alors?' demanda-t-elle. *ce qui*
(d) 'Qu'est-ce que vous voulez dire par là?' Il voulait le savoir. *ce que*
(e) 'Qui est-ce que vous connaissez parmi ces gens?' me demanda-t-elle. *ce qui*
(f) 'Qui est-ce qui vous semble le mieux adapté à ce genre de travail?' lui demanda-t-il. *qui*

EXERCISE G: Translate into French:

(a) Who was that lady I saw you with last night?
(b) The man you were speaking of is dead, which is a pity.
(c) Which of the tools you often use can you lend me?
(d) I know what I want — a box to put my make-up in. *où mettre*
(e) Who was it that asked you what book I was reading?
(f) What has she dropped?
(g) They want to identify the car you parked beside.
(h) What does it matter? *Qu'importe?*
(i) What are you thinking about?
(j) I wanted to know what he was thinking about. *ce à quoi*

— Qui est-ce qui a chipé ma pomme ?

VII L'Environnement

TEXTE UN: Notre planète, devient-elle inhabitable?

Depuis quelque 40.000 ans, l'«homo sapiens» s'est employé patiemment, laborieusement, constamment, à conquérir la planète, à étendre sa domination sur toutes les autres espèces et sur toutes les forces de la nature. De ce défi insensé au départ, il est sorti victorieux. Pas un mètre carré du globe n'a échappé à son exploration, pas une espèce animale ne lui a résisté. Il   4
a maîtrisé les fleuves et même les mers. Il a défriché les forêts et cultivé les champs. Il se lance dans l'espace. Sa victoire semble totale. Trop totale pour être durable.

Brusquement, au cours des dernières décennies, alors que s'épanouissait la puissance technologique d'une civilisation fondée sur les connaissances scientifiques, le danger est   8
apparu. Sur une période très courte de sa relativement courte histoire, l'homme a si bien maîtrisé la nature qu'il est en train de la tuer.

Défrichements hâtifs pour ouvrir des terres nouvelles à la production agricole, empiétements rapides pour l'extension des villes tentaculaires, des usines, des routes, des   12
aérodromes, érosion et destruction des sols, pollution de l'air, pollution des eaux, disparition de la vie sauvage, amoncellement des déchets, enlaidissement des campagnes, empoisonnement de la planète, tels sont les résultats de la domination technologique de l'homme, de l'accroissement exponentiel de la population, de la mystique de la production.   16

Telles sont les menaces de mort qui pèsent sur la biosphère — cette mince couche du globe terrestre, au point de rencontre du sol, de l'air et des eaux, où la vie peut exister, à laquelle l'homme lui-même appartient et dont il dépend inexorablement pour sa propre survie.

Devant la gravité grandissante de cette situation, l'Unesco a convoqué à Paris, en   20
septembre 1968, une Conférence intergouvernementale d'experts chargée d'étudier les bases scientifiques de l'utilisation rationnelle et de la conservation des ressources de la biosphère et de proposer les mesures à prendre dans ce domaine, tant sur le plan national que sur le plan international.   24

Ce n'est pas la première fois que les milieux scientifiques se préoccupent de ces problèmes. Mais c'est la première fois que des représentants des gouvernements se réunissent pour analyser la situation mondiale et pour engager le processus d'action qui doit permettre d'y faire face.   28

Les débats de la Conférence ont fait apparaître une remarquable convergence de vues sur les causes et la gravité des problèmes posés par la dégradation de l'environnement. La situation évolue très vite. Elle est plus dangereuse que ne le pense la population — surtout la population des villes — qui a oublié à quel point elle dépendait de la nature et de ses   32
ressources. L'intervention est urgente. Certes, tout serait plus facile s'il n'y avait pas tant

d'hommes et s'ils n'avaient pas tant de besoins: c'est le point de vue de certains «conservationnistes», qui regrettent l'âge d'or et le paradis terrestre.

36   La Conférence, au contraire, a estimé que l'on pouvait concilier les besoins des hommes avec la préservation de la nature et que la seule attitude réaliste était celle d'une «utilisation rationnelle» des ressources naturelles, étant entendu qu'une utilisation rationnelle englobe nécessairement les impératifs essentiels de la conservation, ne serait-ce que pour assurer la
40 permanence des ressources.

Michel Batisse, Le Courrier de l'Unesco, janvier 1969

A. PREPARATION DU TEXTE

Notes

'homo sapiens' (1): le nom d'espèce de la race humaine.

De ce défi insensé au départ . . . (3): 'De ce défi, qui aurait pu paraître insensé au départ . . .'.

l'extension des villes tentaculaires (12): 'ribbon development'.

exponentiel (16): se dit d'une quantité qui double à des intervalles de plus en plus rapprochés.

Conférence (21): la Conférence de la Biosphère a eu lieu à l'Unesco à Paris en 1968. Une deuxième, bien plus grande, a eu lieu à Stockholm en 1972.

Vocabulaire

1. Traduisez en anglais, selon leur contexte, les expressions suivantes:
au départ (3), pas une espèce animale (4), défriché (5), s'épanouissait (7), cette mince couche (17), à quel point (32), étant entendu qu' (38), ne serait-ce que (39).

2. Dressez une liste d'une douzaine d'expressions dans le texte qui se rapportent, directement ou indirectement, à la conservation de la nature.

3. Exprimez autrement en français le sens des expressions suivantes:
défi insensé (3)
empiétements rapides pour l'extension des villes tentaculaires (12)
amoncellement des déchets (14)
l'accroissement exponentiel de la population (16)
une remarquable convergence de vues (29)
La situation évolue très vite (30–31)
L'intervention est urgente (33)

Commentaire grammatical

(i) Word Order

Notre planète, devient-elle inhabitable? (titre): a good example of complex inversion, necessary with a noun subject in yes/no interrogative sentences. See GS 7, §3.3, p. 114.

Pas un mètre carré . . . pas une espèce animale

(3–4): for strong emphasis in a negative statement, *pas* is moved from its normal position between the auxiliary verb and the past participle and placed before the word it is wished to emphasise. The particle *ne* is still obligatory before the verb. See GS 7, §1.4, p. 113.

alors que s'épanouissait la puissance techno-logique (7–8): this is an example of inversion for stylistic reasons. The subject could quite properly occur before the verb; however, the balance of the sentence is improved if such a long subject occurs after.

relativement courte histoire (9): despite its length, the adjectival phrase is placed before the noun for emphasis. See GS 10, §2.2, pp. 159–160.

tels sont les résultats (15), Telles sont les menaces de mort (17): examples of inversion in a simple sentence when *tel* occurs at the head of the clause or sentence. See GS 7, §1.1.2, p. 111.

cette mince couche du globe terrestre (17–18): an example of an adjective (*mince*) placed before rather than after a noun (*couche*) which is followed by an adjectival phrase (*du globe terrestre*). An improved balance is thus achieved. See GS 7, §4.2.2, p. 115.

(ii) Other grammar points

quelque 40.000 ans (1): 'some 40,000 years'. Here *quelque* is an invariable adverb modifying a numeral.

Depuis . . . s'est employé (1): note the use of the perfect where we might have expected the present tense (*s'emploie*) on the model: *Depuis deux ans je travaille en France.* See GS 2, §4.2, p. 31.

Sur une période très courte (9): Sur is used here with a temporal meaning ('over'). Cp. *Sur les dix francs qu'il avait, il en a donné cinq à sa mère* ('out of'), GS 11, §5.2, p. 180.

Défrichements hâtifs . . . empoisonnement . . . (11–15): omission of article in enumerations. See GS 5, §3.4.2, p. 82.

tant . . . que . . . (23–24): often has the meaning 'so much . . . that . . .', but here it means 'both . . . and . . .'.

Elle est plus dangereuse que ne le pense la population (31): for the expletive or redundant *ne* see GS 12, §3.2, p. 198. Note also the inversion of subject and verb in the dependent clause. French tends to balance sentences by putting the verb in a central position. Note finally the *le* which refers to the whole of the proposition: *Elle est plus dangereuse.* See GS 1, §4.1, p. 16.

Compréhension du texte

1. Pourquoi le défi lancé par l'*homo sapiens* il y a 40.000 ans était-il insensé?

2. Pourquoi la victoire de l'homme sur la nature constitue-t-elle un danger?

3. Quel est le sens de l'expression *s'ils n'avaient pas tant de besoins (34)*?

4. Pourquoi une *utilisation rationnelle* des ressources englobe-t-elle nécessairement les impératifs essentiels de la conservation?

B. EXERCICES DE RENFORCEMENT

A l'oral

1. Préparez des réponses orales aux questions suivantes:

(a) La victoire de l'homme sur la nature semble totale. En quoi consiste cette victoire?
(b) Qu'est-ce que la biosphère?
(c) Quel but s'est proposé la Conférence de la Biosphère?
(d) A quelles conclusions la conférence a-t-elle abouti?
(e) Quel est, selon l'auteur de ce texte, le point de vue des 'conservationnistes'?
(f) En quoi consiste 'l'utilisation rationnelle' des ressources naturelles?

Exercices lexicaux

2. (a) Dressez une liste des substantifs qui ont la terminaison -*ment* et de ceux ayant la terminaison -*ion*, qui abondent dans ce texte.

   (b) Quelle est la différence la plus frappante entre ces deux séries de noms?

   (c) Ajoutez, là où c'est possible, un verbe et un adjectif qui ont la même racine que les noms trouvés.
   Par exemple: *extension — étendre — extensif*

3. Utilisez chacun des termes suivants dans une phrase de votre invention mais avec le sens qu'il a dans le texte. Dans le cas d'infinitifs, vous pouvez employer n'importe quel temps du verbe.
   s'employer à (1–2)
   le défi (3)
   alors que (7)
   tels sont (15)
   tant . . . que . . . (23–24)
   ce n'est pas . . . mais c'est . . . (25–26)
   permettre de (27)
   faire apparaître (29)
   à quel point (32)

Exercices grammaticaux et structuraux

4. Récrivez les lignes *25–40* sous forme de discours indirect. Commencez 'Michel Batisse m'a dit que ce n'était pas . . .'.

5. (a) Composez deux phrases utilisant *lequel/laquelle/lesquelles* et *dont* sur le modèle de la phrase:
   'La biosphère est la mince couche du globe terrestre à laquelle l'homme lui-même appartient et dont il dépend inexorablement.' *(17–19)*

   (b) Composez deux phrases comparatives sur le modèle:
   'La situation est plus dangereuse que ne le pense la population.' *(30–31)*

   (c) Et finalement deux phrases utilisant l'adverbe *tant* d'après la phrase modèle:
   'Certes, tout serait plus facile s'il n'y avait pas tant d'hommes et s'ils n'avaient pas tant de besoins.' *(33–34)*

C. EXPLOITATION DU TEXTE

A l'oral

1. Exposé: Décrivez un exemple de pollution, de surpopulation ou d'enlaidissement qui vous est connu.

2. Sujet de discussion: 'Tout serait plus facile s'il n'y avait pas tant d'hommes et s'ils n'avaient pas tant de besoins' *(33–34)*.

A l'écrit

3. Résumé: Résumez cet article en quelque 200 mots, faisant bien ressortir ses idées principales: la victoire de l'homme sur la nature; le danger qui en résulte; la Conférence de la biosphère; les remèdes possibles.

4. Rédaction: Prenez le contrepied de cet article, et essayez de démolir ses arguments: la montée de l'homme est une chose merveilleuse — regardez les civilisations qu'il a créées, la diversité et la beauté des cultures humaines; le danger qui menace la nature est exagéré, etc. (300 mots).

5. Version: Traduisez en anglais les lignes *1–16*.

6. Thème: Traduisez en français en utilisant le plus possible d'expressions tirées du texte:

While we have mastered the planet, it is hard to say whether we have emerged victorious from the experience. The growth of towns and the cultivation of the virgin lands of the Earth have become a threat to our continued existence. Everything would certainly be much pleasanter for us if we continued to eat up the Earth's resources without paying attention to   4 the needs of our children. Selfish though we may be, we have to face up to the problem and seek a solution. It is harder to replace resources than to use them up. Perhaps men will agree on a solution, but unless they do so quickly, waste, over-population and the lack of food and fuel will produce a catastrophe. Men suppose our resources to be limitless, but what will our   8 children say about us in thirty years? World scientific opinion points out that a continuous technical effort is needed. As the crisis approaches, men's selfishness still blinds them to realities. Perhaps some really believe that if we don't look, the problem will simply go away.

TEXTE DEUX: Paris-Ecologie

NON AU SACCAGE DE PARIS!

C'est pour six ans que vous allez élire les conseillers municipaux. En six ans on peut faire beaucoup de dégâts ou redresser efficacement la situation.
Pouvez-vous faire confiance pour cela aux forces politiques traditionnelles?
Un bilan de leur action vous donne la réponse.

PARIS A ETE LIVREE A L'AUTOMOBILE, AUX PROMOTEURS, A LA POLLUTION. NOTRE VILLE EST DE PLUS EN PLUS INTERDITE: aux pauvres, aux personnes âgées, aux enfants, aux handicapés, aux immigrés. Alors qu'une famille parisienne sur deux n'a pas de voiture, l'automobile a tous les droits. Elle envahit les rues, bloque les autobus, chasse les piétons et les cyclistes et crée des nuisances intolérables, les accidents se multiplient.

Quant aux handicapés, l'accès aux transports en commun leur est impossible.

Paris est la capitale européenne qui manque le plus de jardins et de parcs, de terrains de jeux pour les enfants.

PARIS EST LA VILLE LA PLUS POLLUEE DE FRANCE, le bruit est gênant pour beaucoup et insoutenable pour certains: le long du boulevard périphérique, des habitants dorment dans le couloir de leur appartement, le plus loin possible des fenêtres pour échapper au bruit!

LA SPECULATION IMMOBILIERE FAIT RAGE. Les loyers et les prix des appartements «flambent», les expulsions se multiplient. 40% des personnes âgées vivent sous les toits alors que 80.000 logements sont vides.

Les bureaux de plus en plus nombreux chassent la population traditionnelle, les derniers ateliers d'artisans disparaissent.

Les grandes sociétés de supermarchés éliminent les petits commerçants. Le gigantisme ravage Paris. Les voies express éventrent nos quartiers. Les tours se multiplient.

REFUSONS L'ABSURDE

Des sommes énormes sont englouties dans des ouvrages inutiles; les contribuables parisiens, mais aussi les provinciaux financent ce gaspillage.

Le secret administratif, l'urbanisme clandestin, l'absence de démocratie locale, les «sociétés d'économie mixte» (aux Halles, sur le Front de Seine, à la Villette, dans le 13ᵉ, le 17ᵉ, le 19ᵉ, le Marais, etc.), tout concourt à favoriser les intérêts privés.

Les banlieues ne cessent de s'étendre. Deux, trois heures de transport par jour sont devenues chose courante. Les forêts sont éventrées par les autoroutes. La vie en ville est chaque jour plus fatigante.

Et la centrale nucléaire en projet à Nogent-/Seine menace directement l'eau de Paris.

RIEN NE VA PLUS!

LES RESPONSABLES DE CETTE SITUATION SONT LES ELUS SORTANTS qui dirigent Paris depuis des années et des années. Et pourtant, c'est sans la moindre pudeur qu'ils se «badigeonnent de vert» et se proclament «Ecologistes»!

D'autres candidats pour une autre ville.

Les candidats PARIS ECOLOGIE, eux, n'ont pas attendu l'élection municipale pour défendre Paris

106

64 contre les promoteurs, les excès de l'automobile et la pollution.

Ils sont indépendants de tous les partis.

Ils sont les seuls candidats municipaux de ces élections municipales.

68 Pour la plupart, ils luttent depuis des années contre les expulsions et le saccage de nos quartiers, ils sont actifs dans les associations de défense de l'environne-
72 ment, d'usagers de transport en commun, dans les groupements écologiques, dans les comités de quartier, etc.

Ils veulent L'ARRET IMMEDIAT DU PROGRAMME NUCLEAIRE FRANÇAIS, inutile, dangereux et cher —
76 et en particulier — ils exigent l'abandon du projet de centrale de Nogent-/Seine.

Eux qui connaissent la ville d'en bas, par les problèmes de tous et de tous les jours,

VOUS INVITENT: 80
— A prendre vous-même votre ville en main,
— A créer et développer les structures de DEMO-
CRATIE LOCALE: municipalité de QUARTIER, coopérative de voisinage, etc. 84
— A voter PARIS ECOLOGIE et à réaliser son programme.

LA SEULE CHOSE QUI NOUS IMPORTE C'EST L'AVENIR DE CEUX QUI VIVENT ET TRAVAILLENT A PARIS.
88

Vivre bien à Paris, c'est possible! 92
Quand vous voudrez . . .

A. PREPARATION DU TEXTE

Notes

Ce tract parut lors de la campagne des élections municipales à Paris en mars 1977. Le niveau de langue est celui de la propagande politique; c'est un langage marqué par le slogan *(1, 38, 53)* et par la simplicité syntaxique (absence de propositions subordonnées, verbes au présent); le texte est construit sur une série de constatations parfois ironiques *(56–58)*, souvent accusatrices *(47–50)* et passionnées. Les fréquentes énumérations *(8–9, 42–45)* ont pour effet de convaincre le lecteur en l'accablant de faits reconnus.

promoteurs (m) (6–7): ceux qui financent la construction d'immeubles (avec ici une nuance péjorative).

'flambent' (27): montent très rapidement.

sous les toits (29): au dernier étage; dans une mansarde.

voies (f) express (36): 'urban clearways'.

'sociétés (f) d'économie mixte' (43–44): entreprises où les capitaux privés sont associés à des fonds publics et qui ont pour but des opérations d'urbanisme.

se 'badigeonnent de vert' (57): le vert, c'est la couleur du mouvement écologiste; *les élus sortants (54–55)* se donnent des airs d'écologiste mais ne le sont pas vraiment.

Vocabulaire

1. Dressez une liste d'une dizaine de verbes dans le texte qui ont rapport à la dégradation de la ville de Paris, par exemple: *livrer (6), envahir (11)*. Notez leur sens en anglais.

2. Traduisez en anglais, selon leur contexte, les expressions suivantes:

redresser (3), nuisances (13), transports en commun (15–16), spéculation immobilière (26), fait rage (26), secret administratif (42), urbanisme clandestin (42), centrale nucléaire en projet (51), élus sortants (55), saccage (69), comités de quartier (72–73).

Commentaire grammatical

(i) Word order

C'est pour six ans que ... (2), c'est sans la moindre pudeur qu' ... (56–57): the adverbial phrases are 'framed' and brought to the head of the sentence for emphasis; normal word order would be: *Vous allez élire pour six ans ...* and *ils se 'badigeonnent de vert' et se proclament 'écologistes' sans la moindre pudeur.* See GS 10, §4.2, p. 162.

le long du boulevard périphérique, des habitants dorment dans le couloir de leur appartement, le plus loin possible des fenêtres (22–24): of the three adverbial phrases of place, the two which qualify the verb follow it, while that which applies to the whole sentence stands at the head of the sentence. See also GS 7, §1.3, p. 112.

programme nucléaire français, inutile, dangereux et cher (74–75): in this noun phrase, the noun is followed by no fewer than five adjectives. While the first (*nucléaire*) directly modifies the noun, the second (*français*) applies to the noun and first adjective together. The other adjectives (*inutile, dangereux et cher*) relate **independently** to the whole of the concept expressed by *programme nucléaire français* and are therefore separated by commas and *et.* See GS 7, §4.2.5, p. 116.

(ii) Other grammar points

There are a number of **pronominal verbs** in the text: *se multiplier (14, 28, 37), s'étendre (47), se badigeonner (57), se proclamer (57–58).* To which of the categories below does each belong? There are three different sorts of pronominal verbs:

(a) Reflexive verbs:
as in (i) *La femme s'est blessée à la jambe,* where the subject is also direct object; and in (ii) *La femme s'est cassé la jambe,* where the subject is also the indirect object. (N.B. no agreement of past participle: see p. 3.)

(b) Reciprocal verbs:
as in (i) *Encouragez-vous les uns les autres* ('each other'), and (ii) *Les chiens se sont montré les dents* ('to each other').

(c) Others:
There are many verbs where the action is not felt as reflexive or reciprocal. They fall into three groups:
(i) Verbs which are always pronominal — some intransitive,
e.g. *s'enfuir, s'envoler;*
some transitive,
e.g. *se moquer de, se souvenir de, se fier à.*
(ii) Active verbs which assume a new meaning in the pronominal form,
cp. *Il a battu sa femme: Il s'est battu courageusement.*
Elle attendait sa mère: Elle s'attendait à la voir.
(iii) Active verbs which have a passive meaning in the pronominal form,
e.g. *Le moulin à café se vend partout.*
Cette situation s'explique facilement.

*la capitale européenne qui manque **le** plus de jardins (17–18); la ville **la** plus polluée (20); **le** plus loin possible (24).*
Note the use of the definite article in superlative forms and, where an adjective following a noun is in the superlative, the repetition of the definite article: *la ville **la** plus polluée* = 'the most polluted town'. See GS 12, §1.2, p. 195.

Compréhension du texte

1. De quelle manière Paris a-t-elle été *livrée à l'automobile (6)?*

2. Pour échapper à quel genre de bruit les gens dorment-ils *dans le couloir de leur appartement (23–24)?*

3. Qu'est-ce que le *gigantisme (35)?*

4. Pourquoi est-ce que les élus sortants se *'badigeonnent de vert' (57)?*

5. Qu'est-ce que la *démocratie locale (43, 82–83)?*

B. EXERCICES DE RENFORCEMENT

A l'oral

1. Préparez des réponses orales aux questions suivantes:

(a) Quels sont les effets de la *spéculation immobilière (26)*?

(b) De quels avantages les candidats écologistes se vantent-ils?

(c) Selon eux, à quel niveau se situe la lutte pour une meilleure société?

(d) Quels modes de transport préfèrent-ils à la voiture privée?

Exercices lexicaux

2. Complétez le tableau suivant:

verbe	substantif(s)
élire (2)	*élu* *élection* *électorat* etc.
redresser (3)	
	promoteur (6–7)
envahir (11)	
	accès (15)
engloutir (39)	
concourir (46)	
	pollution (64)
	saccage (69)

3. Utilisez chacun des mots et expressions suivants dans une phrase de votre invention pour illustrer le sens qu'il a dans le texte:

Alors que (9–10)
les provinciaux (41)
Les responsables (54)
Pour la plupart (68)
d'en bas (78).

Exercices grammaticaux et structuraux

4. Récrivez les expressions suivantes en mettant les mots dans un ordre approprié:

(a) élus, nouveaux, les, écologistes.
(b) forces, les, traditionnelles, politiques.
(c) conseillers, les, français, municipaux.
(d) candidats, indépendants, seuls, municipaux, les.
(e) spéculation, scandaleuse, immobilière, la, plus, la.
(f) artisans, parisiens, vraiment, les, derniers.
(g) commerçant, petit, moindre, le.

5. Récrivez les phrases suivantes à la forme négative et interrogative. Voir GS 7, §3, p. 113.
Par exemple: Ils l'exigent =
　　　　Ne l'exigent-ils pas?

(a) Paris est la ville la plus polluée de France.
(b) Les accidents se multiplient.
(c) Ils ont attendu les élections municipales.
(d) Nos forêts sont éventrées par les autoroutes.
(e) Vous voulez l'arrêt immédiat du programme nucléaire français.

6. Traduisez en français en employant les verbes pronominaux cités dans le texte et dans le Commentaire grammatical:

(a) The candidates proclaim that they are ecologists.

se donnent des airs d'écol.te

(b) This pollution is easily explained.

s'explique facilement

(c) Motorways have multiplied.

se sont m-iés

(d) The urban clearway stretches over six kilometres.

(e) Pedestrians and cyclists were encouraging each other to defend their interests.

s'en les uns les autres

C. EXPLOITATION DU TEXTE

A l'oral

1. Sujet de discussion: Les centrales nucléaires sont-elles nécessaires?

2. Débat: Un représentant de chacun des groupes suivants discute de l'avenir de Paris (ou de votre ville): les usagers des transports en commun, les cyclistes, les promoteurs, les petits commerçants, les conseillers municipaux. La discussion visera notamment les sujets suivants: les voies express, les zones piétonnières, le logement, les magasins et bureaux, la pollution.

A l'écrit

3. Rédaction: Rédigez un tract (150–200 mots) qui fait la critique des écologistes en relevant les avantages des automobiles, des routes modernes, des supermarchés, etc. Vous taxerez les écologistes de naïveté et d'idées rétrogrades. Essayez de trouver des formules et des slogans appropriés tels que:

Parisiennes, Parisiens . . .
Ne faites pas confiance à ceux qui . . .
Non aux idées . . .

Refusons . . .
Nous qui connaissons les problèmes de Paris . . .

4. Rédaction: Comment pourrait-on organiser la démocratie locale? Développez (200 mots) les idées proposées dans le texte (lignes *81–86*).

5. Version: Traduisez en anglais les lignes *59–93.*

6. Thème: Traduisez en français en utilisant des expressions tirées du texte:

It is undeniable that cars have done much to detract from the quality of life in Paris. President Pompidou's view that Paris would have to get used to cars has scarcely reassured the elderly, the disabled and those who live beside motorways. It has been calculated that three hundred thousand vehicles converge on the centre of the capital every morning and the density of the traffic along the Right Bank of the Seine is much greater than it was even two years ago. Meanwhile proposals such as those made by the ecologists for traffic-free zones meet with hostility from shopkeepers and politicians alike. Whatever the validity of their objections, it is difficult to believe that present trends can continue for long. Must the government — whether of the Right or the Left — wait for a catastrophe before taking the necessary measures? A few years ago Paris was still one of the finest cities in the world; let us act to save our heritage before it is too late.

GRAMMAR SECTION 7: Word Order

§1. Declarative Sentence: Subject, Object, Adverbs
§2. Exclamatory Sentence
§3. Interrogative Sentence
§4. Word Groups

§1. Declarative Sentence

1.1 Position of the subject

1.1.1 Normal word order
The subject normally precedes the verb,
e.g. *Le soldat s'en va en permission*
   ('. . . on leave').

1.1.2 Inversion of subject and verb
Inversion is obligatory in careful French when a sentence begins with one of the following: *ainsi, à peine, aussi* ('so'), *aussi bien, du moins, en vain, encore, peut-être, quel que* ('whatever'), *tel, sans doute . . .*,
e.g. *Sans doute **l'aurait-on fusillé**, s'il n'avait été Anglais.*
   *Tels **sont les résultats** de la domination technologique.*

N.B. After all the above, except *quel que* and *tel*, if the subject is a noun there is not, strictly speaking, an inversion, but a **repetition** of the subject, in the form of a pronoun, after the verb. This is known as **complex inversion**,
e.g. *Aussi les hôteliers **ont-ils** protesté.*
   ('So the hoteliers protested.')

Generally, inversion occurs with verbs of saying or thinking inset (in parenthesis) in direct speech,
e.g. *Sire, **dit le renard**, vous êtes trop bon roi.* (La Fontaine)
   *Je ne sais pas, **pensa-t-il**.*

(But inversion is not obligatory in the following phrases when they are part of the direct speech: *je pense, je suppose, je crois, je l'avoue, j'en conviens, il est vrai . . .*
e.g. *Nous allons assister, **je pense**, à une soirée intéressante.*)

Inversion occurs in certain phrases containing the subjunctive,
e.g. *Vive la France!   Périssent les tyrans!*

Inversion of noun subjects is optional in relative clauses introduced by *que* or *où*,
e.g. *Les livres que mon père m'a donnés/ que m'a donnés mon père.*

Inversion may also be used for emphasis: see GS 10, §2.2, pp. 159–160.

111

EXERCISE A: Translate the following into French, inverting subject and verb wherever possible:

(a) I opened the cupboard where the cakes and sweets were to be found.
(b) So the students went home.
(c) Perhaps he'll come tomorrow.
(d) No doubt the ecologists are right.
(e) Whatever be the truth in the matter, I must say no.
(f) Vainly the population of the village struggled against the building of the new motorway.

1.2   Position of direct and indirect objects

1.2.1   Direct objects, other than personal pronouns (see GS 1, §3.1, p. 14), follow the verb, but may be separated from it,

e.g. *Mais ces pancartes répandent,* **chez ceux qui les voient, chez ceux qui les posent,** *un sentiment de responsabilité qui va croissant.*

1.2.2   Certain verbs (*donner, envoyer, payer, écrire . . .*) may be followed by a direct object and an indirect object. Usually, the direct precedes the indirect object,

e.g. *On a accordé une permission aux troupes.*
But, in many cases, the length of the objects decides their position. The shorter object usually precedes the longer,

e.g. *On a accordé aux troupes une permission de 48 heures.*

1.3   Adverbs and adverbial phrases

Such phrases are usually arranged in order of increasing length,

e.g. *Ce jour-là, au bois de Chaville, une famille pique-nique* **dans la mousse des sous-bois** (long adverbial phrase placed at the end).

There is a tendency to delay essential information (subject-verb group) until the end of the sentence,

e.g. *Chaque fois que le général passe la porte sur son cheval,* **la garde lui rend les honneurs** (delayed subject-verb group).

EXERCISE B: Construct sentences by re-arranging the groups of words given in brackets. More than one arrangement may be possible.

(a) (**1.** une centaine de bateaux attendent) (**2.** que leurs 500.000 tonnes de marchandises soient déchargées) (**3.** en rade depuis deux mois) (**4.** dans les principaux ports iraniens)

(b) (**1.** des hauts-parleurs installés dans toutes les rues) (**2.** hurlent des slogans) (**3.** et déversent les flots de la nouvelle musique populaire) (**4.** de six heures du matin à neuf heures du soir) (**5.** à longueur de journée)

(c) (**1.** à la presse) (**2.** une divergence de vues si considérable) (**3.** avant la fin de la Conférence) (**4.** qu'on a promis aux délégués) (**5.** les débats ont fait apparaître) (**6.** de ne rien divulguer)

(d) (**1.** plus de trois quarts du pétrole vénézuélien) (**2.** sortent) (**3.** de ces rives desséchées)

(e) (**1.** la France a misé à fond sur le pétrole) (**2.** sous la pression des pays arabes) (**3.** au cours des années 60)

1.4 Negative adverbs

Normal word order in a negative sentence is the following:
e.g. *Je **ne** sais **pas**.*

or, in a compound tense:
e.g. *Il **n'**a **rien** envoyé.*

– If two negatives are required in the same sentence, there is a fixed order,
e.g. *Il ne dit **jamais rien**. (plus rien, plus jamais)*
Cp. *Il ne dit **plus jamais rien** à **personne**.*

– If the negative applies to an infinitive, both parts of the negative precede the infinitive,
e.g. *Elle m'a conseillé de **ne plus** venir.*

– Certain negatives are always placed at the end of a phrase or clause:
personne, aucun, nulle part,
e.g. *Elle m'a conseillé de **ne** voir **personne**.*
   *Je n'en ai vu **aucun**. (for aucun see also p. 74)*
   *On **ne** la trouve **nulle part**.*

§2. Exclamatory Sentence

Exclamatory sentences in French usually follow the normal subject-verb order, but are introduced by such terms as *Comme, Que, Qu'est-ce que* and *Quel*,
e.g. *Comme les gens sont devenus égoïstes!*
   Qu'elle est belle!
   Qu'est-ce qu'il est bête!
   Quelle surprise!

For greater emphasis, a noun subject, anticipated by a pronoun, may occur at the end of a sentence,

e.g. *Qu'il est sale, ce gosse!*

EXERCISE C: Put the following sentences into exclamatory form, the exclamation concerning the word or phrase printed in italics.

(a) On a eu une *surprise*.
(b) Nous avons été *surpris*.
(c) C'est *une belle forêt*.
(d) Elle a *de très grands arbres*.
(e) C'est *vilain*.

§3. Interrogative Sentence

3.1 If the subject of the sentence is the interrogative *qui* or a noun accompanied by a question-word, normal subject-verb order is observed,
e.g. *Qui est là?*
   Combien de personnes attendent à la porte?

3.2 Simple inversion

In using this construction it is important to note whether the subject is a pronoun or whether it is a noun.

3.2.1 If the subject is a **pronoun**, simple inversion can be used without restrictions,

In other interrogative sentences, French has three principal constructions: inversion (simple and complex) of subject and verb, use of *est-ce que*, retention of normal subject-verb order. The first construction belongs to the more formal level of French, the third to the less formal.

e.g. *Vient-elle?*
   A-t-il mangé?
   Pourra-t-elle venir?
   Comment vient-elle?
   Quand a-t-il mangé?
   Pourquoi veut-elle venir?

Note that whatever its final letter, the verb is separated by a hyphen from its pronoun. All third person verbs ending in a vowel require the insertion of *-t-* as a liaison form.

3.2.2   If the subject is a **noun**, use of simple inversion is necessary after *Que*,
e.g. *Que veut cet homme?*
     Qu'a dit l'écologiste?

It is possible to use simple inversion after the question words *qui* and *quoi* (preceded by a preposition), *quand, combien, comment, où,* etc.,
e.g. *De quoi ont parlé les ministres?*
     Où conduit cette route?

Complex inversion may also be used after all these words except *Que* (see §3.3 below).

3.2.3   It is **not** possible to use simple inversion with noun subjects in the following cases:

– in questions calling for a yes/no answer,
e.g. Is the man coming?

– when the direct object of the verb is also a noun,
e.g. When will the mechanic mend the car?

– when the verb is **to be** or **to become** with a noun or adjective as complement,
e.g. When did Louis XIV become king?

– after *Pourquoi?*

In the foregoing cases recourse must be had to complex inversion.

3.3   Complex inversion

This construction involves the recapitulation of a noun subject after the verb by means of a pronoun: (Question word)+ subject noun+ verb+subject pronoun,
e.g. *L'agent de police viendra-t-il?*

It is obligatory to use this construction in the cases listed in §3.2.3:

e.g. *L'homme vient-il?*
     Quand le mécanicien réparera-t-il la voiture?
     Quand Louis XIV est-il devenu roi?
     Pourquoi mon fils est-il mauvais élève?

This construction is optional with noun subjects after question words other than *Que*,
e.g. *De quoi les ministres ont-ils parlé?*
     Où cette route conduit-elle?

3.4   Addition of 'est-ce que'

This is the most common interrogative construction in the spoken language. When the question concerns the whole sentence and calls for a yes/no answer, *Est-ce que* is placed at the head of the sentence,
e.g. *Tu viendras =*
     Est-ce que tu viendras?

When the question concerns only part of the sentence *est-ce que* is inserted between the question word and the subject,
e.g. *Quand est-ce que tu viendras?*
     Quand est-ce que le monsieur est passé?

3.5   Retention of normal subject-verb order

At a more informal level normal subject-verb word order is retained and the question expressed by a variety of other devices.

With questions requiring a yes/no answer a rising intonation is given to a declarative statement,
e.g. *Tu viens?*
     Tu as eu du courrier?

With questions bearing on only part of the sentence, the normal subject-verb order is retained and the question word placed either at the head or at the end of the sentence,
e.g. *Tu viens quand?*
 Quand vous venez?

EXERCISE D: Compose the questions which gave rise to the following answers and which bear upon the italicised words. Give the appropriate form using inversion, then the form resulting from the insertion of *est-ce que*,
Example:
Mon père s'en va *demain*:
 Quand s'en va votre père?

OR
 Quand est-ce que votre père s'en va?

(a) Le chargé d'affaires a porté la lettre *à son ambassadeur.*
(b) Elle regarde *son frère.*
(c) Cela s'apprend *en Angleterre.*
(d) Giraudoux a publié la plupart de ses pièces *avant la guerre.*
(e) Ces gens dépendent *de leur consulat.*
(f) J'ai appris la nouvelle *par quelqu'un au ministère.*

§4. Word Groups

4.1 *Word groups involving numerals*

Word order is generally the same as in English, but note the following divergent form, which is the reverse of the English order:

Definite article + cardinal number + ordinal number + noun
e.g. *Les deux premiers jours* (The first two days).

4.2 *Word groups involving the adjective*

4.2.1 Most adjectives follow the noun,
e.g. *une culotte bleue, une voiture neuve.*

However, some of these may precede for reasons of emphasis. See GS 10, §2.2, pp. 159–160.

4.2.2 The following very common adjectives normally precede the noun:
autre, beau, bon, gentil, grand, haut, jeune, joli, mauvais, petit, tel, tout, vaste, vieux, vrai.

However, these may follow the noun in the following circumstances:

– when the adjective is followed by a qualifying phrase,
e.g. *du vin* **bon à mettre en bouteilles**

– when the adjective is preceded by an adverb (especially adverbs ending in -*ment*),
e.g. *une musique étonnamment belle*
 une fille presque jolie

– in comparisons, such adjectives may precede or follow the noun,
e.g. *J'ai un gâteau* **aussi gros** *que celui de ma sœur.*
 J'ai un **aussi gros** *gâteau que celui de ma sœur.*

4.2.3 There is also a group of adjectives that may precede or follow a noun. Their meaning changes according to their position:
ancien, brave, certain, cher, dernier, différent, digne, divers, faux, honnête, même, nouveau, nul, pauvre, propre, pur, sacré, seul, simple, etc.
e.g. *une église ancienne* 'an old church'
 une ancienne église 'a building that once was a church'

 une certaine date 'a certain (= imprecise) date'
 une date certaine 'a fixed date'

4.2.4 When two adjectives qualify a noun both may relate independently to the noun,
e.g. *les espèces animales et végétales,*
or the second may qualify not merely the noun, but the unit formed by the noun and the first adjective together,
e.g. *l'esprit national* **français**, and
   le bulletin météorologique **national**.

4.2.5. In the first case, the adjectives are separated by *et*, or by commas and *et* if more than two adjectives are involved,
e.g. *un homme doux, aimable, persuasif et par conséquent suspect aux femmes.*

In the second case, the two adjectives are merely juxtaposed (without *et*). Sometimes one of the adjectives figures before the noun to improve the balance or alter the emphasis,
e.g. *un continuel effort physique.* (See GS 10, §2.2).

EXERCISE E: Complete the sentences by arranging the words given in brackets around the noun printed in italics, adding, if necessary, punctuation and linking by using *et*. Several forms are possible.

Example:
On n'a pas encore trouvé de (intégralement; bénéfiques; *pesticides*)
On n'a pas encore trouvé de pesticides intégralement bénéfiques.

(a) On risquait de détruire l'un de(s) (naturels; fragiles; *équilibres*).
(b) Un contrôle qui repose sur une (intelligente; étroite; *coopération*).
(c) Les (libérales; politiques; *institutions*) ne fonctionnent que dans les pays techniquement développés.
(d) Il se sentait mordu d'un (vague; de fuite; *désir*).
(e) Elle le fixait de ses (petits; étonnamment; *yeux*).
(f) La (jaune; vaste; au portique grec; *maison*) lui revenait à l'esprit.
(g) Elle savait qu'elle était arrivée au terme d'un (long; *voyage*).
(h) Les (premiers; douze; *hommes*) purent débarquer sans difficulté.
(i) L'an dernier nous avons eu (de plus; trois; *jours de vacances*).

Other aspects of word order are dealt with in GS 1, GS 4 and GS 10 and on pp. 102–103.

VIII Aspects de la littérature

TEXTE UN: Françoise Sagan

Quelques semaines ont suffi pour assurer au premier roman de Françoise Sagan: *Bonjour Tristesse* (1954), le plus grand succès de librairie connu depuis la guerre et une célébrité internationale. Ce court récit, écrit d'un trait par une jeune fille de dix-huit ans, a été depuis suivi de romans et de plusieurs pièces de théâtre. Le succès ne s'est pas démenti. Faut-il   4
saluer le génie? Faut-il admirer le lancement publicitaire d'un éditeur particulièrement avisé? La vérité, semble-t-il, est ailleurs: dans la conjonction d'une certaine sensibilité d'observation chez l'auteur et d'un certain style. Un visage d'adolescente où l'attention, la méfiance, l'ironie, l'indifférence se découvrent tour à tour dans le regard, a été reproduit par   8
les journaux en tous les lieux du monde. Plus indiscrets, des photographes ont révélé les attaches féminines d'un corps frêle. Et nul ne s'étonnerait, dans ce siècle du mythe, si cette jeune femme avait conquis sa gloire et sa légende sur les écrans de cinéma. Mais Françoise Sagan n'est pas une star comme les autres. Et l'auteur de *Bonjour Tristesse* fut la première à   12
condamner la curiosité qui traînait, derrière ses blue-jeans, les échotiers en mal de copie: «Le seul miroir possible, déclarait-elle dans une interview, c'est ce qu'on a écrit . . .»

L'essentiel, donc, est dans ces minces ouvrages, de longueur égale, qui, sous leur couverture blanche et verte, relatent les premiers affrontements d'un jeune être avec la vie et   16
le destin. Et pourtant, quoi de plus ténu que la matière de ces romans? Dans le premier, une fille de dix-sept ans défend sa liberté et ses plaisirs — favorisés par un père léger, aux faciles et nombreuses aventures — contre qui les menace; la rupture provoquée par Cécile entre son père et Anne, la gêneuse, entraîne la catastrophe: Anne se suicide sur la route de   20
l'Estérel. Dans *Un certain Sourire* (1956), Dominique, lasse de la mollesse d'un premier amant, se donne à Luc, quadragénaire, vit quelques semaines avec lui, puis se sépare de lui. Plus embrouillée, l'intrigue de *Dans un Mois, dans un an* (1957) revêt un caractère insignifiant: Josée passe du lit de Jacques à celui de Bernard, Béatrice chasse du sien le jeune   24
Edouard pour y accueillir Jolyet, son directeur de théâtre, Alain se console d'un grand amour déçu dans les bras d'une jeune fille et cherche son dernier secours dans l'ivrognerie . . . Un machiavélisme, à la fois pervers et innocent, des chassés-croisés de lit, tels sont les ressorts d'une œuvre qu'un lecteur pressé et grognon pourrait comparer à certains romans   28
du début du siècle.

Seule, ajouterait-il, l'atmosphère a changé: la voiture de sport a remplacé le fiacre trottinant, le whisky a succédé au champagne, le jazz a relégué la valse aux oubliettes, les déshabillés vaporeux et les corsets sifflants se sont retirés devant le maillot deux pièces et le   32
linge de nylon. Pourtant, si Françoise Sagan appartient à son temps et s'en révèle ainsi le

témoin, la description attentive et lucide de ce petit univers clos où la fortune favorise une existence aisée, confortable, et où le travail n'apparaît que très rarement, nous retient moins que la peinture des luttes et des déchirements du cœur humain.

36

J. Majault, J. M. Nivat, C. Geronimi, *Littérature de notre temps*, Castermann, 1966

A. PREPARATION DU TEXTE

Notes

les attaches féminines d'un corps frêle (9–10): certains photographes ont révélé non seulement le visage de Sagan, mais aussi son *corps frêle* pour montrer qu'il s'agissait bien d'une jeune femme.

les échotiers en mal de copie (13): 'gossip columnists short of copy'.

'Le seul miroir possible' (14): la seule image véridique de l'auteur.

contre qui les menace (19): qui a ici le sens de 'whoever, anyone who'.

le fiacre trottinant (30–31): peut-être une allusion à une célèbre chanson interprétée par Charles Trenet aux années '30 intitulée *Le Fiacre* ('The Hansom Cab'). Le premier vers en est *Un fiacre allait trottinant.* Au *début du siècle (29)* on employait souvent un fiacre pour des rencontres ou promenades amoureuses.

Vocabulaire

1. Traduisez en anglais les mots et expressions suivants:
succès de librairie (2), d'un trait (3), éditeur (5), conjonction (6), sensibilité (6), photographes (9), quoi de plus ténu (17), matière (17), aventures (19), intrigue (23), revêt (23), déçu (26), ressorts (28), succédé (31), relégué aux oubliettes (31).

2. Expliquez en français le sens des expressions suivantes dans leur contexte:
Le succès ne s'est pas démenti (4)
le lancement publicitaire (5)
son directeur de théâtre (25)
des chassés-croisés de lit (27)
les corsets sifflants (32)
la fortune favorise une existence aisée (34–35)

Commentaire grammatical

(i) Use of the conditional

s'étonnerait . . . si . . . avait conquis . . . (10–11): several combinations of tenses are possible in French conditional sentences, see GS 8, §4.1, pp. 129–130. Each has a different meaning, but remember that in such sentences the conditional verb never occurs in the *si*–clause itself.

pourrait (28), ajouterait (30): uses of the conditional in sentences where the **if**–clause is not even implied. Such sentences are as common in French as they are in English. See GS 8, §§2.3 and 5.2.

si (33): this word is not used here to introduce a condition. It serves to produce a contrast between the idea in the *si*–clause (Françoise Sagan belongs to her time, etc.) and that in the main clause (the external details in her stories, which have a tendency to date, are less important than her portrayal of human emotion). English might well use **while** . . . in rendering this contrast of ideas. See GS 8, §4.3, p. 130.

(ii) Other grammar points

Quelques semaines (1): English speakers have a tendency to confuse the uses of *quelques* and *quelques-uns*, no doubt because English **some** functions both as an adjective (e.g. **some weeks**) and as a pronoun (e.g. I saw **some**). French *quelques* acts only as an adjective (e.g. *quelques semaines*), the pronoun function being carried by *quelques-uns/unes* (e.g. *J'en ai vu quelques-uns*). See also GS 5, §4.2.1, p. 83. The French frequently use *certains* in a similar sense. Its function is mainly adjectival, but it can be used as a pronoun (e.g. *Certains disent . . .*) to denote 'Some people'.

les autres (12): when *autre(s)* occurs without a noun it raises difficulties concerning the choice of the appropriate article:

l'autre ('the other one') — *les autres* ('the others')
un autre ('another') — *d'autres* ('others')
This latter pair breaks with the usual pattern of articles *un garçon — des garçons. Des* never occurs before *autres* except when prepositional *de* combines with the definite article, e.g. *les livres des autres.* See GS 5, §1.3, p. 79.

quoi de plus ténu (17): cp. the common expression *Quoi de neuf?* 'What's new?' See GS 6, §3.4.2, p. 99.

aux faciles et nombreuses aventures (18–19): emphasis is achieved by placing before a noun adjectives which usually follow it. See GS 10, §2.2, pp. 159–160.

Compréhension du texte

1. Comment les auteurs expliquent-ils le succès de *Bonjour Tristesse*? Quelles sont les deux explications qu'ils rejettent?

2. Expliquez le sens de l'expression *dans ce siècle du mythe (10).* Une simple traduction ne suffira pas.

3. En quoi Françoise Sagan n'est-elle pas *une star comme les autres (12)*?

4. Expliquez l'emploi de l'expression *Un machiavélisme, à la fois pervers et innocent (27)* à propos des amants dans les romans de Françoise Sagan.

B. EXERCICES DE RENFORCEMENT

A l'oral

1. Préparez des réponses orales aux questions suivantes:

(a) Comment Françoise Sagan a-t-elle écrit son premier roman?
(b) Décrivez le visage de Sagan reproduit dans les journaux du monde entier.

(c) D'après le résumé de *Bonjour Tristesse (17–21)* qui est *Cécile (19)*? Justifiez votre réponse.
(d) Qu'est-ce qui distingue les romans de Sagan de *certains romans du début du siècle (28–29)*?

Exercices lexicaux

2. Trouvez dans le texte dix exemples de 'faux amis' — mots français dont la forme est semblable à celle de mots anglais mais dont le sens usuel est différent. Traduisez-les en anglais dans le sens qu'ils ont dans le texte, puis donnez une traduction française du mot anglais de forme semblable.

Par exemple: *lecture* = 'reading'; 'lecture' = *conférence*.

3. Utilisez chacune des expressions suivantes dans une phrase de votre invention pour illustrer le sens qu'elle a dans le texte: *tour à tour (8), nul (10), en mal de (13), quoi de . . .? (17), à la fois (27).*

Exercices grammaticaux et structuraux

4. Mettez les verbes entre parenthèses au temps et au mode appropriés en changeant l'ordre des mots là où il le faut:

(a) Voici un livre qui n(e) (*devoir*) jamais être écrit.

(b) Si Jane Austen (*vivre*) à Paris au milieu du 20ᵉ siècle elle (*écrire*) comme Françoise Sagan.

(c) Son premier roman est plein de fautes d'orthographe. Avant de le publier elle (*pouvoir*) les corriger.

(d) Maintenant je ne (*lire*) plus Sagan même si on me (*payer*).

(e) Si les romans de Sagan (*valoir*) la peine d'être lus je les (*acheter*) déjà.

5. Récrivez les phrases suivantes en exprimant les conditions par *si* sans en changer le sens. Pour vous aider, consultez GS 8, §§4.1, 4.2 et 4.4.

(a) Sans la censure de leur publication la maison d'édition serait la plus puissante du monde.

(b) Je vais lui faire remarquer les défauts de son style, ne serait-ce que pour le rendre moins orgueilleux.

(c) Mariée elle n'aurait pas eu le temps de poursuivre sa carrière d'écrivain.

(d) N'eût-il pas renoncé à ce projet, son élection à l'Académie française eût été assurée.

6. Traduisez en français les phrases suivantes:

(a) Some people like Sagan's novels, others hate them.

(b) I know some of them and have heard of the others.

(c) I have read some of the other novels of Sagan.

(d) 'Hell is other people.'

(e) Give me some other books to read.

(f) I have already been here for some weeks and am getting impatient.

(g) After only a few weeks she was an international celebrity.

(h) I saw a few of his friends in the library.

C. EXPLOITATION DU TEXTE

A l'oral

1. Récit oral: Racontez l'intrigue d'un roman d'amour que vous avez lu.

2. Sujet de discussion: Lequel vaut mieux — l'écrivain qui se révèle le témoin de son temps ou celui qui peint les *luttes et déchirements du cœur humain (36)*?

A l'écrit

3. Résumé: Résumez ce texte en 150 mots en faisant ressortir les idées principales de ses auteurs sur Françoise Sagan.

4. Rédaction dirigée: 'Une fille de dix-sept ans défend sa liberté et ses plaisirs — favorisés par un père léger, aux faciles et nombreuses aventures — contre qui les menace; la rupture provoquée par Cécile entre son père et Anne, la gêneuse, entraîne la catastrophe: Anne se suicide sur la route de l'Estérel.' Racontez cette histoire en 300 mots en imaginant les détails. Utilisez le passé simple.

5. Rédaction: 'L'étude de la littérature contemporaine est pour nous la seule valable.' Discutez (200 mots).

6. Version: Traduisez en anglais les lignes *21–36*, y compris les titres des ouvrages.

7. Thème: Traduisez en français en vous servant le plus possible d'expressions tirées du texte:

A quick glance was sufficient to make her realise that the salesgirl had seen her putting Françoise Sagan's latest novel into her handbag. She rushed out of the bookshop and unfortunately ran into M. Pontier, the unsavoury forty-year-old from the flat next door. He greeted her in a very friendly way: 'If I were you I wouldn't run about like that,' he said. 'You could have an accident.' 4

'Oh hello,' she replied — her thoughts were all mixed up — 'I'm in a bit of a hurry, would you mind if I didn't stop to chat?'

M. Pontier looked rather disappointed, but too bad, she had to get away from that shop. 8 She dodged aside and ran as fast as she could to the end of the street. She did not feel safe until she had got round the corner. Would the salesgirl report the matter to the police? Would M. Pontier act as a witness and identify her? The incident was beginning to take on an unpleasant form. M. Pontier would certainly exploit any power he had over her. Others 12 would be sympathetic, but not him. He was well known for his affairs with women and she should not be surprised if he tried to blackmail her.

TEXTE DEUX: Le roman réaliste

Le romancier qui transforme la vérité constante, brutale et déplaisante, pour en tirer une aventure exceptionnelle et séduisante, doit, sans souci exagéré de la vraisemblance, manipuler les événements à son gré, les préparer et les arranger pour plaire au lecteur,

4   l'émouvoir ou l'attendrir. Le plan de son roman n'est qu'une série de combinaisons ingénieuses conduisant avec adresse au dénouement. Les incidents sont disposés et gradués vers le point culminant et l'effet de la fin, qui est un événement capital et décisif, satisfaisant toutes les curiosités éveillées au début, mettant une barrière à l'intérêt, et terminant si

8   complètement l'histoire racontée qu'on ne désire plus savoir ce que deviendront, le lendemain, les personnages les plus attachants.

Le romancier, au contraire, qui prétend nous donner une image exacte de la vie, doit éviter avec soin tout enchaînement d'événements qui paraîtrait exceptionnel. Son but n'est

12   point de nous raconter une histoire, de nous amuser ou de nous attendrir, mais de nous forcer à penser, à comprendre le sens profond et caché des événements. A force d'avoir vu et médité, il regarde l'univers, les choses, les faits et les hommes d'une certaine façon qui lui est propre et qui résulte de l'ensemble de ses observations réfléchies. C'est cette vision

16   personnelle du monde qu'il cherche à nous communiquer en la reproduisant dans un livre. Pour nous émouvoir, comme il l'a été lui-même par le spectacle de la vie, il doit la reproduire devant nos yeux avec une scrupuleuse ressemblance. Il devra donc composer son œuvre d'une manière si adroite, si dissimulée, et d'apparence si simple, qu'il soit impossible d'en

20   apercevoir et d'en indiquer le plan, de découvrir ses intentions.

Au lieu de machiner une aventure et de la dérouler de façon à la rendre intéressante jusqu'au dénouement, il prendra son ou ses personnages à une certaine période de leur existence et les conduira, par des transitions naturelles, jusqu'à la période suivante. Il

24   montrera de cette façon, tantôt comment les esprits se modifient sous l'influence des circonstances environnantes, tantôt comment se développent les sentiments et les passions, comment on s'aime, comment on se hait, comment on se combat dans tous les milieux sociaux, comment luttent les intérêts bourgeois, les intérêts d'argent, les intérêts de famille,

28   les intérêts politiques.

L'habileté de son plan ne consistera donc point dans l'émotion ou dans le charme, dans un début attachant ou dans une catastrophe émouvante, mais dans le groupement adroit de petits faits constants d'où se dégagera le sens définitif de l'œuvre. . . .

G. de Maupassant, «Le Roman» dans *Pierre et Jean*, Ollendorff, 1888

A. PREPARATION DU TEXTE

Notes

Le roman réaliste (titre): le réalisme est une 'doctrine d'après laquelle l'écrivain ou l'artiste vise à peindre la nature et la vie telles qu'elles sont, sans les embellir' (*DFC*). Guy de Maupassant (1850–93) fut un des plus grands écrivains réalistes.

vérité constante (f) (1): 'everyday reality', voir aussi *faits constants (31):* 'everyday events'. Il s'agit de la matière brute de l'expérience humaine utilisée par un auteur pour en faire une histoire.

vision personnelle du monde (15–16): 'personal outlook on life'.

Vocabulaire

1. Dressez une liste de 10 substantifs tirés du texte qui ont un rapport direct avec le roman, par exemple *romancier (1), vraisemblance (2).* Notez leur sens en anglais.

2. Trouvez une traduction anglaise des mots suivants qui convienne au contexte:

exceptionnelle (2, 11), séduisante (2), sans souci exagéré de (2), émouvoir (4, 17, 30), attendrir (4, 12), avec adresse (5), disposés et gradués (5), attachants (9, 30), amuser (12), réfléchies (15), machiner (21), dérouler (21), les esprits (24), circonstances environnantes (25), d'où se dégagera (31).

Commentaire grammatical

(i) Use of the future

deviendront (8): this is the normal use of the future tense locating the action at some point in future time (here *le lendemain*) without relating that action to the present. The construction *vont devenir* would have related the future action more closely with the present. See GS 8, §2.2, p. 128.

devra (18), prendra (22), conduira (23), montrera (24), consistera (29), se dégagera (31): in these cases the future is used not to indicate future time but to express Maupassant's suppositions about what those who aspire to writing a *roman réaliste* would do. See GS 8, §§3.1 and 3.2, pp. 128–129.

(ii) Other grammar points

conduisant (5), en la reproduisant (16): when the present participle is used as a verb (for the distinction between verbal and adjectival uses see p. 2), the speaker has to choose between using it with or without *en*. When used with *en* it is called a **gerund**. Both the present participle and the gerund indicate that a secondary action is taking place at the same time as that of a principal verb, e.g. *Une foule, hurlant* (participle) *de fureur, poursuivait le voleur* and *Ils se promenaient en chantant* (gerund). The difference between them lies in the way they each relate to their principal verb. The participle has no explicit link with its principal verb apart from simultaneity. The subjects of the two verbs need not be the same, e.g. *Je l'ai rencontré sortant de chez Marie* means that **I** met him as **he** came out of Marie's house. The gerund on the other hand is linked explicitly with its principal verb by **en**: it tells us something about the way the action of the main verb is carried out and its subject is the same, e.g. *Je l'ai rencontré en sortant de chez Marie* can only mean that **I** met him as **I** came out of Marie's house. Preceded by *tout* the gerund emphasises the simultaneity or expresses the contrast between two actions, e.g. *Tout en acceptant votre argument, je dois tout de même exprimer un avis contraire.*

Compréhension du texte

1. Qu'est-ce qui distingue les buts des deux types de romancier décrits dans le texte?

2. En quoi diffèrent les plans des romans produits par chacun des deux types?

3. Expliquez le sens de l'expression *un événement capital et décisif, . . . mettant une barrière à l'intérêt (6–7)* dans le contexte du premier paragraphe.

4. Expliquez la différence d'attitude manifestée par les deux sortes d'auteur envers les personnages principaux de leurs romans.

B. EXERCICES DE RENFORCEMENT

A l'oral

1. Préparez des réponses orales aux questions suivantes:

(a) Expliquez l'effet sur le lecteur du dénouement d'un roman du premier type.

(b) Que fait l'auteur du deuxième type de roman pour nous émouvoir?

(c) Que fera l'auteur réaliste pour faire ressortir *le sens définitif de l'œuvre (31)*? Que ne fera-t-il pas?

Exercices lexicaux

2. Utilisez chacune des expressions suivantes dans une phrase de votre invention pour illustrer le sens qu'elle a dans le texte:

prétend (10), A force d' (13), propre (15), tantôt . . . tantôt . . . (24–25).

3. Traduisez en français les phrases suivantes en utilisant des mots ou expressions tirés du texte pour rendre les mots imprimés en italique:

(a) A novelist may handle facts *as he pleases.*   *à son gré*
(b) He should *scrupulously avoid* annoying his readers.   *éviter avec soin*
(c) She should have expressed herself *like this.*   *de cette façon*
(d) It would be easy to find *its* source.
(e) He wrote simply, *so as* not *to* confuse his readers.   *de façon à ne pas*

Exercices grammaticaux et structuraux

5. Expliquez la valeur du futur dans chacune des phrases suivantes. Voir le Commentaire grammatical p. 123 et GS 8, §§2 et 3, pp. 127–129.

(a) Vous *tâcherez* d'être adroit car cette femme est très sensible.   *command*
(b) On *soldera* les exemplaires restés invendus.   *probably*

4. Complétez le tableau suivant:

substantif	adjectif
apparence (19)	*apparent*
déplaisir	*déplaisante (1)*
vraisemblance (2)	*ani*
titude	*exacte (10)*
dité	*profond (13)*
ressemblance (18)	*ant*
emotion	*émouvante (30)*
adresse	*adroit (30)*

(c) Je vous *prierai* de ne pas fumer à table.   *command*
(d) Il *sera* là maintenant.   *probably*
(e) L'avion *décollera* avant l'aube.   *probably*
(f) Vous *prendrez* ces médicaments tous les matins.   *command*
(g) Je vous *demanderai* un peu de patience.

d'atterrir

6. Employez dans de courtes phrases d'abord le participe présent, ensuite le gérondif (= the gerund) issus des verbes suivants:
boire, conclure, cueillir, feindre, haïr, introduire, ouvrir, pouvoir, résoudre, savoir.

resolvant

7. Mettez les phrases suivantes au style indirect. Commencez: *Elle annonça/déclara que . . . Il demanda . . .* etc. Voir GS 8, §2.4, p. 128.

(a) 'Mon recueil de poèmes paraîtra demain chez Gallimard.'
(b) 'Hier j'ai vu le correspondant littéraire du *Monde.*'
(c) 'Bien avant la fin de l'année tous les exemplaires auront été vendus, j'espère.'
(d) 'Le grand écrivain français François Mauriac est décédé au cours de la nuit dernière.' (Flash à la radio.)

(e) (Juge à l'accusé) 'Pourquoi ne dites-vous rien?'
(f) 'Votre roman n'est-il pas du genre policier?'

8. *Le romancier . . . doit éviter . . . (10–11)* = 'The novelist must avoid . . .',
cp. *Le romancier . . . a dû éviter . . .* = 'The novelist must **have avoided** . . .'
Voir GS 8, §5, pp. 131–132, ensuite traduisez les phrases suivantes d'anglais en français ou de français en anglais:

(a) Il a dû nous entendre.
(b) Elle aurait dû nous prévenir.
(c) Il devait avoir 20 ans à l'époque.
(d) Elle a pu l'égarer. may have
(e) I must have lost it.
(f) She may have forgotten him.
(g) You should have told me.
(h) It must have been eight o'clock. devait être

C. EXPLOITATION DU TEXTE

A l'oral

1. Récit oral: Racontez l'intrigue d'un roman policier que vous avez lu.

2. Sujet de discussion: 'Lire les romans est agréable, mais les étudier détruit tout le plaisir.'

A l'écrit

3. Rédaction dirigée: 'Le but du romancier n'est point de nous raconter une histoire, de nous amuser ou de nous attendrir, mais de nous forcer à penser.' Discutez (200 mots). Modèle à suivre:

– La différence fondamentale entre le roman traditionnel et le roman réaliste: plaire ou instruire.

– Le roman réaliste cherche surtout à instruire: pourquoi et comment?

– Le roman traditionnel cherche surtout à plaire: pourquoi et comment?

– La citation est trop dogmatique: plaire et instruire en même temps.

4. Rédaction: Prenez un roman populaire que vous avez lu (un roman policier par exemple), et décrivez comment l'auteur réussit à éveiller la curiosité au début, à graduer les incidents et à terminer de façon décisive, sans que vous désiriez connaître l'avenir des personnages (300 mots).

5. Version: Traduisez en anglais les lignes *10–20.*

6. Thème: Traduisez en français en vous servant le plus possible d'expressions tirées du texte:

Traditional novelists were only interested in telling a moving story. While accepting that they had to base their adventures up to a point on what happens in real life, they nevertheless felt free, once this basic condition had been met, to invent plots without worrying too much

4   about plausibility. They made their stories interesting by skilfully arranging events in such a way that they led up to the climax of the novel without anyone being able to predict the outcome. The future lives of the characters were of no interest once the story was over. The realist novelist, on the other hand, saw his task in quite a different way. Instead of

8   manipulating the events of real life as he pleased, he had to reproduce them in his novel as accurately as he could. By dint of recording the minutest details of the lives of his characters, the realist novelist hoped to make his readers understand a little more about the nature of man. If the artist couldn't succeed in this, who could?

GRAMMAR SECTION 8: *The Future and Conditional Tenses*

§1. **Introduction**
§2. **Temporal Values**
§3. **Other Values**
§4. **Tense Sequence in Conditional Sentences**
§5. ***Devoir, pouvoir***

§1.   Introduction

The four tenses to be dealt with in this section are generally referred to as:

The future   (*je ferai*)
The future perfect   (*j'aurai fait*)
The conditional   (*je ferais*)

The conditional perfect   (*j'aurais fait*)

We may distinguish two types of use: one serving to order events in time (§2) and the other largely unconnected with time (§3).

§2.   Temporal Values

2.1   Study the following sentences:

(a) *Je suis certain que les sapeurs-pompiers **seront** bientôt sur place.*
(b) *Bien avant leur arrivée, les victimes de l'incendie **auront succombé**.*
(c) *J'étais certain que les sapeurs-pompiers **seraient** bientôt sur place.*
(d) *Bien avant leur arrivée, les victimes de l'incendie **auraient succombé**.*

In sentence (a) the future tense (*seront*) views an event as being in progress at some future time. In sentence (b) the future perfect tense (*auront succombé*) views an event as already completed at some future time (i.e. by the time the fire-brigade arrives).

If these events are transposed into the past (sentences (c) and (d)), the conditional (*seraient*) views an event as being in progress at some later time, whereas the conditional perfect (*auraient succombé*) views an event as already completed at some later time (i.e. by the time the fire-brigade had arrived).

2.2   In sentences like (a) and (c) above, the *aller*+infinitive construction is used more frequently than its English equivalent,

e.g. *Je suis certain que les sapeurs-pompiers **vont arriver** d'un moment à l'autre.*

*J'étais certain que les sapeurs-pompiers **allaient arriver** d'un moment à l'autre.*

This construction does not necessarily denote the immediate future but rather serves to relate the future event to the present.

2.3   In certain adverbial clauses of time, the future and future perfect are used in French where English prefers the present and the perfect:

e.g. *Quand vous **voudrez**, on partira.* 'When you like . . .'

*Je te le montrerai lorsque j'**aurai terminé**.* '. . . when I have finished.'

Likewise in the past, the conditional is required in French in sentences such as the following in which the past tense is used in English,

e.g. *On lui dit qu'il pourrait voter dès qu'il **aurait** 18 ans.* '. . . when he was 18.'

Usage is similar after *aussitôt que* and *après que*.

EXERCISE A: Transpose into the past making any other necessary adjustments, beginning: 'C'était la veille . . .' Translate your last two sentences into English:

C'est la veille du grand départ. Bientôt Jean-Claude va faire sa valise car il va partir demain à l'aube. Demain soir, il sera à Naples. Il aura passé douze heures dans le train et dès qu'il aura mangé, il ira se coucher à l'hôtel. On lui a dit que, de sa fenêtre, il pourra voir la mer aussitôt qu'il fera jour.

2.4   *Indirect speech*
(See also GS 2, §3.2.5, p. 29.)

A further use of these tenses occurs in indirect speech; a future tense of direct speech becomes a conditional, and a future perfect of direct speech becomes a conditional perfect,

e.g. *'Je viendrai': Il a dit qu'il **viendrait**.*

*'J'aurai terminé dans quinze jours': Il a dit qu'il **aurait terminé** dans quinze jours.*

EXERCISE B: Re-write in indirect speech, beginning: 'Il nous a indiqué qu'il . . .' and making any other necessary changes:

Je le ferai quand j'en aurai l'occasion; j'aurai peut-être terminé mon travail avant jeudi mais en aucun cas je ne l'interromprai. J'ai l'intention de réussir brillamment mes études et vous ne m'en empêcherez pas, Henri. Il vous faudra de la patience.

§3.   Other Values

3.1   *Supposition*

Study the following sentences:

Il est déjà à Toulouse. 'He is already in Toulouse.'

*Il **sera** déjà à Toulouse à cette heure-ci.* 'He'll be in Toulouse by this time.'

*Il **aura manqué** son train.* 'He'll certainly have missed his train.'

***Serait-il** malade?* 'Might he possibly be ill?' Cp. *Est-il malade?*

***Serait-il entré** sans frapper?* Cp. *Est-il entré sans frapper?*

The future and future perfect are used here to indicate that the statements are **probably** true, while the conditional and conditional perfect in questions express pure **conjecture**.

EXERCISE C: Transform these sentences so that they express probability or conjecture, whichever is more appropriate:

(a) Ai-je la grippe?
(b) En ce moment, elle est en train de danser avec mon meilleur ami.
(c) Tu as tourné à gauche là où il fallait continuer tout droit.
(d) Est-ce possible? Ont-ils eu l'audace d'aller confronter le chef?

3.2 Commands and instructions

*Vous **ferez** ce que je vous ordonne; vous **irez** directement à la police et vous leur **avouerez** tout.*

Only the future tense may replace the imperative mood in this way.

3.3 Politeness

***Voudriez**-vous m'indiquer la route qui mène vers le centre-ville?*

Here, the conditional replaces the blunter, more direct tone of the present: *Voulez-vous . . .?*

3.4 Allegation

*D'après 'Le Figaro', il y **aurait** une centaine de morts.*
*Selon les bruits qui courent, nous **serions** au bord de la guerre.*

The conditional and conditional perfect are thus used for statements which are **unsubstantiated**. This usage is particularly common in the press and broadcasting.

EXERCISE D: Re-write this factual report as if it

were unsubstantiated, beginning: 'Selon un porte-parole . . .':

Les pourparlers n'ont pas abouti. Les représentants syndicaux et le patronat ont passé trois heures à huis clos mais n'ont pas pu se mettre d'accord sur un seul point. Les négociations sont au bord de la rupture et l'un des représentants est sorti en claquant la porte.

---

§4. Tense Sequence in Conditional Sentences

It is important to realise that French *si* occurs not only in conditional sentences but may also represent either 'if', 'whether' or 'whereas' in English: see §4.3 below.

4.1 Basic rule

Study the following sentences:

(a) *Si je m'**entraîne**, j'**aurai** de meilleures chances de gagner.*
(b) *Si je m'**entraînais**, j'**aurais** de meilleures chances de gagner.*

(c) *Si je m'**étais entraîné**, j'**aurais eu** de meilleures chances de gagner.*

From these three sentences, we may deduce a model for the sequence of tenses after *si* in most conditional sentences:

Si+PRESENT	FUTURE
Si+IMPERFECT	CONDITIONAL
Si+PLUPERFECT	CONDITIONAL PERFECT

As may be seen in the sentences listed here, other combinations of tenses occur, BUT the future, future perfect, conditional and conditional perfect NEVER occur in the *si* clause.

Si+present . . .
Si vous voulez la paix, préparez la guerre.
S'il veut entrer sans payer, il peut toujours essayer.

Si+perfect . . .
Si vous m'avez menti, je ne vous compte plus parmi mes amis.
Si ce soir il n'est pas rentré, nous avertirons la police.

4.2   Exceptions (for recognition only)

In literary French, the pluperfect subjunctive may figure in one or both clauses of conditional sentences in the past,

e.g. *S'il avait voulu, il eût réussi.*
    S'il eût voulu, il aurait réussi.
    S'il eût voulu, il eût réussi.

4.3   Other uses of 'si'

When *si* does not introduce a condition but merely serves to **compare** or **contrast** two statements with the sense of 'whereas', the basic rule (§4.1) does not apply,

e.g. *La carrière des deux amis n'a pas été brillante car si l'un manquait d'enthousiasme, l'autre était bien trop ambitieux pour plaire à son chef:*

'. . . whereas one was lacking in enthusiasm, the other was too ambitious . . .'

Si is also used to introduce indirect questions with the sense of 'if' or 'whether'; this should not be confused with the use of *si* to introduce conditions,

e.g. *Je ne sais pas si je pourrai venir.* 'I don't know if I'll be able to come.'

4.4   Other kinds of conditional sentence

Quand même il le nierait, je ne le croirais pas
'Even if he denied it . . .'
(BUT: *Même s'il le niait, je ne le croirais pas*)
Devrais-je y laisser ma vie, je n'abandonnerai pas mon idéal.
On se souviendra toujours de lui ne serait-ce que pour son intégrité politique. 'even if only for . . .'
Dussé-je être blâmé, je vous soutiendrai. 'Even if I am criticised . . .'

In double conditional sentences, the second condition is usually introduced by *que*+ subjunctive:

S'il fait beau et qu'il soit d'accord, nous irons tous ensemble.

EXERCISE E: Using the rule set out in the table in §4.1, link the following pairs of phrases into conditional sentences with *si* in the three tense sequences:

(a) on publie ce livre/il en résulte un scandale
(b) nous nous trompons de chemin/nous nous perdons dans la brousse
(c) cet homme arrive au pouvoir/je prends le maquis.

§5.   *Devoir, pouvoir*

The translation into French of English 'could', 'should', 'ought to', 'ought to have', etc. often causes difficulty.

Study the sentences below with their suggested English translations.

5.1   *Devoir* may denote, according to context, either obligation, supposition or futurity (intention):

*Il **doit** rebrousser chemin.* 'He must turn back' (obligation).

*Il **doit** déjà le savoir.* 'He must already know' (supposition).

*Il **devait** y aller tous les jours.* 'He had to go every day' (obligation; see also below).

*Il **a dû** rebrousser chemin.* 'He had to turn back' (obligation)
OR: 'He must have turned back' (supposition).

*Il **avait dû** rebrousser chemin.* 'He had had to turn back' (obligation)
OR: 'He must have turned back' (supposition).

*Il **devra** rebrousser chemin.* 'He will have to turn back' (obligation).

*Il **aura dû** rebrousser chemin.* 'He'll have had to turn back' (supposition + obligation).

*Il **devrait** rebrousser chemin.* 'He should/ought to turn back' (moral obligation).

*Il **aurait dû** rebrousser chemin.* 'He should have/ought to have turned back' (moral obligation).

In the present and imperfect tenses, *devoir* followed by an infinitive may express notions of futurity akin to those expressed by *aller*+ infinitive,
e.g. *Son dernier livre **doit** être publié sous peu.* 'His latest book **is to be** published shortly.'

*Après cet incident stupide, ils ne **devaient** jamais plus s'adresser la parole.* 'After this stupid incident, they **were never to** speak to one another again.'

5.2   *Pouvoir* may denote, according to context, either ability, permission or possibility:

*Elle **peut** partir.* 'She may/can leave.'

*Cela **peut** arriver.* 'It may happen' (i.e. possibly).

*Elle **pouvait** partir.* 'She could/was able to leave.'
OR: 'She had permission to leave.'

*Elle **a pu** partir.* 'She was able to leave.'
OR: 'She may have left' (i.e. possibly).

*Elle **avait pu** partir.* 'She had been able to leave.'
OR: 'She might have left' (i.e. possibly).

*Elle **pourra** partir.* 'She will be able to leave.'

*Elle **aura pu** partir.* 'She will have been able to leave.'

*Elle **pourrait** partir.* 'She would be able to leave.'
OR: 'She could leave' (i.e. would be allowed to).
OR: 'She might leave' (i.e. would possibly do so).

*Elle **aurait pu** partir.* 'She would have been able to leave.'
OR: 'She could/might have left' (but did not in fact do so).

EXERCISE F: Translate into French:

(a) You shouldn't do that!
(b) I should never have left home.
(c) Jean-Pierre ought to have had his book published.
(d) It could be a great success.
(e) From the moment of publication, the novel was to be a great success. *devait*

(f) He must have gone back for his umbrella.
(g) Paul was told he did not have permission to leave.
(h) Such things may happen.

(i) You might have told me!
(j) In theory, he is to be chairman of the committee.

— Vous auriez su la différence entre le frein et l'accélérateur, on ne se serait jamais rencontrés.

IX Sports et loisirs

TEXTE UN: Un petit mois de bonheur

Alain Laurent, trente-quatre ans, est un philosophe déçu par les vacances de ses
contemporains. Il sait de quoi il parle. Pendant huit ans, il a été animateur culturel.
Sociologue, il a passé un diplôme sur la notion de loisirs et une thèse sur les clubs de
vacances.   4

D'où vient sa déception? Pendant onze mois de l'année, on vit quotidiennement dans une
société close, fermée, grise, oppressive (métro-boulot-dodo etc.). Et voici que «surgies
grâce au monde industriel, mais aussi contre lui», voici que les vacances arrivent, le
douzième mois, comme une oasis rêvée dans la grisaille, comme l'instant privilégié où tout   8
va enfin être possible. La liberté, le bonheur retrouvés. Or, on constate que tout le temps
libre n'est qu'à peine exploité. Qu'on ne le fait pas accoucher de toutes ses possibilités. Que
les vacances sont fermées, grégaires, réactives . . . Des vacances engluées dans les
migrations moutonnières, la perversion organisatrice, la passivité . . .   12

Suffit de regarder autour de soi comme il l'a fait. Les vacances apparaissent colonisées
comme notre vie quotidienne par la technocratie et le profit. On croyait s'évader mais on
reste dans le même monde. Prenons par exemple les clubs. Ils ont surgi comme une
espérance. Laurent ne nie pas leurs aspects positifs: la mer et le soleil, cette satisfaction   16
vivace à la portée de (presque) tous, la libération et la jouissance du corps, la solitude
rompue . . . Seulement, il leur reproche «d'en faire trop», de dire aux gens: «Venez
consommer le soleil et la mer chez nous.» De penser, d'imaginer, de décider à la place des
individus.   20

Où sera la différence entre la vie quotidienne et les vacances? Objection: et si les gens se
trouvent bien comme ça? Et si, pour eux les vacances ne doivent être qu'un entracte vécu
passivement dans les tracas de la vie quotidienne? Et si les vacances fermées, emprisonnées
n'étaient que le simple reflet de la société? Et si le reste n'était qu'une vue d'intellectuel?   24
Laurent répond: «Il est certain qu'il y a un tel conditionnement dans la vie quotidienne qu'il
est difficile d'en changer pendant les vacances. De plus je ne dis pas que tout le monde doive
être actif ni qu'il faille être actif tout le temps . . . Je comprends bien qu'on puisse célébrer le
culte de la paresse . . .» Seulement pour lui il y a deux conceptions du bonheur. La première   28
est un bonheur passif, infantile. La deuxième est celle où va son cœur. Elle est plus
exigeante. Que seraient des vacances vraiment libres? Quatre critères: «L'aventure, parce
qu'on crève de l'absence d'aventure. L'autonomie, parce que l'on va à son propre rythme.
La responsabilité qui permet d'être réellement soi-même. La création.»   32

Comment déclencher le processus de libération? Alain Laurent trouve des raisons d'espérer dans la révolte des jeunes, de plus en plus nombreux, contre les vacances traditionnelles organisées. Dans cette foule de petites agences qui font une percée dans la clientèle vacancière, qui commencent à proposer des circuits «autogérés» en petits groupes, des expéditions insolites, voire risquées. L'une d'elles avertit carrément: «Si vous aimez les voyages organisés, les clubs où l'on s'emmerde, les circuits traditionnels, les balades «en troupeaux», allez vous faire foutre!»

Yvon le Vaillant, *Le Nouvel Observateur*, 2–8 juillet 1973

A. PREPARATION DU TEXTE

Notes

animateur culturel (m) (2): personne responsable de l'activité culturelle dans un club de vacances ou dans une maison des jeunes.

clubs (m) de vacances (3-4): centres de vacances pour gens aisés, tel le Club Méditerranée. Voir pp. 166–167.

métro-boulot-dodo (6): routine quotidienne ('tube, job, bye-byes').

réactives (11): terme impliquant un mouvement de réflexe passif ou conditionné, sans la moindre participation de l'intelligence.

Objection: et si (21): 'But supposing . . .'

celle où va son cœur (29): c'est-à-dire, la conception du bonheur que préfère Laurent.

font une percée (35): réussissent à attirer la clientèle.

où l'on s'emmerde . . . allez vous faire foutre! (38-39): équivalents grossiers des expressions anglaises 'which are so deadly boring' et 'get stuffed!' Cp. p. 173.

Vocabulaire

1. Vérifiez le sens des mots suivants:
déçu (1), a passé un diplôme (3), quotidiennement (5), surgies (6), constate (9), grégaires (11), engluées (11), vivace (17), déclencher (33), balades (38).

2. Trouvez la traduction anglaise des expressions suivantes:
voici que les vacances arrivent (7)

une oasis rêvée dans la grisaille (8)
le temps libre n'est qu'à peine exploité (9-10)
on ne le fait pas accoucher de toutes ses possibilités (10)
les migrations moutonnières (11–12)
il leur reproche 'd'en faire trop' (18)
des expéditions insolites, voire risquées (37)
L'une d'elles avertit carrément (37)

Commentaire grammatical

(i) Uses of the infinitive

tout va enfin être possible (8-9): this is one way of expressing the future, relating the future event to the present. See GS 8, §2.2, p. 128.

Qu'on ne le fait pas accoucher de toutes ses possibilités (10): in the construction *faire*+ infinitive, object pronouns normally precede *faire*. This also applies to *faire*+reflexive verb, e.g. *allez* **vous** *faire foutre (39).*

Note that if *faire* and the infinitive each have an object, French avoids a double accusative by using an indirect object for the object of *faire*, e.g. I made **him** write a **letter** becomes *Je **lui** ai fait écrire une lettre (Je **la lui** ai fait écrire).* See GS 9, §3.1.5, p. 143.

Suffit de regarder autour de soi (13): when an infinitive is dependent on a finite verb, it is governed by *de*, or by another preposition, or there is no preposition at all. The choice between these alternatives is determined by the finite verb. Thus *On croyait s'évader (14), Venez consommer (18-19), les vacances ne doivent être qu'un entracte (22), qu'il faille être actif (27),* and *qu'on puisse célébrer (27)* do not require a preposition. *Reproche (18)* takes *de, commencent (36)* takes *à.* Check the finite verb in *DFC.* Note that the preposition is repeated before each infinitive (*18–19*).

des raisons d'espérer (33–34): the infinitive in this case is dependent on a noun, and is governed by *de.* Check on the correct preposition in *DFC.*

Comment déclencher (33): the infinitive may be used with a question word. Cp. *Que faire?* See GS 9, §2.2, p. 142.

(ii) Other grammar points

il est difficile d'en changer (25-26): note the difference between *il est* + adjective + *de* + infinitive and *c'est* + adjective + *à* + infinitive, e.g. *Lui parler, c'est souvent difficile **à** faire, mais il est encore plus difficile **de** ne rien dire.* Cp. GS 1, §2.3.2, pp. 12–13.

je ne dis pas que tout le monde doive (26): used negatively or interrogatively, the verbs *dire, penser, croire, espérer* and *être sûr* normally require the subjunctive in a following dependent clause. See GS 4, §3.3, pp. 62–63.

Je comprends bien qu'on puisse (27): use of a subjunctive implies a concession ('For the sake of argument, I'm prepared to accept that . . .').

Compréhension du texte

1. Expliquez la signification du jugement de l'auteur que les vacances surgissent *grâce au monde industriel, mais aussi contre lui (7).*

2. Expliquez la deuxième phrase du troisième paragraphe *(13–14).*

3. Quelles raisons sont avancées pour justifier les vacances passives et paresseuses?

4. Quel genre de vacances Laurent veut-il substituer aux vacances *moutonnières,* organisées et passives?

B. EXERCICES DE RENFORCEMENT

A l'oral

1. Préparez des réponses orales aux questions suivantes:

(a) A quel titre Alain Laurent prétend-il s'ériger en expert sur les Français en vacances?
(b) Quel est l'aspect qui déplaît à Alain Laurent dans les vacances traditionnelles?
(c) Comment la *responsabilité (32)* peut-elle permettre *d'être réellement soi-même?*
(d) Relevez dans le texte des exemples de vacances libérées. Donnez aussi des exemples basés sur votre propre expérience.

Exercices lexicaux

2. *Décevoir (déçu (1))* est un faux ami. 'To deceive' se traduit en français par *tromper*. Inventez des phrases qui démontrent le sens usuel des mots qui suivent:

audience, chance, expérience, faillir, ignorer, particulier, prétendre, scène, user.

3. Quel est le genre des substantifs suivants?: *privilège, culte, manque, problème, page, après-midi, dictionnaire, grammaire, silence, lycée.*

4. Certains mots prennent un sens différent suivant le genre qu'on leur attribue. Donnez la définition en français des mots suivants, au masculin comme au féminin:

somme, tour, critique, livre, manche, mémoire, merci, poêle, poste, vase.

Exercices grammaticaux et structuraux

5. Composez des phrases qui utilisent les expressions suivantes et qui en montrent le sens:

(a) se faire tuer   (d) se faire envoyer
(b) se faire renverser   (e) se faire entendre
(c) se faire faire   (f) se faire *+ adj = devenir*

je me suis fait faire / un joli costume bleu   *produit qui se fait rare / il se fait tard*

6. Recomposez les phrases ci-dessous en remplaçant les verbes imprimés en italique par *faire* + infinitif.
Par exemple:
Je l'ai *obligé à* retaper la page = Je lui ai fait retaper la page.
Je l'ai *obligé à* venir = Je l'ai fait venir.

cf p144, Top.

(a) Vous l'*obligerez à* passer ses vacances en Bretagne.   *lui ferez*
(b) *Obligez*-le *à* partir en weekend.   *faites-le / fait*
(c) Je l'ai *obligé à* se taire.
(d) On l'*obligera à* y penser. *lui fera y penser*
(e) Je l'*obligerai à* envoyer une carte postale. *lui ferai*
(f) Nous l'*obligerons à* comprendre notre point de vue. *lui ferons*
(g) On l'*obligea à* louer un appartement au Canet.   *lui fit*
(h) Je l'ai *persuadé de* parler au moniteur. *fait*
(i) Je lui ai *demandé de* marcher plus vite.   *l'ai fait*

Hanse: on lui faisait parler de la mort de sa mère
lui faire penser à quch.
both more frequent than 'le'

C. EXPLOITATION DU TEXTE

A l'oral

1. Exposé: Existe-t-il dans notre pays des équivalents des vacances 'moutonnières' dont parle Alain Laurent? Décrivez-les. Dites ce que vous en pensez.

2. Sujets de discussion:

(a) A quel point notre pays est-il en mesure d'offrir des vacances aussi originales, et aussi 'libérées' que celles que préfère Alain Laurent?
(b) Quelle sorte de vacances préférez-vous et pourquoi?

A l'écrit

3. Rédaction dirigée: En tant que correspondant d'une revue mensuelle vous faites la comparaison entre un camp de vacances établi suivant les préceptes d'Alain Laurent, et les vacances traditionnelles (250 mots).
Modèle à suivre:

– Description d'une journée au camp. Sa situation, ses activités, sa clientèle et son ambiance.

– Commentaires offerts par les vacanciers.

– Réflexions sur d'autres possibilités de vacances toujours aussi actives.

– Les résultats de votre sondage de l'opinion des vacanciers et de vos expériences personnelles au cours de la visite.

– Conseils et réflexions offerts aux lecteurs de la revue.

4. Rédaction: Vous êtes lecteur du *Nouvel Observateur*. Ayant lu l'article d'Alain Laurent, vous écrivez une lettre indignée au rédacteur en chef pour exprimer vos objections à cet article, en vous basant sur vos expériences personnelles (250 mots).

5. Version: Traduisez en anglais les lignes *5–20*.

6. Thème: Traduisez en français en vous servant le plus possible d'expressions tirées du texte:

You only have to glance at the brochures published by some *clubs de vacances* to feel the desire to get away from it all. And we have to admit, too, that a holiday spent worshipping the sun and a golden tan provides the faithful with fuel for bar conversation over the winter. My prejudices may be misleading me, but isn't there something pagan about bodily ⁤4 enjoyment and the desire to escape? I don't deny that the language of the brochures is very tempting, but how should we react to it? Is it right to give way to every temptation? Yet to rest content with gloomy, sunless holidays is to deprive oneself of a great deal. As a result of reading all the propaganda, we all find traditional holidays just a little disappointing. It is so ⁤8 easy to let ourselves be carried away by the promise of the brochures. After all, to go away is to escape for a while.

TEXTE DEUX: La montagne

Le guide Jean s'est fait tuer à cause de la témérité d'un client américain; le porteur Georges se trouve seul avec l'Américain qu'il prend pour un fou, responsable de la mort du guide.

Alors Georges pensa à redescendre. Une idée tenace l'animait. Rien n'était perdu, il pouvait encore se sauver! Tant pis pour le client. Il n'y avait qu'à l'attacher sur une plate-forme et l'abandonner à son sort. Tout seul, le porteur savait qu'il gagnerait des heures et des heures

4 de manœuvre de corde; peut-être même pourrait-il éviter le bivouac dangereux et gagner le refuge de la Charpoua. Oui, c'était bien ça. Il n'y avait qu'à se laisser glisser doucement, attacher le fou, lui laisser le contenu du sac et fuir! Fuir le mauvais temps, cette montagne maudite; fuir le cadavre de Jean Servettaz qui, là-haut, fixait de ses yeux vitreux des horizons

8 inconnus des vivants.

Georges, à cette pensée, sentit un immense espoir renaître.

Fuir, c'était retrouver la moraine, l'alpage, la forêt, la vallée et le chalet de bois au milieu des vergers. Fuir, c'était vivre. Continuer, c'était presque infailliblement périr, risquer de se

12 dérocher dans cette infernale cheminée, ou, s'il en réchappait, crever de froid en compagnie de l'Américain. Ah! oui! l'Américain . . . Il n'y pensait plus: il fallait le ramener. Ramener le client? Bien sûr! c'était le devoir, mais ce n'était pas juste, pour ça non, pas juste du tout! par la faute de cet entêté, Jean se pétrifiait sur la vire de neige; était-il nécessaire qu'il pérît lui

16 aussi, à vouloir à toute force ramener un fou?

Georges ruminait toutes ces pensées tumultueuses, accroché à sa fissure et jaugeant de l'œil les quelques mètres terriblement exposés qui lui restaient à gravir. Cette défaillance ne dura qu'un instant. Une honte épouvantable l'envahit. Il en trembla nerveusement.

20 Abandonner, lui, le responsable! Lui à qui Jean, en entrant dans la mort, avait tacitement confié son voyageur! Etait-il devenu fou comme l'Américain pour perdre ainsi toute dignité, tout amour-propre? Non, il dégagerait la corde au risque de se dérocher, ensuite il tâcherait de ramener le client. Ils mourraient tous deux ou tous deux se sauveraient.

24 Ayant accepté l'idée du sacrifice, Georges se sentit soudain plus fort. Il oublia qu'il n'était qu'un pauvre petit d'homme accroché en pleine paroi d'une montagne inhumaine, et à haute voix il jura: «T'inquiète pas, Jean, on le ramènera.»

Il examina longuement le haut de la fissure par où dégoulinait un torrent de grésil et de

28 neige. Il s'empoigna avec la montagne, et lutta dans un corps à corps effroyable qui dura de longues minutes; ses pieds parfois lâchaient prise, mais de son bras droit enfoncé dans la fissure il se raccrochait, pesant de tout son poids sur le coude coincé comme un verrou.

138

mordant la neige à pleine bouche, balayant le rocher de son corps, oscillant au-dessus du vide, mais gagnant à chaque mouvement de reptation quelques décimètres en hauteur.   32

Enfin il atteignit le rebord supérieur de la cheminée.

R. Frison-Roche, *Premier de cordée*, Arthaud, 1963

A. PREPARATION DU TEXTE

Notes

cheminée (f) (12): corridor vertical et étroit dans les montagnes.

mouvement (m) de reptation (32): action de ramper, mode de locomotion de certains animaux, tels le ver, le lézard.

Vocabulaire

1. Trouvez le sens des mots suivants dans leur contexte:

tenace (1), maudite (7), infernale (12), tumultueuses (17), terriblement (18), épouvantable (19), inhumaine (25), effroyable (28).

2. Dressez une liste de toutes les expressions verbales dans le texte qui ont trait à l'alpinisme: e.g. *gagner le refuge (4–5).*

3. Expliquez en français le sens des mots et expressions suivants:
moraine (10), alpage (10), vire (15), fissure (17), paroi (25), rebord (33).

Commentaire grammatical

(i) Uses of the infinitive

Georges pensa à redescendre (1): the infinitive is dependent on the finite verb *pensa* which takes *à*. *Pouvait (1)* takes no preposition, and *risquer (11)* takes *de*. Check the finite verb in *DFC*.

Il n'y avait qu'à l'attacher . . . (2): 'All he had to do was secure him . . .' See p. 173 for a contracted form of this construction.

Fuir, c'était retrouver . . . (10): this is a use of the infinitive similar to the phrase *Voir, c'est croire* = 'Seeing is believing', where the English equivalent is a present participle. See GS 9, §2.1, p. 142.

à vouloir . . . ramener un fou (16): 'through insisting on bringing back a madman'.

pour perdre ainsi toute dignité (21): 'to lose all dignity in this way'.

(ii) Other grammar points

bien (5, 14): in addition to being frequently used with verbs and past participles, e.g. *Je me sens bien, Il est bien bâti, bien* is commonly used as an intensifier with adverbs and adjectives and in certain noun groups:

(a) strengthening the force of an adverb, in a similar way to *très*,
   e.g. *bien souvent, bien gentiment.*

(b) strengthening the force of an adjective,
   e.g. *Vous êtes bien bon.*

(c) expressing quantity with certain nouns, cp. *beaucoup*,
   e.g. *bien de l'intelligence = beaucoup d'intelligence; bien des enfants = beaucoup d'enfants.*
   Note the use of definite articles with *bien*.

(d) expressing surprise or making a confirmation,

e.g. *C'est bien le moment de le dire!* 'You've chosen a fine moment to tell us that!'
C'est bien Jean, n'est-ce pas?
Ça vaut bien 1000 francs

Compréhension du texte

1. Comment Georges se propose-t-il d'abord de résoudre les difficultés de cette situation dangereuse?

2. Quel problème moral se pose à Georges?

3. Décrivez les émotions qui se succèdent dans ses pensées, et donnez-en les causes.

4. Pourquoi faut-il que Georges remonte la cheminée?

B. EXERCICES DE RENFORCEMENT

A l'oral

1. Préparez des réponses orales aux questions suivantes:

(a) Expliquez ce qui pourrait arriver à Georges s'il fuyait (*10–11*) et s'il continuait (*11–13*).

(b) Donnez une description des mouvements physiques de Georges pour atteindre le rebord supérieur de la cheminée.

Exercices lexicaux

2. Cherchez dans un dictionnaire des substantifs qui dérivent des verbes suivants et utilisez chacun dans une phrase de votre invention pour en illustrer le sens:
animait (1), gagner (4), renaître (9), tâcherait (22), oublia (24), atteignit (33).

3. En vous référant au texte, écrivez un paragraphe en français ou vous emploierez, dans n'importe quel ordre, tous les verbes suivants. Commencez par *Il ruminait . . .*
décider, attacher, éviter, laisser, fixer, sentir, risquer, envahir, jauger.

Exercices grammaticaux et structuraux

4. Dressez une liste de tous les infinitifs du texte qui dépendent d'un autre verbe, avec ou sans préposition. Classez vos exemples. Ensuite composez de nouvelles phrases pour utiliser les premiers verbes avec des infinitifs différents.

5. Complétez les phrases suivantes en vous servant de constructions infinitives:

(a) Inutile . . .

(b) Après . . .
(c) Ne rien . . .
(d) J'ai l'impression *de* .
(e) Il avait l'ambition . . .
(f) Il préfère ¨. .
(g) Il était obligé *de* .
(h) On l'a obligé *à* .
(i) Elle souhaite ¨. .
(j) Thé ou café? C'est à vous *à/de + inf.*

C. EXPLOITATION DU TEXTE

A l'oral

1. Exposé: Quels sports pratiquez-vous? Quels sports aimez-vous regarder? Quels sont vos héros sportifs? Qu'est-ce que vous admirez en eux?

2. Sujets de discussion:

(a) Qu'est-ce qui pousse un homme à quitter sa famille pour aller risquer sa vie en montagne?

(b) L'état devrait-il déconseiller la pratique des sports dangereux — tels l'alpinisme, la boxe, les courses automobiles, etc.?

A l'écrit

3. Rédaction dirigée: Vous êtes allé dans les Alpes avec un groupe de jeunes gens pour faire de l'alpinisme. Il arrive un accident en montagne. Vous écrivez une lettre à vos parents afin de les rassurer, en donnant les détails. Introduisez dans votre lettre les termes suivants: *paroi, rocher, bivouac, guide, alpage, refuge, corde, grésil, rebord, cheminée, coincé, manœuvre.* (250 mots)

4. Rédaction: 'Le sport et la politique font bon ménage à la seule condition de s'embrasser aussi peu que possible' (300 mots).

5. Version: Traduisez en anglais les lignes *24-33*.

6. Thème: Traduisez en français, en vous servant le plus possible d'expressions tirées du texte:

Climbing is one of the most difficult sports I know. All you have to do is to look at the accident figures in the French Alps alone: more than fifty dead in a single year. Seeing climbers precariously perched on overhanging rocks, loaded with all manner of equipment, you feel they must be out of their minds. But it's precisely the fact that it's very dangerous   4 that obliges people to do it. To understand the thrill of climbing you have to experience it. Setting off at dawn and returning at dusk are normal conditions for the sport. Risking one's life on moraine or in a crumbling fissure, freezing in the mountain air, pressing on until fatigue is no longer tolerable — these are the trials to be faced, the difficulties to be   8 overcome. But, in the end, standing near the summit of a great mountain and gauging the last few metres to be crossed, you begin to feel an indescribable sense of achievement.

GRAMMAR SECTION 9: *The Infinitive*

§1. Introduction
§2. The Infinitive used without another Verb (independently)
§3. The Infinitive used with another Verb (dependently)

§1. Introduction

There are TWO forms of the infinitive: Present and Past (or Perfect). The present infinitive is the form under which a verb is listed in a dictionary. French present infinitives end in: -ER *(parler)*, -IR *(finir)*, -RE *(vendre, boire)*, -OIR *(falloir, devoir)*.

The past infinitive involves the use of *avoir* or *être*+past participle,
e.g. *avoir mangé* 'to have eaten'
  être tombé 'to have fallen'.

§2. The Infinitive used without another Verb (independently)

2.1 Used as a noun phrase:
Partir, c'est mourir un peu.

T'écrire me fait du bien.
Arriver chez lui à 7h. du matin, mais tu es folle!

2.2 Used after question words:
Que faire?

Pourquoi le dire comme ça?
Comment réaliser ce projet?

2.3 Used with the sense of an imperative:
Ne pas se pencher au dehors (in trains): 'Do not lean out of the window'.
A découper suivant le pointillé (on dress pat-terns): 'Cut along the dotted line'.
Servir très frais (on bottles of white wine): 'Serve chilled'.

2.4 Used after various prepositions, especially à, *de, sans* and *pour:*

A le voir, on dirait qu'il est malade. 'If you look at him . . .'

A l'en croire, il serait prêt à tout. 'If he is to be believed . . .'
De tant travailler, il aboutira bien à quelque chose. 'From working so hard . . .'
Pour aller à l'Opéra, prenez la rue d'en face. 'To go to . . .'

2.5 Used after *après* in the *perfect* infinitive form *(avoir fait, être venu)*:
Après avoir beaucoup mangé, je fais toujours la sieste.
Après être partis, ils ont découvert qu'ils avaient oublié les passeports.
Après s'être lavée, elle se maquilla avec soin.

EXERCISE A: Complete the following sentences by inserting the correct perfect infinitive form:

(a) Après _____ *(marcher)* une heure, ils étaient fatigués.
(b) Après _____ *(sortir)* sans manteau, elle a eu un beau rhume.
(c) Ils ont changé d'avis après _____ *(lire)* le rapport.
(d) J'ai trouvé qu'elle était bien mise après _____ *(la regarder)* de près. *nicely turned out*
(e) Après _____ *(démolir)* la maison, ils ont dû enlever les décombres. *rubble*
(f) Après _____ *(tomber)* d'accord, nous sommes allés manger ensemble.

§3.   The Infinitive used with another Verb (dependently)

3.1   Verbs followed by a direct infinitive (i.e. without *à*, *de*, etc.)

3.1.1   Aller, venir:
Je vais lui parler.
Il allait en acheter.

Il vient s'excuser.
Elles sont venues s'installer.

Note also: *J'ai été le chercher* (familiar for: *Je suis allé le chercher*).

3.1.2   Croire, penser:
Elle croyait l'avoir vu.
Il croit bien faire.

Nous pensons en prendre.
Ils pensaient y aller.

3.1.3   Devoir, pouvoir
and similar verbs, (sometimes called 'modals'):
Il a dû s'absenter.
Elle pourrait le faire.
Nous voudrions lui parler.
Ils ont su s'évader.
Il faudrait s'en occuper.

3.1.4   Voir, sentir
and other verbs of perception: note that the object pronoun accompanies the first verb. (See also p. 14):
Vous les voyez venir. 'You can see them coming.'
Je l'entends chanter. 'I can hear him singing' OR 'I can hear it being sung.'
Elle le sent bouger. 'She can feel it moving.'

The rules governing past participle agreement are the same as for *laisser* (see below).

3.1.5   Laisser and faire (the 'factitives'):
note that the object pronoun accompanies the first verb:
Ils l'ont fait démolir. 'They had it demolished.'
Je l'ai fait chanter. 'I made her sing' OR 'I had it sung.'
✳ *Elle s'est fait avoir.* 'She was tricked.'
On les a laissés faire. 'We let them get on with it.'
Laissez-les se battre. 'Let them fight.'

If both *faire* and the infinitive following it have direct objects, the object of *faire* becomes an indirect object:

e.g. *Je l'ai fait manger.* 'I made him eat.'
BUT *Je **lui** ai fait manger **le gâteau**.* 'I made him eat the cake.'

See also p. 134 and GS 1, §3.2, p. 14.

The past participle form *fait* NEVER agrees when it governs an infinitive:

e.g. *La maison qu'ils ont **fait** construire.*

The past participle form *laissé* agrees if the OBJECT of *laisser* is also the SUBJECT of the following verb:

e.g. *Elle s'est laissée mourir.* (She just let herself die.)
BUT *Elle s'est laissé séduire.* (She let someone else seduce her.)

3.1.6 Other verbs followed by a direct infinitive:

$$Il\ a\begin{cases}manqué\\failli\end{cases}se\ tuer \quad \text{'He almost killed himself.'}$$

Also: *désirer, espérer, préférer, aimer, affirmer, avouer, déclarer, dire, nier, sembler, paraître, compter,* etc.

3.2   *Verbs followed by 'à'+ infinitive*

3.2.1   *Etre:*
Cela est à voir. 'That should be looked at/into.'
Il est bien à plaindre. 'He is to be pitied.'

3.2.2   *Avoir, rester and other verbs:*
J'ai eu à lui en parler. 'I had to . . .'
Il ne reste plus qu'à partir. 'It only remains to . . .'

Intention or purpose are often expressed by this use of *à*:
demander à (also *aspirer, conspirer, chercher, parvenir, persister*) and a kind of 'negative purpose' with *hésiter à* and *tarder à.*

Note the construction *Il a passé la soirée **à lire*** ('He spent the evening **reading**'), where the infinitive *lire* expresses the purpose to which he devoted the evening. English uses a present participle.

3.2.3   Verb+direct object+*à*+infinitive
As in §3.2.2, there are examples of this construction with *avoir*,

e.g. *Elle a **quelque chose à** faire.*
*J'ai eu **de la peine/difficulté à** venir.*

Other verbs followed by *à* often involve getting someone to do something: *contraindre, aider, exciter, inciter, destiner, engager, décider, déterminer, habituer,*

e.g. *Pierre a aidé **son frère** à réparer sa voiture.*

A is used after certain reflexive verbs where personal effort ('self purpose') is involved: *(s'appliquer, se fatiguer, se mettre, s'accoutumer, s'amuser),*

e.g. *Elle s'est fatiguée à transporter tous les objets d'une salle à l'autre.* 'She tired herself out carrying . . .'

3.2.4   Verb+indirect   object   (*à   qn*)+*à*+infinitive
The only verbs in this category are *apprendre* and *enseigner*,

e.g. *Je **lui** ai appris à lire.*

and *rester*,

e.g. *Il ne lui reste plus qu'**à** partir* (cp. §3.2.2).

3.3   *Verbs followed by 'de'+ infinitive*

3.3.1   Intransitive verb (no object)+*de*+infinitive
A common verb is *venir de*, used only in the present and imperfect, as in:

*Il vient/venait **de** recevoir 2000 francs.* 'He has/had just received . . .'

There are numerous other verbs followed by *de*. Here are some of the commoner ones:

essayer, tenter, décider, résoudre
accepter, entreprendre, offrir, refuser
attendre, choisir, arranger, projeter, envisager, rêver, parler
jurer, menacer, comploter
désespérer, craindre
négliger, oublier, éviter

Regretter is often used with the perfect infinitive, as in: *Je regrette beaucoup de vous avoir oublié.*

Suffire is used impersonally: *Il suffit de venir.* 'All you have to do is come.'

3.3.2 Verb+direct object+*de*+infinitive
Many verbs involving praise and blame fall into this category: *accuser, blâmer, reprocher, soupçonner, louer, féliciter, excuser* (and *s'excuser*), *remercier,*
e.g. *Ils ont accusé leur collègue de cacher les détails essentiels.*

Other verbs taking this construction involve getting people to do things: *prier, conjurer,* *beseech* *supplier, persuader,*
e.g. *Je l'ai prié de venir* (cp. *Prière de faire suivre:* 'Please forward').

The following are similar, except that people are **stopped** from doing things: *empêcher, arrêter, dispenser,*
e.g. *Elle a empêché son père d'aller en ville.*

Note the following reflexive verbs: *s'efforcer, se souvenir* (+perfect infinitive), *se contenter, se glorifier, se dépêcher, se charger, se garder,*
e.g. *Malgré toutes ces injures, Yves s'est contenté de sourire.*

3.3.3 Verb + indirect object *(à qn)*+*de*+infinitive
Here again, there are a number of verbs which involve getting people to do (or not to do) things: *dire, crier, écrire, téléphoner, télégraphier,*
e.g. *Il a dit à la femme de ménage de lui apporter une couverture.*

Also:
conseiller, déconseiller, demander, défendre, permettre, proposer, ordonner, interdire,
e.g. *On leur avait défendu/ permis de sortir.*
Il m'a proposé de faire des traductions.
'He suggested to me that I (NOT he) should do some translations.'

3.4 Verbs used in more than one construction

3.4.1 A/de
There is a shift from *à* to *de* in certain constructions. Cp. *Cela est facile à faire* and *Il est facile de faire cela.* See GS 1, §2.3.2, pp. 12–13.

3.4.2 Obliger, forcer, etc.
e.g. *Roger l'a forcé/obligé, etc. à le faire.* (active)
Roger est forcé/obligé, etc. de le faire. (passive)

In the **active** sentence, Roger forces someone else to do something; in the **passive** one, Roger himself is forced to do something.

3.4.3 Plaire
Cp. the reflexive and non-reflexive forms of the verb:

Elle se plaît à dire leurs vérités aux gens. 'She positively enjoys telling people what she thinks of them.'
Cela lui plaît de voir d'autres qui souffrent autant qu'elle. 'She likes seeing . . .'

3.4.4 Demander
This verb has a different preposition according to whether or not it has an indirect object,
e.g. *Il lui demande de partir.* 'He asks him to leave.'
Il demande à partir. 'He asks to leave.'

3.4.5 Décider
The construction here depends on whether the verb is being used intransitively (no object), reflexively, or transitively (with an object),

e.g. *J'ai décidé **d'**arrêter.* 'I decided to stop.'
*Je **me** suis décidé **à** arrêter.* 'I made up my mind to stop.'

*Cela **m'**a décidé **à** arrêter.* 'That decided me to stop.'

3.5   Verbs used with 'par'+ infinitive

Finir and *commencer* are normally used with *de* and *à* respectively, but they express a different meaning when used with *par,*

e.g. *J'ai fini **de** le croire.* 'I finished believing/no longer believed.'

*J'ai fini **par** le croire.* 'I finished by believing/finally believed.'

EXERCISE B: (This exercise practises verbs from all sub-sections of §3). Translate into French:

(a) This house is for sale. (3.2.1) *à vendre*
(b) It's impossible to stop them. (3.4.1) *Il est imp. de les ar..*
(c) They'll have to hurry up. (3.2.2) *ils auront à se dép.*
(d) She might lie to you. (3.1.3) *pourrait vous mentir*
(e) It's going to rain soon. (3.1.1) *Il va pleuvoir bientôt*
(f) She got run over by a car. (3.1.5) *s'est fait écraser par*
(g) I can hear her moving. (3.1.4) *j'entends bouger*
(h) They denied having been there. (3.1.6) *ont nié   y avoir été*
(i) We hope to have further news tomorrow. (3.1.6) *d'autres*
(j) It only remains to lock everything up. (3.2.2) *ne reste qu'à tout fermer*
(k) They persisted in chattering. (3.2.2) *ont persisté à bavarder*
(l) I helped him to move house. (3.2.3) *j'ai aidé à*
(m) This life accustomed him to going without food. (3.2.3) *à se passer de nour.*
(n) She taught me to dance much better. (3.2.4)
(o) He had just been let out of jail. (3.3.1) (let out = *libérer*) *venait d'être libéré de prison*
(p) They undertook to come with us. (3.3.1) *accepté de venir*
(q) I dream of buying a cottage in the country. (3.3.1) *rêve d'acheter   chaumière*
(r) It'll be enough to send him a short note. (3.3.1) *suffira de lui env.--mot*
(s) I congratulated him on beating his opponent. (3.3.2) *d'avoir battu   adversaire*
(t) They begged us to change our minds. (3.2.2) *conjuré de ch.*
(u) I remember having left it somewhere. (3.3.2)

(v) She forbade us to talk of it again. (3.3.3) *défendu d'en reparler*
(w) He enjoys travelling. (3.4.3) *se plaît à*
(x) I ended up by paying for all of us. (3.5)

EXERCISE C: Insert the correct preposition (*à, de*, etc.) in each of the following sentences. Sometimes no preposition is needed:

(a) Je me garderai bien *d'* en parler.
(b) Croyez-vous _____ l'avoir vu?
(c) Ne l'as-tu pas entendu _____ crier?
(d) Il est impossible *de* continuer ainsi.
(e) Cela m'a décidé *à* partir.
(f) Il ne te reste qu(e) *à* tout avouer.
(g) Ce travail est facile *à* faire.
(h) Jean décidera sans doute *de* venir.
(i) Nous les avons remerciés *de* nous avoir aidés.
(j) Après ces critiques, l'enfant a commencé *à* pleurer.
(k) Il menace *de* nous dénoncer.
(l) Oh! Laisse-le _____ partir!
(m) Je compte _____ en recevoir bientôt.
(n) Les enfants s'amusent *à* dessiner des animaux.

X La vie politique

TEXTE UN: Démocratie et dictature internationales

Quels sont aujourd'hui les moyens d'atteindre cette unité du monde, de réaliser cette révolution internationale, où les ressources en hommes, les matières premières, les marchés commerciaux et les richesses spirituelles pourront se trouver mieux redistribués? Je n'en vois que deux et ces deux moyens définissent notre ultime alternative. Ce monde peut être unifié, 4 d'en haut, comme je l'ai dit hier, par un seul Etat plus puissant que les autres. La Russie ou l'Amérique peuvent prétendre à ce rôle. Je n'ai rien, et aucun des hommes que je connais n'a rien à répliquer à l'idée, défendue par certains, que la Russie ou l'Amérique ont les moyens de régner et d'unifier ce monde à l'image de leur société. J'y répugne en tant que Français, et 8 plus encore en tant que Méditerranéen. Mais je ne tiendrai aucun compte de cet argument sentimental.

Notre seule objection, la voici, telle que je l'ai définie dans un dernier article: cette unification ne peut se faire sans la guerre ou, tout au moins, sans un risque extrême de 12 guerre. J'accorderai encore, ce que je ne crois pas, que la guerre puisse ne pas être atomique. Il n'en reste pas moins que la guerre de demain laisserait l'humanité si mutilée et si appauvrie que l'idée même d'un ordre y deviendrait définitivement anachronique. Marx pouvait justifier comme il l'a fait la guerre de 1870, car elle était la guerre du fusil Chassepot et elle 16 était localisée. Dans les perspectives du marxisme, cent mille morts ne sont rien, en effet, au prix du bonheur de centaines de millions de gens. Mais la mort certaine de centaines de millions de gens, pour le bonheur supposé de ceux qui restent, est un prix trop cher. Le progrès vertigineux des armements, fait historique ignoré par Marx, force à poser de 20 nouvelle façon le problème de la fin et des moyens.

Et le moyen, ici, ferait éclater la fin. Quelle que soit la fin désirée, si haute et si nécessaire soit-elle, qu'elle veuille ou non consacrer le bonheur des hommes, qu'elle veuille consacrer la justice ou la liberté, le moyen employé pour y parvenir représente un risque si définitif, si 24 disproportionné en grandeur avec les chances de succès, que nous refusons objectivement de le courir. Il faut donc en revenir au deuxième moyen propre à assurer cet ordre universel, et qui est l'accord mutuel de toutes les parties. Nous ne nous demanderons pas s'il est possible, considérant ici qu'il est justement le seul possible. Nous nous demanderons d'abord ce qu'il 28 est.

Cet accord des parties a un nom qui est la démocratie internationale. Tout le monde en parle à l'ONU, bien entendu. Mais qu'est-ce que la démocratie internationale? C'est une démocratie qui est internationale. On me pardonnera ici ce truisme, puisque les vérités les 32 plus évidentes sont aussi les plus travesties.

Qu'est-ce que la démocratie nationale ou internationale? C'est une forme de société où la loi est au-dessus des gouvernants, cette loi étant l'expression de la volonté de tous, 36 représentée par un corps législatif.

Albert Camus, *Actuelles, Chroniques* (*1944-1948*), Gallimard, 1950

A. PREPARATION DU TEXTE

Notes

Méditerranéen (9): Camus est né en Algérie, près de la mer, en 1913, à l'époque où ce pays faisait toujours partie de la France — le monde de Camus était donc centré sur la Méditerranée.

(Karl) *Marx*, 1818–83 *(15):* développa ses idées sur la guerre de 1870 et ses suites dans son livre *La Guerre civile en France.*

guerre de 1870 (16): qui opposa la France de l'empereur Napoléon III et la Prusse de Guillaume Ier et de Bismarck. La défaite française

entraîna la Commune de Paris, et la proclamation de la Troisième République.

fusil Chassepot (16): fusil de guerre français, qui porte le nom de son inventeur.

l'ONU (31): Organisation des Nations Unies. Comparez les abréviations suivantes dans les deux langues: l'ONU = UNO, l'OTAN = NATO, la TVA = VAT, la CEE = EEC.

Vocabulaire

1. Traduisez en anglais, selon leur contexte, les expressions suivantes:
atteindre (1), réaliser (1), les matières premières (2), d'en haut (5), prétendre à (6), à l'image de (8), J'y répugne (8), dernier (11), J'accorderai encore (13), Dans les perspectives de (17), au prix de (17–18), ignoré par Marx (20), le problème de la fin et des moyens (21), ferait éclater (22),

consacrer (23), objectivement (25), en revenir à (26), propre à (26), justement (28), gouvernants (35).

2. Cherchez dans le texte au moins douze mots concernant la politique ou les relations internationales.

Commentaire grammatical

(i) Devices for emphasis

At the level of the sentence:

(a) By positioning: *Dans les perspectives du marxisme (17).* The position of this phrase at the beginning of the sentence shows this sentence is meant to explain the previous one, involving Marx's views. The unusual position of *ici (22),* breaking the flow of the sentence, draws attention to the idea it so economically represents. An example of the emphatic device of placing before the noun an adjective that would normally be

positioned after it is to be found in *notre ultime alternative (4).* See GS 10, §2, pp. 159–160.

(b) By duplication: *Notre seule objection, la voici (11).* The stressed phrase is displaced to the initial stress position, involving duplication in *la,* the 'normal' order being: *Voici notre seule objection.* See GS 10, §3, pp. 160–161.

At the level of the paragraph:
Throughout the article Camus uses the language of a political speech. Declamatory and

oratorical forms, transferred from the spoken word to the written, enhance the rhetorical impact of the passage. Devices such as duplication or repetition, simplification and opposition help structure the paragraphs, build suspense, and achieve directness of impact.

Repetition (or near-repetition) of the same structure is a device used in the four concessive clauses in lines *22–24*. Camus also repeats the question *qu'est-ce que la démocratie internationale? (31, 34)*, as well as the word *deux (4)* separating into two clauses what might have been one: *Deux moyens définissent notre ultime alternative.*

The opposition of two terms in balanced contrast is seen in *la mort **certaine** de centaines de milliers de gens, pour le bonheur **supposé** de ceux qui restent (18–19)*. Another rhetorical device involving balance is *Je n'ai rien, **et aucun des hommes que je connais n'a rien** à répliquer (6–7)*.

The words *fin* and *moyen* recur as *leitmotivs* in the central part of the passage, particularly structuring one sentence *(22–26)* in which Camus builds up suspense to emphasise the concluding phrase.

(ii) Other grammar points

Whatever, however, whether, etc., in concessive clauses:

quelle que soit la fin désirée (22): 'whatever the end in mind may be'.

quoi qu'il fasse: 'whatever he may do'.

qui que vous soyez: 'Whoever you are'.
Also: *Je ne veux parler à qui que ce soit:* 'I don't want to speak to anyone (whoever they may be)'.

où qu'il soit/où que ce soit: 'wherever he/it may be'.

si haute et si nécessaire soit-elle (22–23): 'however noble and necessary it may be'.
Cp. also: *si (quelque) important soit-il/si (quelque) important qu'il soit:* 'however important he may be'.

qu'elle veuille ou non consacrer le bonheur des hommes (23): 'whether or not it seeks to establish human happiness', *qu'elle veuille consacrer la justice ou la liberté (23–24):* 'whether it seeks to establish justice or freedom'. See GS 4, §3.5, pp. 63–64.

Compréhension du texte

1. Pourquoi Camus qualifie-t-il d'*ultime* le mot *alternative (4)*?

2. L'expression *Je n'ai rien ... à répliquer à l'idée (6–7)* veut-elle dire que Camus accepte l'idée ou qu'il la rejette?

3. En quoi l'argument de Camus *(8–9)* est-il *sentimental*?

4. La prochaine guerre mondiale sera-t-elle, selon Camus, atomique, oui ou non?

5. Dans le cas de la guerre de 1870, comment (d'après le texte) Marx et les penseurs marxistes ont-ils posé le problème de la fin et des moyens?

6. A quelle éventualité Camus fait-il allusion par le mot *ici (22)*?

B. EXERCICES DE RENFORCEMENT

A l'oral

1. Préparez des réponses orales aux questions suivantes:

(a) Comment l'auteur a-t-il désigné plus haut ce qu'il appelle à la ligne *26 cet ordre universel*?

(b) Pourquoi ce que dit Camus aux lignes *31–32* constitue-t-il un *truisme*?

Exercices lexicaux

2. Récrivez les phrases suivantes en substituant aux mots imprimés en italique une expression puisée dans le texte:

(a) Il faut poursuivre quand même l'idéal, tout en sachant qu'on n'*y arrivera* jamais (¶1).

(b) Il *revendiquait* la responsabilité de chef du groupe, étant l'un de ses membres fondateurs (¶1).

(c) Il n'*avait* pas *horreur de* l'idée d'une guerre nucléaire (¶1).

(d) Je *reconnais* que j'ai eu tort (¶2).

(e) En prenant des précautions immédiates on a pu *empêcher* l'incendie *de s'étendre* (¶2).

(f) En me faisant connaître Roger Peyrefitte vous avez ouvert dans ma vie des *horizons* nouveaux (¶2).

(g) La coutume de chahuter le nouveau maître a été *perpétuée* par l'usage de milliers d'écoliers (¶3).

(h) Puisque l'automatisation n'est plus rentable, il faut *reprendre* les anciennes méthodes (¶3).

(i) Le lac du Bourget est vraiment un lieu *fait pour* la rêverie, *pour* la nostalgie (¶3).

(j) Sa notoriété dans le monde politique lui *garantissait* un nombre exceptionnel d'invitations (¶3).

3. Retrouvez les substantifs qui ont la même racine que les verbes suivants pris dans le texte (par exemple *réaliser: réalisation; atteindre: atteinte*) et inventez des phrases pour en montrer le sens:

redistribuer, unifier, défendre, supposer, représenter, employer, justifier, poser, refuser, accorder, localiser, consacrer.

Exercices grammaticaux et structuraux

4. Récrivez les phrases suivantes pour donner plus de force aux mots imprimés en italique:

(a) Voilà *notre nouveau chef*.

(b) L'ennemi est *le cléricalisme*.

(c) Il faut poser cette question à *un Parisien proprement dit*.

(d) Ce sont ses propositions *ultimes*.

(e) On nous a accordé un congé d'une demi-journée pour *la visite d'un élu du corps législatif*.

(f) Le manque d'investissement après la guerre *a appauvri la région*.

(g) Les matières premières provenant des pays membres de la CEE sont *moins chères*.

(h) *Je m'inquiète* du travestissement de la pensée de Marx dans un dernier article d'Althusser.

5. Complétez les phrases suivantes, d'après le modèle, en utilisant des expressions telles que *si, quelque, quel que, qui que (ce soit qui), où que, que (. . . ou non).* Voir le Commentaire grammatical.
Modèle:
Il *est nécessaire* que vous le fassiez.

. . . ., je ne le fais pas aujourd'hui =
Si nécessaire qu'il soit, je ne le fais pas aujourd'hui.

(a) Le pont *est* dans un état *dangereux*.
. . ., mais je vais traverser.

(b) Je vous assure que l'objectif désiré *est* tout à fait *louable*.
. . ., je vous interdis d'y procéder.

(c) J'ai *commis* pourtant *des fautes*, mon père.
. . ., Dieu te pardonnera, ma fille.

(d) Alors, papa, que penses-tu de mon ami? Il *est beau*, non?
. . ., il a un air un peu louche.

(e) Je l'ai *rencontré dans un endroit* très convenable.
. . ., mais il ne me plaît pas, ton copain.

(f) Si tu ne me laisses pas choisir mes amis, je *quitte la maison* pour de bon.
. . ., je ne changerai pas d'avis.

(g) Bien alors, je m'en vais, *c'est décidé*.
. . ., tu reviendras.

(h) Au revoir donc, je *trouverai* bien *quelqu'un* pour m'offrir un lit.
. . ., je le plains.

6. Etudiez l'emploi du participe présent dans *considérant (28)* et *cette loi étant (35):* il exprime un rapport de causalité (= 'since/as' en anglais). Combinez les phrases suivantes en utilisant des participes présents pour exprimer entre elles un rapport de causalité.

(a) C'est un acteur professionnel qui se trouve sans engagement. Il a eu de très mauvaises revues dernièrement.

(b) Une femme qui résiste à ton charme fait preuve d'une extraordinaire fermeté. Ton charme est irrésistible.

(c) Le corps législatif français est impuissant par rapport aux pouvoirs de la présidence. Ces pouvoirs sont très vastes.

(d) La culture, c'est ce qui reste quand on a tout oublié. La culture est la plus durable des acquisitions humaines.

C. EXPLOITATION DU TEXTE

A l'oral

1. Exposés:

(a) Si le monde était unifié à l'image de la société russe, comment serait-il, d'après vous? Et à l'image de la société américaine?

(b) En quoi l'ordre universel, le monde unifié selon les idées de Camus, pourrait-il différer d'un monde unifié à l'image des sociétés russe ou américaine?

2. Sujets de discussion:

(a) En ce moment la loi internationale est-elle au-dessus des gouvernements? Donnez des exemples concrets pour justifier votre réponse.

(b) Que pensez-vous de l'idée de Camus de vouloir constituer un parlement au moyen d'élections mondiales auxquelles participeraient tous les peuples? Est-ce souhaitable? Ou réalisable? Comment faire respecter les lois internationales formulées par un tel corps législatif?

3. Débat: La classe se divise en groupes de 4 ou 5 étudiants, chaque groupe prenant le rôle d'une délégation nationale (française, russe, américaine, britannique ou chinoise, etc.) à l'ONU. On choisit aussi un Président de l'Assemblée pour diriger le débat. Chaque groupe élabore les éléments d'une réponse à la proposition de Camus visant à constituer un corps législatif mondial. Ensuite, à l'appel du Président, un délégué de chaque groupe doit présenter dans un petit discours la réaction de l'état qu'il représente, en commentant un à un les arguments de Camus tels qu'ils apparaissent dans notre texte. Les représentants d'autres délégations qui prennent la parole ensuite peuvent commenter aussi le discours de leur(s) devancier(s) à la tribune.

A l'écrit

4. Rédaction: Pendant le débat (voir 3 ci-dessus) les autres membres des groupes prennent des notes pour pouvoir plus tard rédiger un compte rendu des interventions, comme s'ils devaient l'envoyer à leur gouvernement.

5. Rédaction: Récrivez sous la forme d'un compte rendu (au passé, et à la troisième personne) la première partie du texte de Camus (lignes *1–15*). Commencez par une phrase telle que: 'M. Camus a d'abord posé la question de savoir quels étaient . . .' Les expressions suivantes pourront vous être utiles: *il croyait/pensait que, il a dit/affirmé/estimé/ déclaré que, il était prêt à, examiner, traiter de, exposer, pour lui, à ses yeux, ensuite, puis, alors, pour finir.*

6. Rédaction: La fin justifie-t-elle les moyens? Donnez des exemples concrets tirés de la vie politique ou bien d'autres domaines (personnel, professionnel ou autres) (250 mots environ).

7. Version: traduisez en anglais les lignes
17–29.

8. Thème: Traduisez en français, en utilisant le plus possible d'expressions et de constructions tirées du texte:

No economic problem, however unimportant[1] it may appear, whichever nations are involved, whether or not they wish to live in isolation from[2] the rest of the world, can be solved without reference to other nations. We therefore come back to the notion of
4   international laws. What means are available to create laws that are[3] above the various national governments? I can see only one: setting up a legislative body, elected by all the world's citizens. This parliament alone could claim to be establishing justice and human happiness. The only drawback is this. Elections, as I have defined them, must take place with
8   the mutual agreement of all existing governments, whether or not they themselves be democratic. However, as a student of international politics, I can find nothing to say to counter the idea held by some statesmen that this universal agreement between nations would never come about through peaceful means: as long as[4] the prospect of democratic
12   elections represents a risk for some governments, they would refuse point blank to enter into such an agreement. For indeed how can a government that takes no account of the wishes of its own citizens contribute to world unity at the price of its own existence?

We therefore have to pose the problem of international relations in new terms — in
16   realistic terms rather than idealistic ones.

Notes: [1]*secondaire*, [2]*à l'écart de*, [3]*voir GS 4, §3.6, p. 65,* [4]*tant que.*

TEXTE DEUX: Le pouvoir et les étudiants

Un jour du début de novembre 1963, passant à Saint-Germain-des-Prés, au carrefour de l'Odéon, au Quartier latin, je fus stupéfait de voir l'énorme quantité de forces de police et de militaires casqués qui s'y trouvaient massés dès la matinée. Des ambulances blanches surmontées d'énormes croix rouges disaient assez la fermeté d'intention du ministère de   4
l'Intérieur. Le gouvernement avait été incapable de réunir autant d'agents, et aussi décidés, au cours de la fameuse nuit d'avril 1961 où l'on entendit le Premier ministre, Michel Debré, larmoyer à la radio en suppliant les citoyens — redevenus subitement dignes de considération — de se rendre à pied à l'aérodrome de Villacoublay arrêter à coups de   8
pantoufle et d'eau bénite les mercenaires putschistes supposés envolés d'Alger pour renverser la «république». Cette fois, c'était plus sérieux, et le pouvoir savait se montrer ce qu'il était, et, comme toujours quand la France parle, il avait dans le déploiement de la force cette merveilleuse générosité du régime, alliance du pot de fer et du pot de vin contre le pot   12
de terre et la poule au pot. C'était le jour de la séance solennelle de rentrée de l'Université de Paris, et dès lors, ce jour qui devrait être l'apothéose du rayonnement spirituel de la France dans la sérénité des cœurs et la lumière de la culture, est devenu un jour remarquable par ses charges de police.   16

Le même spectacle fut donné aux amis de la culture française à la fin de ce même mois de novembre 1963, lorsque les mêmes étudiants, désespérant de pouvoir écouter physiquement les cours de leurs professeurs faute de place dans les amphithéâtres, choisirent de faire coïncider une nouvelle manifestation avec la visite à Paris du président de la République   20
italienne, M. Segni. Ce dernier devait être — et fut — fait docteur *honoris causa* au cours d'une de ces interminables mascarades officielles qui absorbent les deux tiers du temps des dirigeants, dans les régimes personnalisés. Le préfet de police commença par interdire la manifestation, sans doute en vertu du droit de réunion inscrit dans la constitution, et prévint   24
les étudiants qu'ils risquaient six mois de prison ferme au cas où ils persisteraient à réclamer d'être enseignés. La police frappa de nouveau, avec cette violence et cette haine du citoyen qui caractérisent en propre la police française, et, dépassant de beaucoup ce qu'exigeait la dispersion des manifestants, elle appliqua très largement les instructions, qui étaient de ne   28
pas se borner à faire circuler, mais de venger le pouvoir en se livrant à une véritable opération punitive. L'après-midi, carrefour de l'Odéon, je vis des groupes d'agents rigolards guetter les visages jeunes, parmi les passants, se précipiter sur eux et les matraquer, bien après la fin des rassemblements. On sait qu'il n'y a, dans la France actuelle, *aucun recours*   32
contre ce genre d'oppression. La victime de l'abus sera, si elle proteste, condamnée par

36 n'importe quel tribunal pour «outrage à agent», le passant qui cherche à s'interposer sera aussitôt assommé et embarqué, et les étonnements fuyards de la presse n'ont depuis longtemps plus aucun effet sur le pouvoir ni sur le pays.

La dictature commence à partir du moment où une opinion publique, hébétée de propagande, trouve admirable ce qui est normal et normal ce qui est odieux. Déjà il était peu banal de voir, le jour de la rentrée universitaire, le Quartier latin interdit par des barrages de
40 police à ceux-mêmes qui devaient en principe y «rentrer»; il devenait intéressant et révélateur de la *nature* du régime, de voir, au moment de la visite — bien inutile — d'un chef d'Etat étranger, des monômes d'étudiants écrasés comme de formidables insurrections armées. C'est que le régime était, là, touché au point sensible. Consistant, pour 80% de son
44 activité, en *public relations*, réalisant une de ses impostures familières qui était d'utiliser le prestige — immérité — de la Sorbonne pour attirer un étranger chez nous afin de lui mugir, en l'honorant, à quel point nous lui sommes supérieurs, il trouvait humiliant que cet étranger pût constater que la Sorbonne était faite pour le plastronnage ministériel plus que pour
48 l'enseignement.

J.-F. Revel, *En France, la fin de l'opposition*, Julliard, 1965

A. PREPARATION DU TEXTE

Notes

et aussi décidés (5): 'and such determined ones at that'.

la fameuse nuit d'avril (6): à Alger, c'était le moment de la révolte ('putsch') des quatre généraux qui appelèrent à l'insurrection contre le gouvernement gaulliste parce que celui-ci voulait accorder l'indépendance à l'Algérie.

Michel Debré (6): homme politique absolument dévoué au Général de Gaulle et un des principaux créateurs de la Cinquième République.

à coups de pantoufle et d'eau bénite (8–9): parce que, d'une part, il faisait nuit et que les gens étaient confortablement installés chez eux, et que, d'autre part, on leur avait demandé de prier pour la France.

supposés envolés (9): 'supposed to have taken off'.

alliance du pot de fer et du pot de vin contre le pot de terre et la poule au pot (12–13): jeu de mots basé sur un proverbe français et deux expressions comprenant le mot 'pot'. Le proverbe 'c'est le pot de terre contre le pot de fer' signifie que la lutte du plus faible contre le plus fort est

inutile. Un 'pot de vin' est une sorte de pourboire illicite fait, par exemple, à un fonctionnaire. 'La poule au pot' est un plat traditionnel entre tous puisqu'il remonte au roi Henri IV qui avait promis au peuple français que celui-ci pourrait se l'offrir tous les dimanches.

rentrée, rentrer (13, 39, 40): veut dire ici le début de l'année scolaire qui, en France, a de tout temps été accompagné de cérémonies estudiantines très mouvementées.

rayonnement spirituel de la France (14): la France a reconnu l'importance de la culture comme moyen de faire sentir l'influence française dans le monde. Notez les deux sens de *spirituel*: ici, *appartenant à l'esprit*, mais aussi *plein d'esprit*, c'est-à-dire d'humour intelligent.

les régimes personnalisés (23): ceux qui étaient opposés au Général de Gaulle appelaient son régime un régime de pouvoir personnel.

rigolards (30): expression populaire. Les agents riaient en frappant les étudiants. Cp. *rigoler* — s'amuser, rire; *rigolo, -ote* (adj.) — amusant.

monômes (m) (42): une espèce de défilé d'étudiants qui dansent dans la rue, d'habitude à la fin de l'examen de baccalauréat en juin. Le monôme exprime la joie de vivre et non pas une opinion politique.

pour le plastronnage ministériel (47): 'as a government shop-window'.

Vocabulaire

1. Traduisez en anglais et selon leur sens dans le texte les expressions suivantes:
dès la matinée (3), larmoyer (7), à coups de (8), savait se montrer (10), dès lors (14), rayonnement spirituel (14), sérénité des cœurs (15), physiquement (18), faute de place (19), prévint (24), en propre (27), très largement (28), faire circuler (29), guetter (31), matraquer (31), aucun recours (32), 'outrage à agent' (34), assommé et embarqué (35), étonnements fuyards de la presse (35), hébétée (37), Déjà il était peu banal (38–39), point sensible (43).

2. Sur la base de ce texte composez une liste de mots ayant trait à l'enseignement supérieur.

Commentaire grammatical

(i) Devices for emphasis

Stressed position: *Cette fois (10), dès lors (14), Déjà (38);* these adverbial phrases are given prominence by their initial positioning in the sentence. The unusual positioning of *là (43),* reinforced by its being isolated by commas, also stresses this adverb.

Changed order of adjectives and nouns creates emphasis: *énorme quantité (2)* (the adjective would normally follow); *visages jeunes (31)* (this adjective would more commonly precede).

n'ont depuis longtemps plus aucun effet (35–36): a strong negative effect is obtained by placing the adverbial expression of time *depuis longtemps* immediately after the verb, thus leaving to the end, as the climax of the sentence, the already strong negative ... *plus aucun.* A similar build-up towards a climax may be seen in *ce jour ... charges de police (14–16):* the key element of the sentence is kept to the end, emphasising the contrast between the expectation and the reality.

Repetition: a repetition of the adjective *même(s)* with three nouns in the same sentence (*17–19*) is a rhetorical device for emphasis.

(ii) Other grammar points

L'après-midi, carrefour de l'Odéon (30): it is normal for French to use *l'après-midi, le matin, le soir,* where English would say 'in the afternoon', 'in the morning', 'in the evening'. Note, too, the dropping of the preposition *à* before *carrefour de l'Odéon* used as an adverbial expression of place. This occurs frequently with street-names. (See also p. 69.)

Compréhension du texte

1. A quelles occasions les deux manifestations dont parle le texte ont-elles eu lieu? De quoi se plaignaient les étudiants?

2. Quelle est l'importance du *rayonnement spirituel de la France (14)?*

3. Expliquez l'ironie de la phrase *sans doute en vertu du droit de réunion inscrit dans la constitution (24).*

4. Expliquez en quoi la police *appliqua très largement les instructions (28).* Pourquoi l'a-t-elle fait?

5. En quoi ces deux incidents ont-ils contribué à révéler l'attitude du gouvernement envers l'enseignement supérieur?

6. Qu'est-ce qui nous montre la sympathie de l'auteur pour les étudiants et son hostilité aux forces de l'ordre et par là au gouvernement de de Gaulle?

B. EXERCICES DE RENFORCEMENT

A l'oral

1. Préparez des réponses orales aux questions suivantes:

(a) Qu'est-ce que l'auteur a vu en novembre 1963 au Carrefour de l'Odéon?
(b) Que s'est-il passé au cours de la fameuse nuit d'avril 1961?
(c) Pourquoi le jour de la rentrée solennelle de l'Université de Paris est-il devenu remarquable?
(d) Qu'ont fait les étudiants et, par la suite, le préfet de police et les agents au moment de la visite de M. Segni, et pourquoi?
(e) Si une victime des abus policiers protestait, que se passait-il à cette époque en France?
(f) Pourquoi le régime a-t-il réagi si violemment devant l'action des étudiants?

Exercices lexicaux

2. Sur le modèle *passer — le passant (31)*, cherchez dans ce texte et dans l'autre texte de ce module une demi-douzaine de verbes dont les participes présents peuvent être employés comme noms. Vous les mettrez ensuite dans des phrases qui en montrent le sens.

3. Traduisez en français en vous servant de mots et expressions tirés du texte:

(a) The Home Office ordered the arrest of three people armed with automatic rifles who had flown in from Algiers.
(b) They were suspected of having come to overthrow the government.
(c) The Minister for Home Affairs spoke first during the special parliamentary sitting.
(d) He said that despite the laws guaranteeing the right of assembly, a forthcoming demonstration against the visit of a foreign head of state would be banned.
(e) He deplored the use of force in dispersing large gatherings, but warned anyone intending going to a demonstration that henceforward they ran the risk of a month in jail.

Exercices grammaticaux et structuraux

4. Composez des phrases comportant les expressions suivantes:

(a) *autant . . ., et aussi . . . (5)*
(b) *supposé*+participe passé *(9)*
(c) *faire*+infinitif, sur le modèle de *faire coïncider une nouvelle manifestation avec . . . (19–20)*
(d) *risquer*+objet direct *(25)*
(e) *risquer de*
(f) *se risquer à*
(g) *trouver*+adjectif *(38)*

5. Récrivez au futur le passage qui va de *Le même spectacle . . .* jusqu'à *. . . sur le pays (17–36)*, en changeant le temps des verbes là où c'est nécessaire.

6. Faites des phrases complexes d'après le modèle suivant:

La campagne   risque de   dégénérer.
    A   B   C

A L'élection présidentielle va bientôt s'ouvrir.
B Le risque est très grand.
C Cette dégradation voit s'affronter deux traditions anachroniques.

= La campagne pour les élections présidentielles, qui va bientôt s'ouvrir, risque fort de dégénérer en un affrontement entre deux traditions anachroniques.

(a) Les agents   matraquèrent   les étudiants.
      A   B   C

   A Ils étaient équipés de casques et de boucliers.
   B Ils agirent avec violence et haine.
   C Ils participaient à des monômes pour fêter la fin des examens.

(b) Les étudiants   manifestèrent
      A   B
     contre le manque de locaux.
          C

   A Les autorités interdirent la manifestation.
   B Ils choisirent le jour de la visite officielle du président de la République italienne.
   C Ils ne pouvaient suivre les cours, faute de place dans les amphithéâtres.

(c) Le passant fut assommé par les agents.
     A   B   C

   A Des personnes cherchaient à s'interposer entre les étudiants et la police.
   B Il passait de l'autre côté de la rue.
   C Ils n'ont rien à craindre des tribunaux.

7. 'La dictature commence à partir du moment où une opinion publique, hébétée de propagande, trouve admirable ce qui est normal et normal ce qui est odieux' *(37–38)*.

Prenez la phrase ci-dessus comme modèle et faites trois phrases avec les débuts suivants. Imitez la structure de la phrase modèle dans le moindre détail, mais changez le vocabulaire.

Exemple: La guerre commence à partir du jour où un peuple, trompé par des mensonges, croit beau ce qui est acceptable et acceptable ce qui est inhumain.

La démocratie commence à partir du moment . . .
La terreur . . .
La révolution . . .

8. Classez les verbes du texte en quatre groupes selon la forme de la 3ᵉ personne de leur passé simple.

C. EXPLOITATION DU TEXTE

A l'oral

1. Saynètes:

(a) Conférence de presse: des journalistes posent des questions à des étudiants et à des passants immédiatement après une manifestation pour l'augmentation des bourses d'étude, manifestation où il y a eu des échanges de coups de poing et de matraque entre la police et les étudiants.

(b) Tribunal: le magistrat et ses députés posent des questions à une demi-douzaine d'étudiants qui ont été arrêtés à la suite de la manifestation décrite ci-dessus.

A l'écrit

2. Rédaction: Vous avez assisté comme spectateur aux manifestations dont il est question dans le texte de J.-F. Revel, et vous écrivez à votre député pour protester contre l'action de la police que vous jugez indigne d'un pays démocratique et qui, pensez-vous, fera beaucoup de mal à la réputation de la France à l'étranger. Vous décrivez les scènes auxquelles vous avez assisté et vous exigez que des mesures soient prises pour empêcher que cette conduite ne se renouvelle (250 mots).

3. Rédaction: Ecrivez le rapport que M. Segni aurait pu faire au gouvernement italien sur sa visite à Paris (200 mots — en français bien sûr).

4. Rédaction: Le préfet de police, qui a interdit la manifestation est invité à écrire, pour un périodique, un article de 250 mots. Celui-ci est intitulé: 'Sans ordre et discipline, il ne peut y avoir de démocratie'. Ecrivez cet article pour lui.

5. Version: Traduisez en anglais les lignes *1–16*.

6. Thème: Traduisez en français en vous servant le plus possible d'expressions tirées du texte:

for 6 May

  Everywhere students are demonstrating against increased fees.[1] Never have there been so many occupations of university administrative offices. This time it is more serious than before. It is living conditions that are at stake. As for student leaders, they are much more
4 rational than the leftist groups, who, for their part, still think they can use the universities to change society. However, what is not at all obvious to students as a whole is what their leaders can do in the present difficult economic situation. Apathy begins from the moment when student opinion, confused by government propaganda, finds praiseworthy what is
8 tolerable and tolerable what is effectively against their interests. It is to create such an atmosphere of apathy that the government's work, consisting as it does mainly of public relations, is carried out. There seems to be no way out of this situation at present. Moreover, it is a long time since the feeble protests of university teachers have had any effect at all, on
12 the government or on public opinion.

Note: [1]*droits d'inscription*

GRAMMAR SECTION 10: *Emphasis*

§1. Preliminaries
§2. Giving Prominence by Initial Positioning
§3. Reinforcement by Duplication or Substitution
§4. Framing or Introduction

§1. Preliminaries

There are three principal ways of emphasising a word or word-group within a French sentence:

INITIAL POSITIONING, or changing word order to place at the beginning of a sentence a unit which normally occurs elsewhere.

REINFORCEMENT, or the use of duplication or substitution to reinforce a word or word-group.

FRAMING OR INTRODUCTION, the use of a 'framing' structure or an introductory expression.

Generally speaking the same means are used in both formal and informal French to create emphasis. However, examples more typical of the formal written language are indicated by (W), and those of the informal spoken language by (S). Spoken forms should not normally be used in writing.

§2. Giving Prominence by Initial Positioning

2.1 *Adverbs and adverbial phrases:*

Partout, *les assemblées retrouvent leur influence.*
Très tôt, *il apparaît comme l'un des hommes qui montent au sein du parti.*
Le quatre août, *l'Angleterre déclarait la guerre.*

Jamais les agressions à main armée ne furent plus nombreuses. (W)

(See also GS 7, §1.3, p. 112.)

2.2 *Adjectives and adjectival phrases:*

Grande fut sa surprise instead of *Sa surprise fut grande.*
Gêné, *je répondis que je ne m'en souvenais pas* instead of *Je répondis, gêné, que je ne m'en*

souvenais pas.
Affaibli par la maladie, *Mozart mourut à l'âge de 35 ans* instead of *Mozart, affaibli par la maladie, mourut à l'âge de 35 ans.*

159

N.B. A similar device of emphasis is found in the positioning before a noun of an adjective which would usually occur after a noun, as in:

*C'était l'enjeu innocent des ces **contradictoires** espérances.*   (W)

*Beaucoup d'efforts vont être déployés pour retarder encore cette **redoutable** échéance.*   (W)

(See also GS 7, §4.2, pp. 115–116.)

EXERCISE A: Emphasise the italicised unit by placing it at the head of the sentence. This may at times entail a certain change in the general word order or the addition of other terms.

(a) Le Président a *sans doute* compris que les tâches qui l'attendent vont être rudes.

(b) Un tel dialogue commencera *peut-être* avec la campagne présidentielle.

(c) Il faut abandonner *ces arguments-là* à l'opposition.

(d) La politique doit refléter et guider *ces nouvelles aspirations.*

(e) Une cinquantaine d'espions ont été *démasqués* et expulsés, a-t-on appris de source autorisée.

(f) On en connaît *le principe.*

(g) Jean Dol, qui était *incarcéré* depuis le 31 octobre, a été libéré samedi de la prison de la Santé.

---

§3.   Reinforcement by Duplication or Substitution
(cp. also GS 1)

3.1 If the subject of the sentence is a PRO-NOUN, a reinforcing pronoun may be used in the following positions:

– immediately before the subject pronoun:
   ***Moi**, je ne pense pas.*   (S)
   ***Ça**, ça m'est égal.*   (S)

– immediately after the verb (and before a following infinitive or preposition):

*Il n'espérait pas, **lui**, pouvoir sortir de cette situation difficile.*
*Vous y croyez, **vous**, aux horoscopes?*

– at the end of the sentence:
   *Elle n'a pas encore rencontré son patron, **elle**.*   (S)
   *Tu t'abaisserais ainsi, **toi**?*   (S)

3.2 The pronoun subject of the sentence may be emphasised simply by using the stressed form of the personal pronoun (in the third person masculine only),

e.g. *Eux l'ont tué.*   (S)
   Lui l'a fait.   (S)

3.3 If the subject of the sentence is a NOUN, a reinforcing pronoun may occur:

– immediately after the subject:
   *Jean-Pierre, **lui**, préfère s'asseoir par terre.*

– immediately after the verb (and before a following infinitive or preposition):
   *Jean-Pierre préfère, **lui**, s'asseoir par terre.*
   *Les enfants y vont, **eux**, au jardin public.*

3.4 A subject noun may be reinforced by placing it at the end of the sentence:
*Il ne savait que faire, **le pauvre homme.***

*Par un si beau temps, c'était magnifique, **ce sport.***

3.5 Reinforcing, by recalling a subject (noun or pronoun) through the use of *c'est*:
Ma distraction, c'est la télé. (S)

Aller à pied, ce serait bien long.
Ces gens-là, c'est le cynisme même. (S)

3.6 Reinforcing an object noun, an attributive adjective or a noun clause by the insertion of a pronoun, and by placing the object at the beginning or end of the sentence:
Ton sort, *la victoire l'a fixé.*

*Je **la** voyais déjà, **ma table.***
***Ses idées,** je ne **les** comprendrai jamais.*
***Sévère,** il **l'**est comme tu le dis.*
*Je **le** sais bien, **que les fleurs vont éclore.***

3.7 Reinforcing a prepositional object by placing it at the beginning or end of the sentence and inserting the personal pronouns *y* and *en*:

(a) ***Votre proposition,** il n'**y** pense pas.* (S)
    or
    *Il n'**y** pense pas, **à votre proposition**.* (S)
    instead of
    Il ne pense pas à votre proposition.

(b) ***Leurs arguments,** il s'**en** moque bien.* (S)
    or
    *Il s'**en** moque bien, **de leurs arguments**.* (S)
    instead of
    Il se moque bien de leurs arguments.

EXERCISE B: Re-write the sentences, adding a reinforcing pronoun to emphasise the italicised word:

(a) *Je* crois qu'il pense très différemment.
(b) Je crois qu'*il* pense très différemment.
(c) *Ses enfants* n'ont pas perdu de temps.
(d) *Votre politique* reflète les aspirations de la masse.
(e) D'autres *commentaires* l'attribuent à une volonté délibérée de changer de politique.
(f) On ne peut pas *lui* en vouloir de tenter un ultime effort pour limiter les dégats.
(g) Ses *parents* ne partagent pas la conviction de leur fille.

§4. Framing or Introduction

4.1 Stressed position

The position of the stress accent in a French sentence is much less free than in English. In English any word may be stressed according to the emphasis the speaker wishes to give. For example, the sentence 'Paul lent me this bicycle' contains five possible statements:

1. **Paul** (not **Ian**) lent me this bicycle.
2. Paul **lent** (did not **give**) me this bicycle.
3. Paul lent **me** (not **you**) this bicycle.
4. Paul lent me **this** (not **that**) bicycle.
5. Paul lent me this **bicycle** (not this **pony**).

When a French person speaks, however, his sentences are divisible not into separate words which are audibly distinct, but into longer units — sense-groups — where several words may be run together. In French, although there is an initial stress, the main stress generally falls on the last syllable of each sense-group. Thus, if a French speaker wishes a particular word to catch the stress he arranges his sentence in such a way that the word in question figures at the end of a sense-group. The English sentence quoted above may be translated into French in five ways (the vertical strokes mark off the sense-groups):

1. (a) *Ce vélo m'a été prêté par **Paul**.*
   (b) *C'est **Paul** | qui m'a prêté ce vélo.*
2. *Ce vélo, | Paul me l'a **prêté**.*
3. *C'est à **moi** | que Paul a prêté ce vélo.*
4. *Paul m'a prêté **ce vélo-ci**.*
5. *C'est ce **vélo** | que Paul m'a prêté.*

4.2 Emphasis by use of a **'framing' structure**, e.g. *c'est . . . qui . . .*, or *c'est . . . que. . . :*
***C'est** une bonne fessée **qui** lui ferait du bien.*
***C'est** à Besançon **que** je l'ai rencontré pour la première fois.*

EXERCISE C: Emphasise the unit printed in italics by using the 'framing' structure *C'est . . . qui . . . or C'est . . . que. . . .*

(a) Il a tenu son premier conseil des ministres *à Lyon.*
(b) Un soir il emmène son fils Henri *dans un bistro des Halles.*

(c) Il est allé faire un banquet *en Alsace.*
(d) Il établit *lui-même* les menus de l'Elysée.
(e) Je vous ai écrit *pour vous demander ce rendez-vous.*
(f) Le secrétaire d'Etat fera *une escale de 4 heures* dans la capitale danoise.
(g) Les carabiniers n'ont pas identifié *sans une certaine stupeur* l'homme qu'ils avaient arrêté.
(h) Ils se préoccupent *moins de la construction de l'Europe* que de leurs rapports avec les partis communistes.

4.3 Emphasis by using an **introductory structure**:
Ce qui . . ., c'est (ce sont) . . .; or Ce que . . ., c'est (ce sont) . . .:
***Ce qui** est moins clair dans les esprits, **c'est** ce que veut faire le Président.*
***Ce qu'**il y a de vivant et de constructif dans la politique, **c'est** la part de dynamisme . . .*

N.B. It is the unit (word, word-group, phrase or clause) which follows *c'est* which is emphasised, i.e. *ce que veut faire le Président*
la part de dynamisme . . .
Note also that the verb tense involved in the structure may well be other than the present tense illustrated above.

EXERCISE D: Emphasise the unit printed in italics in each of the sentences by using the introductory structure *Ce qui . . . c'est . . ., Ce que . . . c'est . . ., or Ce dont . . . c'est . . .:*

(a) *Les tendances politiques dans la région* sont plus complexes.
(b) Les produits fabriqués suivant les normes de nos usines sont vendus à *des prix* très compétitifs.
(c) *Le train* coûte moins cher et est beaucoup plus sûr que l'avion en hiver, avec tous ces risques de brouillard.
(d) Personne ne prévoyait *une issue aussi résolue à cette journée de protestation.*
(e) Ils se préoccupent moins de *la construction de l'Europe* que de leurs rapports avec les partis communistes.

4.4 Emphasis by using an **introductory term**, e.g. *quant à, voilà,* etc.

4.4.1 *Quant à . . .; En ce qui concerne . . .; Pour . . .:*
***Quant à** son parricide, il l'avait oublié.* (W)
***En ce qui concerne** ses accusations, je n'ai plus rien à vous dire.*
***Pour** mon mariage, c'est un peu différent.* (S)

4.4.2 *Voilà . . .; Voici . . .;* (sometimes preceded by a pronoun: *Me voici); Voilà que . . .; Voici que . . .:*

***Voilà** le merle qui siffle: c'est le mois d'avril.*
***Voilà** donc ce que j'aperçois au fond de cette triste nuit.*
*Me **voici** bien inutile entre ces deux cadavres.*
***Voilà** qu'il a institué le petit déjeuner politique avec Kissinger.*

EXERCISE E: Emphasise the unit printed in italics by using the introductory terms *Quant à . . .* or *En ce qui concerne. . . .:*

(a) *Les déjeuners de travail avec ses ministres* se sont multipliés.

'(b) On continue à ignorer où se trouve *le jeune José Luis* enlevé mardi par un commando mal identifié.

(c) On ignore la teneur des *conversations* entre le ministre de l'Intérieur et ses interlocuteurs français.

(d) Il est bien trop tôt pour faire état d'*une telle information*.

(e) Il a fallu beaucoup de courage *aux parents* pour essayer d'arracher leur fille à cette secte.

XI On se parle

Experience of the French language shows that it is no more a monolithic structure than our own language. Neither tongue has a single set of rules governing all occasions, but rather a complex and varied structure in which the rules must bend with the use to which the language is put. Some of the most basic differences in usage occur between the written and spoken languages. One is a visual medium, the other aural, and they are so different in their working that they are often described as separate *codes*. In this module we shall look first at the general differences between the written and spoken forms of French, and then at the variations that occur within the spoken language itself. In our next module we shall be looking at one particular variety of written French: the letter.

Face to face communication poses different problems from communicating on paper. In speech, shortened forms of words or sentences are often used, and statements may even be left incomplete as we make use of facial expression and gesture ('body language') to convey or complete meaning. Emphasis is expressed by intonation or by repetition, and we often insert filler-words to bridge gaps while we think what next to say, or how best to phrase an idea. Examples of all of these may be seen in the following passage from Sartre's *Huis clos*:

GARCIN: Ah! bon. Bon, bon, bon. *(Il regarde autour de lui.)* Tout de même, je ne me serais pas attendu . . . Vous n'êtes pas sans savoir ce qu'on raconte là-bas?
LE GARÇON: Sur quoi?
GARCIN: Eh bien . . . *(avec un geste vague et large)* sur tout ça.
LE GARÇON: Comment pouvez-vous croire ces âneries? Des personnes qui n'ont jamais mis les pieds ici. Car enfin, si elles y étaient venues . . .
GARCIN: Oui.

Ils rient tous deux

To convey anything like the same meaning, the written language has recourse to longer, 'fuller' sentences. Emphasis is conveyed by written expressions, not by intonation. In general the written code uses more complex constructions (i.e. with more subordinates) for the reader may go back over any passage not understood, unlike the listener. Moreover in French the difference between the written and spoken codes has become more marked than in many other European languages thanks to a strong tradition of prescriptive grammar (grammar books laying down the law as to how people should write). Over the past three and a half centuries French grammarians have succeeded in slowing down the evolution of their written language but they have naturally failed to influence the spoken language to the same extent. This helps to account for the survival of the past historic and imperfect subjunctive in written French and their disappearance from spoken French.

A common mistake made by learners of French is to equate written French with formal or 'correct' French, and spoken French with informal or colloquial usage. In fact a whole range of styles from the formal to the informal are to be found in both written and spoken modes. Within the spoken language itself the same speaker would adopt very different styles in an academic lecture and in a chat in a *bistro*. What factors create these different sorts of spoken French? Three only need be mentioned here: the degree of formality of the occasion, the social origins of the speaker and the area in which he was brought up. Traditionally we have measured all varieties of spoken French against one particular variety: the *formal speech of an educated bourgeois from Paris.* The French of the educated Parisian enjoys a unique prestige, but linguistically it is no 'better' than any other form of French, just as London English is no 'better' than that of Scotland or Yorkshire.

Set against this standard of Parisian French you may hear of three broad varieties of spoken French: *le français familier* (informal), *le français populaire* (working class) and *les français régionaux* (regional). These are by no means watertight categories since they are closely inter-related and a Frenchman will switch from one to the other as the occasion demands, or the company changes. Moreover the *français familier* of an educated person from Lille might contain regional or popular elements. Similarly the *français populaire* of a working class Marseillais will be strongly coloured with regionalisms.

The two texts used here are examples of different styles of spoken French. The first is the relaxed style of a middle-class Frenchman speaking with someone with whom he has no close acquaintance. The second is that of a family from a working class district in Paris, in colloquial conversation.

TEXTE UN: Entrevue entre M. P. Desgraupes et M. G. Trigano, PDG du Club Méditerranée

C'est un petit homme de cinquante-deux ans, timide et empressé, et qui s'amuse comme un enfant à inventer ses rêves et ses jeux.

Desgraupes: Gilbert Trigano, lorsque vous avez besoin de remplir un formulaire d'identité, dans les aéroports par exemple, je voudrais savoir ce que vous inscrivez à la rubrique «profession».

Gilbert Trigano: Je vais vous montrer ça tout de suite.

(On a l'impression qu'il a déjà trouvé une occasion de s'échapper. Il va chercher son passeport sur lequel je lis: « Organisateur de vacances»).

P.D. C'est une profession?

G.T. Oui, c'est une profession. C'est même nous qui l'avons créée!

P.D. Pourquoi ne mettez-vous pas «industriel»? On dit bien: «L'industrie des vacances» . . .

G.T. Parce que ce n'est pas une industrie . . .

P.D. Ni un commerce?

G.T. Pas non plus tout à fait un commerce, non.

P.D. Au fond, vous voudriez à la fois faire des affaires et du prosélytisme. C'est ça?

G.T. Je crois que les deux ne sont pas incompatibles.

P.D. Vous gagnez beaucoup d'argent?

G.T. Moi? Oui! beaucoup. Je gagne 30.000 F par mois.

P.D. Et peut-être même un peu plus, non?

G.T. Oh! il n'y a aucun mystère! Avec mon intéressement au Club, mes dividendes du Club, j'ai déclaré cette année 600.000 F au fisc sur lesquels il m'en prend 300.000 F. (*Il rit*). Ça va très bien!

P.D. Le Club appartient à des banquiers, n'est-ce pas?

G.T. Oui. Disons qu'il appartient à des grands groupes.

P.D. Ces banques sont avec vous pour gagner de l'argent, j'imagine?

G.T. Je crois que si les banques mettent de l'argent dans une affaire c'est toujours pour en gagner davantage. Mais je crois qu'en plus le Club les passionne et les amuse. Vous savez, au niveau de ces grandes entreprises, c'est une toute petite chose le Club, c'est quasiment rien pour eux.

P.D. En somme, vous êtes leur danseuse.

G.T. Oui. On est un peu leur danseuse, leur part de fantaisie, de rêve.　32

P.D. Il arrive qu'on se lasse des danseuses.

G.T. C'est sûr, il appartient aux danseuses de se renouveler. Et puis, si on se lasse d'une danseuse, on se lasse peut-être moins d'un corps de ballet. Regardez le Bolchoï, ça dure.　36

P.D. Le Bolchoï n'est pas une entreprise capitaliste. Qu'est-ce que vous feriez si, tout d'un coup, le Club Méditerranée se trouvant en difficultés, vous perdiez votre place?

G.T. (*excité*): Oh là là! là là! deux mille choses!...

P.D. Citez-m'en seulement deux ou trois.　40

G.T. Bon (*Il réfléchit*). J'essaierais de me faire embaucher par les Juifs et les Arabes pour faire du Sinaï...
(*Le voilà qui se lève à nouveau et va devant une carte.*)
Vous voyez ce petit truc qui est là, vous en avez entendu parler? C'est un désert. Il y a　44
2.600 habitants d'origine, et c'est pourtant l'objet de pas mal de bagarres. Alors, moi, je proposerais d'en faire un Etat touristique palestinien. Je viendrais y travailler auprès des gars qui seraient là pour essayer d'en faire l'Etat touristique le plus fabuleux du monde. Et dans vingt-cinq ans les Palestiniens prêteraient de l'argent à　48
tout le monde: aux Juifs, aux Arabes, aux Américains...

P.D. Moi qui ne suis pas Juif, l'idée de transformer le Sinaï en Baléares me paraît choquante.

G.T. Pourquoi? Pourquoi? C'est un fabuleux lieu de tourisme parce qu'il offre tout. Et　52
puis il y a aux Baléares des coins merveilleusement sauvages.

P.D. Ceux où vous n'êtes pas allés?

G.T. Mais qu'est-ce que vous croyez? Nous sommes de bons sauvages. Nous apportons une vie discrète, dans un coin. (*Un temps, puis, contre-attaquant.*) Et puis, vous　56
savez, le désert qu'il faut garder pour qu'un esthète, quand il en a envie, puisse y aller une fois de temps en temps s'émouvoir, moyennant quoi le reste du temps ça crève, moi, ce cinéma-là, c'est pas mon idée!

P. Desgraupes, *Le Point*, 26 mars 1973

A. PREPARATION DU TEXTE

Notes

PDG (titre): Président-directeur général, 'managing director'.

prosélytisme (m) (16): 'crusading for a cause'.

30.000 F (19): au moment où nous mettons sous presse la livre sterling vaut 9 F. Notez l'emploi du point et de la virgule dans les chiffres suivants: 2.500 F et 9, 50 F.

intéressement (m) (21): rémunération proportionnelle aux bénéfices.

dividende (m) (21): somme qui revient à chacun des actionnaires ('shareholders') des bénéfices réalisés par une entreprise.

fisc (m) (22): l'administration des impôts.

danseuse (f) (31): comme les actrices, les danseuses attiraient souvent le regard des hommes riches, à la Belle Epoque.

Vocabulaire

1. Expliquez en français le sens des mots et expressions suivants dans leur contexte:
empressé (1), appartient (24) cp. *appartient (34), leur part de fantaisie (32), sauvages (53)* cp. *de bons sauvages (55), une vie discrète (56), coin (56), esthète (57).*

2. Trouvez le sens des mots familiers qui suivent; dans certains cas un dictionnaire du français parlé, tel J. Marks, *Harrap's French–English Dictionary of Slang and Collo-quialisms*, London, 1970, vous sera utile:

truc (44), pas mal de (45), bagarres (45), gars (47), ça crève (58), ce cinéma-là (59).

3. Traduisez en anglais les mots et expressions suivants dans leur contexte:
formulaire (3), rubrique (5), à la fois (16), Ça va très bien (23), passionne (28), quasiment (30), se renouveler (34), si vous perdiez votre place (37–38), embaucher (41), habitants d'origine (45), choquante (51), s'émouvoir (58), moyennant quoi (58).

Commentaire grammatical

(i) Uses of prepositions

The use of prepositions in French cannot be reduced to a neat set of rules: it is most often a question of particular words or groups of words 'taking' a particular preposition.

Preposition+noun: in this text there are a number of cases where French uses a different preposition from English:
à la rubrique (4–5) ('under')
sur lesquels (22) ('from', 'out of')

Note that after a superlative the English 'in' becomes *de* in French:
l'Etat touristique le plus fabuleux du monde (47–48).

Generally with names of countries the expression of movement towards or location in a country is expressed by *en* with feminine countries, e.g. *en France, en Ecosse*, and by *à* (+definite article) with masculine and plural countries, e.g. *au Canada, aux Indes.* See *il y a aux Baléares des coins . . . (53).* GS 11, §2.1, p. 177.

transformer le Sinaï en Baléares (50): 'make the Sinaï desert into a sort of Majorca.' When *en* is used the definite article is usually omitted.

à tout le monde: aux Juifs, aux Arabes . . . (48–49): note that prepositions are usually repeated in French before all words they govern.

(ii) Other grammar points

There are a number of features of *français familier* in this text, apart from the vocabulary items listed earlier.

Grammar: *des grands groupes (25)*, the plural indefinite article does not always become *de* before an adjective coming before the noun, cp. *de bons sauvages (55).* Cp. GS 5, §1.2, p. 79.

The negative particle *ne* is occasionally omitted,
e.g. *c'est quasiment rien (30), c'est pas mon idée (59)*, cp. *ce n'est pas une industrie (13).*

Syntax: Note the relative simplicity in the structure of most sentences. Often the verb is omitted,
e.g. *Pas non plus tout à fait un commerce, non (15).*

Sometimes clauses are simply juxtaposed with neither subordination nor co-ordination,
e.g. *le reste du temps ça crève, moi, ce cinéma-là, c'est pas mon idée (58–59).*

Questions are almost always formed simply by altering the intonation,
e.g. *C'est une profession? (9)* See GS 7, §3.5, pp. 114–115.

Compréhension du texte

1. Pourquoi M. Trigano préfère-t-il le titre d'*organisateur de vacances* à celui d'*industriel* ou de *business-man*?

2. Quelle est, d'après M. Trigano, l'attitude des banquiers envers le Club?

3. Expliquez la distinction établie par M. Trigano entre une *danseuse (32)* et *un corps de ballet (35)*. A quoi sert la distinction dans l'argument du PDG?

4. D'après le texte peut-on dire que M. Desgraupes approuve entièrement les activités de M. Trigano? Justifiez votre réponse.

B. EXERCICES DE RENFORCEMENT

A l'oral

1. Préparez des réponses orales aux questions suivantes:

(a) Expliquez le revenu annuel de M. Trigano à quelqu'un qui ne connaît que la livre sterling.

(b) Quelles pourraient être les *difficultés* auxquelles M. Desgraupes fait allusion *(38)*?

(c) Quel est *ce cinéma-là* que M. Trigano refuse de tolérer *(59)*?

Exercices lexicaux

2. Utilisez chacune des expressions suivantes dans une phrase de votre invention, de façon à bien illustrer le sens qu'elle a dans le texte: *Au fond (16), si . . . c'est toujours pour . . . (27), Il arrive que (33), il appartient à . . . de . . . (34), moyennant quoi (58).*

3. Trouvez dans un dictionnaire français tel que le *DFC* les substantifs désignant les actions des verbes suivants, et utilisez chacun d'eux dans une phrase pour illustrer la manière dont ils s'emploient en français. Par exemple *intéresser*: Il touche 3.000 F par mois, mais avec son *intéressement* à la compagnie il gagne 60.000 F par an.
remplir (3), inscrire (4), croire (17), se lasser (33), proposer (46), prêter (48), choquer (51), apporter (55), s'émouvoir (58).

Exercices grammaticaux et structuraux

4. Quelle préposition convient-il d'employer dans les phrases suivantes? Dans certains cas le choix de la préposition soulèvera aussi le problème de l'article. Indiquez dans chaque cas pourquoi vous avez choisi telle préposition plutôt qu'une autre:

(a) Que pensez-vous . . . lui? Moi? Je n'ai jamais pensé . . . lui!
(b) Il a été obligé . . . faire des économies.
On m'obligera . . . ne rien dépenser.
(c) Ce bâtiment consiste . . . vingt appartements.

'La libéralité consiste moins . . . donner que . . . donner à propos.' (La Bruyère)
(d) Avez-vous assez . . . temps . . . écrire à votre famille?
Il avait trop bu . . . oser conduire sa voiture.
(e) Il ne manque pas . . . amis.
Il a manqué . . . son devoir.
Je ne manquerai pas . . . revoir ma mère.
Le footballeur a manqué . . . but trois fois de suite.
(f) Je pars . . . France demain. *(movement towards)*

Il alla . . . Chine. *(movement towards)*
Aller . . . Moyen-Orient *(towards)* et revenir . . . Moyen-Orient *(away)*, ce n'est
pas comme si on va . . . Midi de la France.
(towards)

(g) Elle commençait . . . manger quand on
l'appela.
Le Théâtre de l'Absurde commença . . .
Ionesco.
Je commence . . . en avoir trop.

(h) Vous ne répondez pas . . . sa conduite.
Il a répondu . . . plusieurs questions pendant la séance.

(i) Pour éviter de faire un long détour, il passa
. . . la haie *((a) over (b) through)*.

(j) Il est absent deux jours . . . trois.

(k) La tour se détachait . . . le fond bleu du ciel.

5. Traduisez en français les phrases suivantes
en utilisant des expressions tirées du texte pour
rendre les mots imprimés en italique:

(a) I know a woman who *spends her time*
writing anonymous letters.

(b) He is always trying to do two things *at once*.

(c) One French person *in every* fifty took his
holidays with the Club Méditerranée last
year.

(d) It *is not up to* the holiday-makers to clean up
the polluted beaches.

(e) My daughter would like *to be taken on* as a
'monitrice' by the Club.

(f) There are *a fair number of* crooks in that
organisation.

C. EXPLOITATION DU TEXTE

A l'oral

1. Saynète: Une entrevue: Sans regarder le
texte, vous allez répondre aux questions posées
à M. Trigano par M. Desgraupes. (Ces questions vous seront posées en classe.)

2. Exposé: Quelle serait votre contribution
personnelle à l'aide au Tiers Monde?

A l'écrit

3. Rédaction: M. Desgraupes écrit pour *Le
Point* un court article exposant les idées de M.
Trigano et rendant compte de son entrevue avec
lui. Rédigez cet article (200 mots).

4. Rédaction: Mettez-vous à la place de M.
Trigano et répondez à la question suivante:

'Les voyages étant de plus en plus chers, on
est tenté de chercher des pays où le coût de la vie
permet aux Européens de prendre des vacances
aussi luxueuses que possible pour une dépense
de moins en moins grande. Vous amenez donc

des Occidentaux en Turquie, ou à plus forte
raison en Afrique, pour les y faire vivre une vie
plus exotique, à moyens égaux, que celle qu'ils
ont chez eux. Je vais résumer mon idée d'une
formule brutale: n'est-ce pas une démarche un
peu 'coloniale'? Ce genre de tourisme n'est-il
pas une exploitation pure et simple des pays en
question?' (250 mots)

5. Version: Traduisez en anglais les lignes
39–59.

6. Thème: Traduisez en français le texte suivant. Vous trouverez dans l'interview avec M.
Trigano certaines expressions que vous pourrez utiliser dans votre thème.

JEAN-MARIE: Are you and your husband going away for your holidays this year?
ISABELLE: Yes. To Le Grau du Roi as usual.

JEAN-MARIE: What! Don't you find that place too crowded? When we were in the South of France three years ago we were appalled. There were so many people.   4

ISABELLE: I like it like that.

JEAN-MARIE: Oh! Don't misunderstand me. I've nothing against people — the girls there, wow! — but not when there are so many. That year we managed to get a flat on the sea-front at Palavas. I used to spend my time counting the cars crawling past the house. The   8 traffic-jams were worse than in Paris.

ISABELLE: If there weren't so many people, you wouldn't find the facilities there you want.

JEAN-MARIE: Yes, that's my problem. I'm not very active and not very sociable. What I want is somewhere I can get peace and quiet and comfort all at the same time.   12

ISABELLE: People occasionally find ideal holiday-places like that, but once they're known about, the crowds move in. That's why more and more people are going for holidays in North Africa. Did you know that for 100F a week you can stay in a 4-star hotel in Algiers?

JEAN-MARIE: That would be O.K. if I liked Arabs, but I can't stand them.   16

ISABELLE: Basically, you're just a misanthropist, aren't you?

JEAN-MARIE: Yes, but not a misogynist. Come 'ere . . .

TEXTE DEUX: Les petits enfants du siècle

Le personnage principal du roman est une jeune fille (Josyane), l'aînée d'une famille ouvrière habitant une HLM dans la banlieue nord de Paris. En dehors de Josyane et de ses parents, la famille comporte un frère (Patrick), une sœur (Chantal) et des jumeaux. En faisant un jour des commissions pour sa mère l'héroïne rencontre un ouvrier immigrant italien avec qui elle fait sa première expérience sexuelle. Notre extrait dépeint la fin de sa rencontre amoureuse et la scène qui se déroule à son retour au foyer.

Il m'embrassa. Je dis: «Je ne savais pas que ça existait.»

— Mon Dieu, dit-il, que tu étais bonne! Je le savais. J'en étais sûr d'avance.

On recommença une dernière fois, mais après je n'en pouvais vraiment plus. «Madona, je
4   suis fou», disait Guido. On rentra à toute vitesse . . . Il me laissa un peu avant la Cité. Il me
dit une phrase, avec «morire», en souriant tristement, et me fit Tchao, en se retournant sur le
scooter, avant de tourner dans son allée.

    — Alors, qu'est-ce que t'as foutu? Le vermicelle quand est-ce qu'y va cuire? Je le
8   ramenais. On l'avait acheté avec Guido en passant, et trimbalé dans les sacoches.

    — Je me suis promenée.

    — C'est pas le moment de te promener quand je t'attends avec les commissions.

Dans ces cas-là je me tais. Mais aujourd'hui j'encaissais mal.

12   — Et quand est-ce que c'est le moment? J'ai sans arrêt des trucs à faire! j'arrête pas du
matin au soir et tous les autres se les roulent! Y a qu'à donner des commissions à Patrick, lui il
a le droit de traîner tant qu'il veut!

Patrick se détourna à peine de la télé — le seul truc capable de le faire rappliquer à la
16   maison — et me jeta:

    — Moi, c'est pas pareil, moi je suis un homme.

J'éclatai de rire.

    — Un homme! tu sais même pas ce que c'est.

20   C'était vraiment pas le moment de me sortir ça, il tombait bien, tiens!

    — Morpion!

Les jumeaux levèrent le nez de leur livre de géographie (qu'est-ce qu'une presqu'île? une
presqu'île est une terre entourée d'eau de trois côtés) et ricanèrent, ostensiblement.

24   — Tu veux te faire corriger? me dit Patrick, très chef.

    — Tra la la, tra la la, dirent les jumeaux.

    — Vous les lopes . . .

— Tra la la, tra la la!

— La ferme, dit le chef de famille, je peux pas écouter l'émission!   28

— Tra la la, tra la la, chantonnèrent doucement les jumeaux. Qui c'est qui va encore se les faire dévisser.

— Allez-vous vous taire? dit la mère. Votre père écoute l'émission. Josyane, râpe le gruère.   32

— Où c'est que t'as été te promener, dit cette punaise de Chantal, flairant un coup, pour ça elle avait de l'intuition.

— Avec une copine.

— Comment elle s'appelle?   36

— Fatima, répondis-je au hasard, de toute façon ils ne la connaissaient pas.

— Belles fréquentations, dit Patrick, moraliste.

— Je t'emmerde microbe.

— Ah! merde! dit le père. On peut pas avoir un instant de tranquillité dans cette bon dieu   40
de journée, non?

— Eh bien, Josyane? je t'ai pas dit de râper du gruère?

— Ah! la barbe! Chantal a qu'à le faire. Elle fout jamais rien! moi j'en ai marre de faire la   44
bonne!

C. Rochefort, *Les petits Enfants du siècle*, Grasset, 1961

A. PREPARATION DU TEXTE

Notes

Cité (f) (4): groupe d'immeubles ou HLM (habitations à loyer modéré) formant une agglomération plus ou moins importante, souvent dans la banlieue d'une ville, et destiné au logement des ouvriers *(cité ouvrière).*

'morire' (5): mot italien signifiant *mourir.*

foutu (7): de *foutre*, mot grossier dont le sens est en gros équivalent à celui du verbe *faire.*

trimbalé (8): 'trundled about.'

sacoches (f) (8): 'saddle-bags (of scooter).'

j'encaissais mal (11): 'I wasn't going to take things lying down.'

Y a qu'à (13): forme raccourcie de *Il n'y a qu'à . . .* = *le plus simple serait de . . .* Cp. *Chantal a qu'à le faire (43).*

il tombait bien, tiens! (20): 'Coming when it did that remark was rich!' Avec son Italien Josyane venait de découvrir ce que c'était qu'un vrai homme.

La ferme (28): expression vulgaire signifiant 'Taisez vous'.

Qui c'est qui va encore se les faire dévisser (29–30): 'who's going to come in for another clout.'

gruère (m) (32): prononciation vulgaire de *gruyère*, un fromage.

Je t'emmerde (39): 'Go and get stuffed!' *Merde (40)* ['shit'] avec ses dérivés *emmerder, se démerder* s'emploie très fréquemment en français. La fréquence de son emploi en diminue l'effet. Cp. p. 134.

Vocabulaire

1. Trouvez le sens des mots et expressions suivants:

en se retournant sur le scooter (5–6), en passant (8), traîner (14), ricanèrent, ostensiblement (23), très chef (24), râpe (31), de toute façon (37), faire la bonne (43–44).

2. Les mots et expressions suivants appartiennent tous au langage familier. Trouvez leur sens dans un dictionnaire du français parlé, par exemple dans J. Marks, *Harrap's French–English Dictionary of Slang and Colloquialisms*, London, 1970:

trucs (12), se les roulent (13), rappliquer (15), Morpion (21), lopes (26), cette punaise de Chantal (33), la barbe (43), j'en ai marre de (43).

Commentaire grammatical

Examples of 'français familier'

Phonetic simplification: *cela* is replaced by *ça (1, 20, 33)*, *tu* is abbreviated to *t' (7, 33)*, and *il* becomes *y (7, 13)*.

Grammar: the *nous* form is replaced by *on (3, 4, 8)*.
Ne is omitted from the negation *(10, 12, 17, 19, 20, 28, 40, 42, 43)*, cp. *1* and *3*.

The past historic does not usually occur in direct speech (see GS 2, §3.3.2, p. 30) and the author has therefore used it only in the narrative linking the dialogue itself. The perfect tense is used within the dialogue.

Syntax: the extract consists almost entirely of short simple sentences. There are very few examples of subordinate clauses (e.g. *10*). Very often sentences are juxtaposed without even a coordinating conjunction (*et* or *mais*) e.g. '*Y a qu'à donner des commissions à Patrick, lui il a le droit de traîner tant qu'il veut! (13–14).* Cp. *17, 20, 33–34, 37*.

Questions are rarely formed by inversion of subject and verb (e.g. *31*). Most commonly questions are expressed by rising intonation, e.g. *Tu veux te faire corriger? (24)*, cp. *40–41, 42* **or** by question word plus rising intonation, e.g. *Comment elle s'appelle? (36)* **or** by *est-ce que*, e.g. *qu'est-ce que t'as foutu? (7)*, cp. *7, 12*. But the inversion *est-ce* is sometimes avoided even in this expression, see *29, 33*. See GS 7, §3, pp. 113–115.

Affective language: the extract offers a wide range of exclamations and fillers which often occur in conversational French,
e.g. *tiens! (20), Ah! merde! (40), cette bon dieu de journée (40–41), Ah! la barbe! (43).*

Compréhension du texte

1. Comment comprenez-vous la phrase: *Dans ces cas-là je me tais (11)*? Une simple traduction ne suffira pas.

2. Comment comprenez-vous la phrase: *flairant un coup, pour ça elle avait de l'intuition (33–34)* dans le contexte du passage?

3. Expliquez les mots *Belles fréquentations (38)* lancés par Patrick à Josyane.

B. EXERCICES DE RENFORCEMENT

A l'oral

1. Preparez des réponses orales aux questions suivantes:

(a) Comment l'auteur décrit-elle la séparation des nouveaux amants?

(b) Josyane camoufle ses émotions en mentant à sa famille. Donnez des exemples de ses mensonges.

(c) Qu'apprenons-nous du caractère de Josyane dans cet extrait?

(d) Quelle impression nous font les parents?

Exercice lexical et grammatical

2. Récrivez le texte à partir de la ligne 7 en imitant le style et le langage d'une famille de la bourgeoisie parisienne.

C. EXPLOITATION DU TEXTE

A l'oral

1. Sujets de discussion:

(a) Par quels moyens l'auteur arrive-t-elle à nous faire rire?

(b) Les mensonges sont-ils inévitables en famille?

(c) 'L'incompréhension des classes sociales est ineffaçable, étant fondée dans une différence de langage aussi bien que d'esprit.' Trouvez-vous cette affirmation raisonnable ou imbue de préjugés?

A l'écrit

2. Version: Traduisez en anglais les lignes *22–44*.

3. Identifiez les différents locuteurs de la scène dans l'appartement *(7–44)* et recopiez leurs paroles en les présentant comme le texte d'une pièce de théâtre. Ajoutez des indications scéniques pour montrer les gestes des personnages et à qui ils s'adressent. Vous pouvez prendre pour modèle le texte 1 de ce module.

4. Thème: Traduisez en français:

'What d'you mean by different?' Mavis said.
'I don't know. He's just different. Says funny things. You have to laugh,' Dixie said.
'He's just an ordinary chap,' Humphrey said. 'Nice chap. Ordinary.'
But Dixie could see that Humphrey did not mean it. Humphrey had been talking a good   4
deal about Douglas during the past fortnight and how they sat up talking late at Miss
Friern's.
'Better fetch him here to tea one night,' said Dixie's stepfather. 'Let's have a look at him.'
'He's too high up in the office,' Mavis said.   8
'He's on research,' Dixie said. 'He's brainy, supposed to be. But he's friendly, I'll say
that.'
'He's no snob,' said Humphrey.
'He hasn't got nothing to be a snob about,' said Dixie.   12
'*Anything*, not *nothing*.'
'Anything,' said Dixie, 'to be a snob about. He's no better than us just because he's
twenty-three and got a good job. He's the same as what we are.'

(adapté) Muriel Spark, *The Ballad of Peckham Rye*, Penguin, London, 1960.

GRAMMAR SECTION 11: *Prepositions*

§1. **Introduction**
§2. **Prepositions used in Expressions of Place**
§3. **Prepositions used in Expressions of Time**
§4. **Prepositions used in Expressions of Manner**
§5. **Prepositions used in Expressions of Quantity and Proportion**
§6. **Prepositions used after certain Verbs**
§7. **English/French Translation Problems**

§1. Introduction

1.1 French prepositions can have several English translations, e.g. *à Paris, à 8 heures, à genoux,* where *à* means 'in/to (Paris)', 'at (8 o'clock)', 'on (one's knees)'.

1.2 Prepositions are often repeated in French where they would probably not be in English, e.g. *à Paris et à Rome* ('in Paris and Rome').

1.3 Prepositional phrases including one or more prepositions are included in this grammar section, e.g. *jusqu'à.*

1.4 Prepositions can be used in a number of different syntactic contexts.

Cp. *un vase de Chine*—preposition linking two nouns.

le moment d'agir — preposition linking a noun and a verb.

Uses with infinitives are discussed in GS 9.

§2. Prepositions used in Expressions of Place

2.1 A, en (with names of countries, etc., to express location and destination).

Use *en* before feminine names of countries: *en France, en Ecosse, en Chine, en Amérique du Sud;* and also before masculine names of countries beginning with a vowel: *en Afghanistan.*

Use *au* before masculine names of countries beginning with a consonant: *au Maroc, au Japon, au Portugal, au Moyen Orient.*

Use *aux* before all plural names of countries:

aux Etats-Unis (cp. *en Amérique*), *aux Indes* (cp. *en Inde*).

Note that some countries which are islands take *à: à Cuba, à Chypre, à Malte.*

EXERCISE A: Put the appropriate prepositions in the gaps in the following sentences:

(a) _____ Iran   (e) _____ Union Soviétique
(b) _____ Brésil   (f) _____ Canada
(c) _____ Asie   (g) _____ Gibraltar
(d) _____ Norvège   (h) _____ Madagascar

2.2 Devant/avant: derrière/arrière

Devant is used in expressions of **place**:
as a preposition : *devant la maison*
as an adverb   : *Il s'est placé devant*
           'He stationed himself at the front'
as a noun   : *Le devant de la maison* ('The front . . .')

Avant is used mainly in expressions of **time**:
as a preposition : *avant six heures*
as an adverb   : *Il est parti avant* ('. . . beforehand')
BUT as a noun it indicates place:

l'avant   = the front
les avants = the forwards (football).

Derrière and *arrière* are both used exclusively in expression of **place**, but whereas *derrière* can function as a preposition *(derrière la maison)*, as an adverb *(Il s'est placé derrière)*, and as a noun *(Elle est tombée sur son derrière)*, *arrière* functions only as a noun:
e.g. *Montez à l'arrière* ('Get in the back (e.g. of the car)')
     les arrières = the backs (football).

2.3 A travers/par

A travers usually means 'through' or 'across', in contexts where there is some substance to be got through or difficulties to be got over. *Par* has no such implications:
cp. *Elle a crié à travers la porte* (the door was closed).

Elle a crié par la porte (the door was open).

De travers ('askew'): *Elle avait mis son châle de travers.*

En travers de ('across' 'crossways' 'athwart'): *Il s'est couché en travers du lit.*

2.4 Dessus/dessous

Au-dessus/dessous de and *par-dessus/dessous* are used as prepositional phrases (i.e. are followed by a noun):
e.g. *Il accrocha le tableau au-dessus du bureau. Ils ont sauté par-dessus la barrière.*

En dessus/dessous are used as adverbs (i.e. without a following noun phrase),
e.g. *. . . une table avec, en dessous, un tas d'assiettes* ('. . . underneath . . .')

dessus/dessous can also function as nouns,
e.g. *le dessus/dessous* = the top/bottom
   avoir le dessus/dessous = ... advantage/
disadvantage
les dessous = underwear.

2.5 Jusqu'à/depuis

These terms can mean 'to' and 'from' and are stronger than *à* or *de*:

Il nous a suivis depuis Paris jusqu'à Calais.

---

§3.   Prepositions used in Expressions of Time

3.1 Pour/pendant/depuis

Pour is used for **intended** periods of time, usually future:
*Je suis là **pour** un an.* ('I intend to stay for a year, I'm here for a year's stay'.)
*Il était là **pour** une semaine.* ('He intended to stay for a week.')

Avoid *pour* with *rester*,
e.g. *Il resta un an à cet endroit.*
   Il pense rester un mois ou deux.

Pendant is used for **actual** periods of time, past, future or habitual present,
e.g. *Il était là **pendant** un an.*
   ('He spent a year there.')

Depuis is used for periods of **time up to** a present or past moment,
e.g. *Il était là **depuis** un an.*
   ('He had been there for a year.')
See also GS 2, §4, pp. 31–32.

EXERCISE B: Put the appropriate prepositions (*pour, pendant, depuis,* none) in the gaps in the following sentences. In some cases, more than one answer may be possible; if so, give all possibilities and explain the difference.

(a) Il a travaillé _____ une semaine dans ce bureau.
(b) Elle a dû rester _____ 3 mois à l'hôpital.
(c) Nous habitions là _____ 10 ans quand notre fils est né.
(d) Si je viens, ce sera _____ une semaine au moins.
(e) Quand il a obtenu le poste, il apprenait le chinois _____ 2 ans.
(f) Oui, il a été notre professeur _____ toute une année.
(g) Je ne sais pas. Je suis ici _____ trois jours seulement.

3.2 Dans/en

Dans is used for a deadline, time after which something occurs,
e.g. *Je le ferai **dans** trois jours* (cp. *au bout de*).
   'I'll do it in three days time from now.'

En is used for duration, a length of time during which something occurs,
e.g. *Je le ferai **en** trois jours.*
   'It will take me three days (at most) to do it.'

EXERCISE C: Translate into French, using *en* or *dans* as appropriate:

(a) He said he'd be there in a week.
(b) Yes, she's arriving in 2 hours time.
(c) Well, if it can be done in half an hour, I might manage.
(d) In a flash, they had all disappeared.
(e) It'll be all over and done within a month.
(f) OK, I'll see to it in a minute.

3.3   *Jusque*

Except in expressions like: *jusqu'ici/jusqu'alors/ jusque-là, jusque* usually occurs in combination with *à*. With nouns use *jusqu'à* or *jusqu'en*,
e.g. *Jusqu'à samedi/la semaine prochaine.*
   Jusqu'au moment où . . .

Jusqu'en mars/juillet/ce moment/hiver/ automne/etc.

With verbs use *jusqu'à ce que*+subjunctive,
e.g. *Je resterai là jusqu'à ce qu'il vienne.*

3.4   *Time expressions using different prepositions*

Instant

Par instants, il est très maussade:
'At times . . .'.
Sors à l'instant! '. . . at once'.
A l'instant (même) où elle pensait sortir . . . :
'At the very moment . . .'.

Jour

Il a mis ses comptes à jour: '. . . up to date'.
Au jour le jour: 'Day by day' (with no thought for the morrow).
D'un jour à l'autre: 'Any day now'.
De jour en jour plus fréquent: 'More and more frequent as days go by'.
Au petit jour: 'At first light'.
De jour et de nuit: 'By day and night'.
De nos jours: 'Nowadays'.
Il est de jour: 'He is on duty today', 'It's his day on'.

Moment

En ce moment: 'Now'.
A ce moment-là: 'Then' — (future or past).
Au bon/mauvais moment, au même moment.
Par moments: 'At times'.

Temps

En ce temps-là: 'In those days'.

Dans le temps: 'At some time in the past', 'A long while ago'.
En temps de guerre/paix.
A temps: 'In time', 'At the right time'.
De mon temps: 'In my day' (= youth).

Semaine/mois

Il vient trois fois par semaine/mois.
Il est payé à la semaine/au mois: 'on a weekly/monthly basis'.

EXERCISE D: Translate into French, using expressions from §3.4 (N.B. the exact expression may not have been given):

(a) They don't make them like that these days.
(b) You're in luck, he's here just now.
(c) Sometimes she seems to understand what I'm saying.
(d) Owls don't come out much in the day time.
(e) He's expecting to be sent to London any day now.
(f) When I was a lad we were polite to our parents.
(g) Some time ago he worked in Paris.
(h) Well, it's been like that from time immemorial.

---

§4.   Prepositions used in Expressions of Manner

4.1   *Façon/manière*

Note that *de* is used where English uses 'in':
***De** cette façon/manière,* **de** *telle manière,* **de** *la*   *même façon* ('likewise'), **de** *toute manière/ façon* ('anyway').

4.2 Movements

De is used where English often uses 'in':
***D'un** seul bond, il a atteint la fenêtre.*

***D'un** brusque mouvement, elle a ôté son chapeau.*

4.3 Manners of walking or travelling

A is most common for natural means of movement:
***A** pied, **à** cheval, **à** quatre pattes ('on all fours'), **à** tâtons ('feeling your way').*

En is very common for vehicles: *en voiture, en car, en bus, en train* (but *par chemin de fer*).

Some vehicles, those you sit astride, tend to allow either:
e.g. *A/en vélo, à/en moto.*
Cp. *On voyage **en** avion — On envoie les lettres **par** avion.*

---

§5. Prepositions used in Expressions of Quantity and Proportion

5.1 Prices

A is normally used. Note also the use of the definite article:
*Elle a acheté des poires **à** 4F le kilo.*
*Est-ce que vous avez du tissu comme ça **à** moins*

de 25F le mètre?
*Bien, je prends le menu **à** 35F. (le menu = 'set meal').*

5.2 Various proportions

There are certain set expressions:
*Un **pour** cent:* 'one per cent'.
*Un **sur** cinq:* 'one out of five'.

*. . . j'ai déclaré 600.000F au fisc **sur** lesquels* ('out of which') *il m'en prend 300.000F.*

5.3 Distances

*Il a une résidence secondaire **à** 50 km. de Paris.*
*Oui, c'est **à** 3 heures de route. '. . .* three hours'

drive away',
BUT *C'est un trajet de 5 km.*

5.4 Measurements

De is used in a number of different constructions:

*Cette ligne a 5 cm. **de** long* OR
*Cette ligne est longue **de** 5 cm.*

5.5 Comparatives and Superlatives

De is again common:
*Il est **de** 3 cm. plus grand que moi* OR *plus grand que moi **de** 3 cm.*
*Celui-ci est **de** 40F plus cher que l'autre.*

See also GS 12, §4.3, p. 199.

For the superlative, English uses **in** where French uses *de*:
*C'est le seul élève **de** la classe à avoir réussi.*
*C'est elle la plus intelligente **de** toute la famille.*

5.6 Entre/parmi

Entre is usually more precise than *parmi*:
Asseyez-vous **entre** *nous.* 'Sit between us.'
Asseyez-vous **parmi** *nous.* 'Sit with us, in our company.'

Parmi is also used in the sense of 'amongst', i.e. a member of a group, whether or not that group is actually present. Here it often means 'one of':
Il est **parmi** *vos ennemis.* (One of them, NOT in their company.)
Parmi *les linguistes, son nom est réputé.* 'Among linguists, he is well known.'
Elle n'est qu'une employée **parmi** *d'autres.* (One of a whole number.)

EXERCISE E: Insert the correct prepositions and other phrases in the gaps in the following sentences:

(a) Lyon se trouve _____ 2 heures _____ ici.
(b) _____ eux, ils parlent allemand.
(c) Cette robe est _____ 30F plus chère _____ l'autre.
(d) Le jardin a 50 m. _____ long.
(e) J'ai pris une carafe de vin _____ 8F.
(f) La route était bloquée _____ une longueur _____ une centaine de mètres.

---

§6. Prepositions used after certain Verbs

6.1 Croire

Croire can take a direct object, whether a person or fact is referred to:
D'accord, je te crois. 'I believe you' (a person).
Est-ce qu'il a retiré sa candidature? — Oui, je le crois. (I believe the fact.)

Both *à* and *en* are used after *croire* with the idea of confidence or faith. Generally *à* is more common for things and ideas and *en* for people:
Mais si, je crois **à** *la possibilité d'une révolution!*
J'ai toujours cru **en** *mon père.*

6.2 Penser

Penser de is used in the sense of 'have an opinion about something':
Qu'est-ce que vous pensez **de** *lui?*
'What is your opinion of him?'

Penser à, by contrast, means 'to have in your thoughts', 'to be preoccupied by':
Je pense **à** *toi, sans cesse, ma chère Marie.*
A *quoi penses-tu?* 'What are you thinking about?'

6.3 Manquer

With a direct object, *manquer* has the sense of 'miss, fail':
Le tireur a manqué l'objectif.
Il s'était rendu compte qu'il avait manqué sa vie:
'. . . his life was a failure'.

With *de*, the sense is of something 'lacking', 'not enough':
Je manque **d'***argent.* 'I'm short of money.'
Nous manquions **de** *soldats à ce moment-là.* (There weren't enough.)

With *à*, *manquer* means either 'to be absent from someone' (and therefore 'missed') or 'to fall short', 'to fail in duty':
Elle lui manque. 'He misses her.'
L'expérience lui manque. 'He hasn't the necessary experience.'
Elle a manqué à ses devoirs. 'She failed to fulfil her duties.'

EXERCISE F: Translate into French:

(a) I'll always think of you.
(b) Of course he missed his train!
(c) I don't believe a word of it.
(d) What did you think of the play?
(e) Oh, how I miss my Clementine.
(f) She believes in the necessity of changing the law.
(g) They failed to fulfil their obligations.
(h) He hasn't much information, you know.

---

§7.   English/French Translation Problems

When translating from English into French, a number of problems arise in connection with prepositions. First, prepositions are used in English to make expressions called 'phrasal verbs', which are often translated by one word in French:

'put up with': *supporter*
'slow down': *ralentir*
'put out': *sortir (le chat)*
      éteindre (les flammes).

Second, French often expresses ideas in a different order from English.

Cp. 'He **ran into** the house'
    and
    *Il **entra** dans la maison **en courant**.*

   'He **jumped across** the stream'
    and
    *Il **traversa** le ruisseau **d'un bond**.*

XII La Lettre

French people use a variety of styles in letters, ranging, as one would expect, from the chatty to the highly formal according to the situation. Writing letters to personal friends in French poses no special problems to learners of the language since the language used here is that of everyday conversation. Problems arise for English speakers as they move across the spectrum of styles towards formal letters destined for complete or near strangers. Formal letters in French have very marked stylistic peculiarities which easily appear pompous, and are written with a care English speakers find fastidious. Moreover, French people seem a good deal more reluctant to abandon this distant style than English speakers, for whom letter-writing is a much more casual business. This module will deal less, therefore, with 'pen-friend' letters than with formal letters to people with whom one's relationship is more distant.

Formal letters are by definition letters whose form is substantially dictated by convention. The overall plan of such letters is carefully structured to present information in the clearest and most diplomatic way. The starting-point of a formal letter is then a **clear plan**. Moreover, formal letters are essentially pieces of written language, not spoken language. They avoid turns of phrase dependent for their meaning on subtle nuances of intonation. They shun words or expressions strongly reminiscent of colloquial usage, or even speech in general. For instance, the verb *dire* ('to say') is usually replaced by such 'written' expressions as *porter à votre connaissance, faire savoir, faire connaître, faire apprendre, faire part de, informer,* etc. By the same token, all symptoms of familiarity are avoided: the use of the *tu*-form (to take an extreme case) is inconceivable in this kind of letter.

In formal letters the principle of **attenuation** is of supreme importance. Imperatives and direct questions are scrupulously avoided. Formulae for 'Please . . .' abound: *Veuillez . . .* and *Je vous prie de . . .* are the most common, but surprisingly, *s'il vous plaît* is rare. *Je vous prie de* is often reinforced by phrases like *avoir l'amabilité de, avoir l'obligeance de, bien vouloir* ('be so kind as to'. Note that the inverted order *vouloir bien* suggests insistence), e.g. *Veuillez trouver ci-joint* ('Please find enclosed')

Je vous prie $\left\{\begin{array}{l} \textit{d'avoir l'amabilité de} \\ \textit{d'avoir l'obligeance de} \\ \textit{de bien vouloir} \end{array}\right\}$ *rectifier cette erreur*

('Please be so kind as to make good this error')

Expressions of gratitude are also frequent, the keyword here being *reconnaissant,* e.g. *Nous vous serions reconnaissants de nous faire parvenir . . .*
Observe here that the subject of *faire parvenir* is *vous* and not *nous.*

Allied to the principle of attenuation is the tendency towards **self-effacement**. Statements made on your own initiative and not at the request of your correspondent are frequently prefaced by formulae like *Je me permets de . . .* or *J'ai l'honneur de . . .*

e.g. *Je me permets de vous signaler que . . .*

('I would like to point out to you that . . .')

The phrase *J'ai l'honneur de . . .* is even stranger to non-French ears. It is not pompous at all, but apologises for taking up your correspondent's time with information that you are actually quite pleased to impart,

e.g. *En réponse à votre annonce parue hier dans 'Le Monde', j'ai l'honneur de poser ma candidature au poste de . . .*

Such insistence on formality and set phrases may appear arbitrary and stilted. However, their use is not entirely without purpose — they serve to foster a politeness which rubs off the corners of potentially difficult (because new or distant) relationships. Let us now look at each stage of the letter in turn:

Introductions   (Les 'en-têtes')

Form of address	Conditions of use, connotations, etc.
(1) *Monsieur le Directeur/Professeur/Maire/ l'Attaché Culturel*, etc. *Madame la Directrice/le Professeur/ le Maire*, etc.	The normal formula under conditions requiring formality (business, official, etc.). Very formal.
(2) *Messieurs*	Used when addressing a company.
(3) *Monsieur/Madame*	Conditions of equality; polite; implies nothing other than slight formality and, perhaps, unfamiliarity.
(4) *Cher(e) Monsieur/Madame*	A good deal less formal than 1, 2 and 3; can be used where you are *certain* that no formality is necessary; if in doubt, use 1 or 2. Result of acquaintance or of prolonged exchange of letters.
(5) *Bien cher(e) Monsieur/Madame*	As 4, but more familiar. Old-fashioned.
(6) *Chers amis*	As 4; when you wish to include the whole family, or the whole of a similar group.
(7) *Cher(e) collègue* *Cher(e) collègue et ami(e)*	Normal formula among professional equals.
(8) *Mon cher/ma chère collègue*	Rather like 7, except that it usually represents a pretence of parity by a superior grade to an inferior one.
(9) *Mon cher*+surname	From a man to a male colleague. Genuine equality. Permits 'tu' form in what follows. (Women would not use this formula.)
(10) *(Mon) cher* / *(Ma) chère* +christian name	To a colleague (more informal than 9) or a friend.

Notes

1. This list covers the most common occurrences, but, obviously, more informal letters contain a variety of others.

2. The following should be avoided:

(a) *Cher Monsieur X.*
(b) *Chers Monsieur et Madame X.*
(c) *Mon cher Monsieur* (would sound patronising; it is sometimes used in verbal arguments).

3. There exist specialised forms of address for specific categories,
e.g. *Maître* for a lawyer, *Mon père* for a priest,
Ma sœur/mon frère for a nun/monk.

Note also *Monseigneur* for a bishop. Titled persons **may** be addressed simply as *Monsieur/Madame* following the full title in the address and letter-head.

Openings

While it is impossible to lay down water-tight codes of practice in this, as circumstances will require flexibility, here is a list of the more common possibilities which can be varied slightly to suit particular occasions:

1.   Official or business correspondence

(a) You ask someone to do something for you as a favour:

J'ai l'honneur de solliciter de votre bienveillance de [nous répondre avec un minimum de délai]

(b) You want something badly from a professional superior:

*J'ai l'honneur de solliciter de votre **haute** bienveillance de [nous faire parvenir . . .]*

(c) Thanks for letter or goods or services rendered:

Je vous remercie de ⎱ ⎰ *votre lettre en date du 18 courant*
pour ⎰ *votre envoi du 18 de ce mois*

or:

J'ai l'honneur et le plaisir de ⎰ *de*
vous remercier ⎱ *pour*

or:

J'ai bien l'honneur de vous remercier ⎰ *de*
⎱ *pour*

or:

Nous avons bien reçu votre communication du 18 janvier

or:

Votre lettre du 18 courant nous est bien parvenue

(d) Follow up:

En réponse/référence ⎱
Suite/Comme suite/ ⎰ *à votre lettre*
Faisant suite ⎰ *du 3 écoulé*

(e) Imparting information:

J'ai ⎰ *l'honneur* ⎱ *de* ⎰ *porter à votre connaissance . . .*
⎱ *le regret* ⎰ ⎰ *vous faire savoir . . .*
vous apprendre . . .
attirer votre attention sur le fait que . . .

(f) Opening a correspondence:

Je me permets de vous écrire pour . . .
or:
Je vous prie de bien vouloir pardonner la liberté que je prends de vous écrire, mais . . .
(very obsequious and old-fashioned).

2.   Personal correspondence

Obviously this is largely a matter of personal style and preference but here are some suggestions:

Merci de vos aimables lignes du 6 mars . . .
J'ai quelque peu tardé à répondre à votre lettre . . .
Quelques mots pour vous remercier de . . .
Auriez-vous l'obligeance, cher ami, de . . .
Je te remercie de/pour ta lettre . . .
Merci pour ta lettre . . .
Ta lettre m'a bien réjoui . . .
J'ai bien reçu ta lettre du 20 et t'en remercie . . .

Body of the letter

General advice about writing this part of the letter is obviously hard to give, since much depends on the specific purpose of the letter in question. However, we may reiterate the points made earlier about a **clear plan** and the importance of careful paragraphing. Moreover, springing from the principles of attenuation and self-effacement mentioned above, there is a considerable number of words and phrases which occur more frequently in letters than in everyday conversation. Here are some examples:

acknowledge receipt : *accuser réception de*
of
and, as well as : *ainsi que*
(you) can, cannot : *il vous est possible/impossible de, vous êtes en mesure de*
if (not in sense of : *au cas où*+conditional
'whether')
note : *constater*
point out : *signaler*
We regret : *nous sommes au regret de vous informer que...*
send : *faire parvenir, adresser, expédier, communiquer*
as soon as you can : *dès que possible, dans les délais les plus courts, dans les plus brefs délais*

tell : *faire savoir/connaître, informer, porter à la connaissance de . . ., faire part de . . .*

Postal terms

enclosed : *ci-joint, ci-inclus, sous ce même pli*
Please find enclosed : *Veuillez trouver ci-joint*
under separate cover : *sous pli séparé*
international reply- : *coupon-réponse international*
coupon
packet : *colis (m)*
packing and un- : *emballer (emballage (m)); déballer*
packing
When we unpacked : *Au déballage*
it
the post : *le courrier*
by return of post : *par retour du courrier*
in the same post : *par le même courrier*
by recorded delivery : *en recommandé*
send, sender : *expédier, expéditeur*
addressee : *destinataire*
stamped addressed : *enveloppe timbrée à*
envelope : *mes/vos nom et adresse*
for additional infor- : *pour des renseignements*
mation : *plus amples*
postage : *frais (m.pl.) de port*
Please forward : *Prière de faire suivre*

Conclusions

1. Official correspondence

Veuillez . . .	: an imperative; hence tends to be used 'from above to below'.
Je vous prie de . . .	: polite, 'below to above' or equality.

followed by . . . $\begin{cases} agréer \\ accepter \\ recevoir \\ croire\ à \end{cases}$ (interchangeable)

Next, between commas : repeat the introductory form of address (*Monsieur, Madame la Directrice*, etc.)

followed by either:

l'expression de mes sentiments

dévoués	formal
respectueux	
distingués	
les meilleurs	
bien cordiaux	
cordialement renouvelés	normal usage

or:

l'assurance/hommage de mes salutations cordiales/distinguées which is slightly more familiar. *Mes hommages* would be more frequent from men to women.

N.B. *l'assurance de ma haute/parfaite considération* is found; it only emanates from superiors, but is not **meant** to sound patronising!

2. Personal correspondence

The possibilities are endless (some French people favour the jocular insult: 'I wish you all you wish me', etc.), but here are a few common examples:

(*Bien*)$\begin{cases} cordialement \\ amicalement \\ affectueusement \end{cases}$ (*à toi/vous*)

(*Meilleures*) *Amitiés*	(Best wishes)
Bien à vous	(All the best, Yours. Men to men only)
Bien des choses	(All the best)
Je t'embrasse $\begin{cases} affectueusement \\ fort \end{cases}$ *bien*	(Lots of love)
Bons baisers [*aux enfants*]	(Much love)
Grosses bises	(Love and kisses)

The last three are used only between people who kiss each other hello and goodbye. Progressively more informal.

Notes

1. (*En*) *Espérant recevoir bientôt de tes nouvelles*
   Looking forward to hearing from you (familiar)

2. *Remerciements anticipés:* Thanks in anticipation

3. As the occasion demands, the following will be useful:

   Je te souhaite un $\begin{cases} joyeux\ Noël \\ bon\ anniversaire \end{cases}$
   une bonne (et heureuse) année.

SAMPLE LETTERS

1. *Formal Letters*

(a)

OFFICE NATIONAL DES UNIVERSITES
ET ECOLES FRANÇAISES
96 Boulevard Raspail
75272 PARIS CEDEX 06

————

Tél: 222 50–20

JD/JS

Paris le 29 août 1975

4

Monsieur l'Inspecteur
d'Académie
ACADEMIE DE CLERMONT
45 avenue des Etats–Unis
63000 CLERMONT-FERRAND

8

Monsieur l'Inspecteur d'Académie et Cher Collègue,

Les organismes étrangers et français chargés du programme d'échange d'assistants de langue vivante s'efforcent de rassembler des documents audio-visuels sur le rôle de l'assistant dans la classe de langue, qui seront utilisés dans les stages de formation des futurs assistants. L'Office des Universités pour sa part dispose déjà d'un certain nombre d'enregistrements sonores et vidéo.

12

Dans ce cadre, les Professeurs de l'Université d'Aberdeen G. EDWARDS, du Département de français, et R. SULLIVAN, du Département d'Education, souhaiteraient être autorisés, entre le 3 et le 17 décembre, à enregistrer des classes d'assistants écossais exerçant dans les établissements suivants relevant de votre autorité:

16

C.E.S. Henri BERGSON
Rue du 4 septembre
63001 CEYRAT

Lycée Pilote
1 rue Aristide Briand
63100 CHAMALIERES

20

Je vous serais très reconnaissant, compte tenu de l'intérêt et de l'utilité de ce travail, de bien vouloir accorder à ces deux collègues les autorisations nécessaires, et donner aux établissements les instructions utiles pour leur faciliter la tâche.

24

Vous remerciant à l'avance, je vous prie d'agréer, Monsieur l'Inspecteur d'Académie et Cher Collègue, l'expression de ma considération distinguée.

Le Directeur

28

J. DUCLOS

20e. May 1762. aux Délices.

Nonseulement je suis paresseux, Monsieur, mais il
s'est joint à ce vice une maladie qui a passé quelque
temps pour mortelle. je suis encor très faible. je
ne peux avoir l'honneur de vous écrire de ma main.
on a trouvé vos saucissons excellents, pour moi,
j'ai été bien loin d'en pouvoir manger, mais je
vous en remercie, aunom de tout ce qui est aux
Délices.

Que vous êtes sage et heureux, Monsieur, d'habiter
dans vos terres, et de ne point voir de près tous les
malheurs de la france. nôtre seule félicité consiste
à chasser des Jesuites, et à conserver environ
quatre vingt mille autres moines, qui dévorent le
peu de substance qui nous reste. il est bien ridicule
d'avoir tant de moines, et si peu de matelots. adieu
Monsieur, un malade ne peut faire de longues lettres; je
regrette toujours que les Délices et ferney soyent si
loin d'angoulême, et je vous regretterai toute ma vie
comptez que vous n'avez point de serviteur plus inviolablement
attaché que

Voltaire to the Marquis d'Argence

INSTITUT FRANÇAIS D'ECOSSE
13 RANDOLPH CRESCENT
EDIMBOURG
EH3 7TT

Telephone 031-225 5366
LE DIRECTEUR

no.349/MS/mr

le 20 novembre 1979

Mademoiselle,

Suite à votre lettre du 12 novembre, je
vous prie de trouver ci-joint une documentation
concernant les bourses du Gouvernement Français
pour l'année 1980-1981, ainsi que des formulaires
de demande.

Je vous serais reconnaissant de bien vouloir
me retourner ceux-ci à votre plus prochaine convenance.

Selon les instructions que j'ai reçues,
il serait souhaitable que j'aie l'occasion d'avoir
un bref entretien avec vous. Vous serait-il possible
de venir jusqu'à l'Institut avant le 15 décembre ?
Si vous n'étiez pas en mesure de le faire, indiquez-le
moi ; je dois en effet me rendre dans le Nord de
l'Ecosse au début du mois prochain et nous pourrions
à cette occasion nous rencontrer dans votre ville.

Restant à votre disposition pour tout renseigne-
ment complémentaire, je vous prie d'agréer, Mademoiselle,
l'assurance de mes sentiments les plus distingués.

Pierre ALEXANDRE.

Miss Carol S. Woodward,
c/o Martin,
4 Graham Street,
DUNDEE DD4 9AD

(b)

C.E.S. Henri BERGSON
Rue du 4 septembre
63001 CEYRAT

4

8

Ceyrat, le 17 novembre 1975

Le Principal

au Dr G. EDWARDS
Lecturer in French
Department of French
Taylor Building
Old Aberdeen
AB9 2UB

Monsieur,

12   Dans une lettre datée du 10 novembre vous avez bien voulu me faire savoir que vous aviez choisi notre établissement pour recueillir des informations sur le rôle des assistants d'anglais dans les établissements scolaires français. Nous vous remercions de votre choix et nous en réjouissons.

16   Nous n'avons reçu à ce jour aucune information des services de l'inspection académique mais nous vous accueillerons bien volontiers aux dates que vous nous proposez, à savoir entre le 4 et 9 décembre prochain.

Mes collègues et moi-même espérons très vivement pouvoir collaborer utilement à votre recherche. Dans l'attente de votre visite, je vous prie de bien vouloir agréer, Monsieur,
20   l'expression de mes sentiments les meilleurs.

LE PRINCIPAL

Commentary

(i) Arrangement on the page: the sender's address figures on the left hand side and the recipient's on the **right,** not the other way round as in this country; the place and date of origin of the letter occur in the top right of the page.

(ii) Date: the number preceded by *le* is a cardinal not an ordinal number, except in the case of '1er'.
(iii) Address: the postal code appears **before** the name of the town (which is capitalised).

2.   *An Informal Letter*

Valence 13 déc. 75

Chère C, Cher G,

Je commence à me demander si vous n'avez pas d'ennuis . . . mais peut-être êtes-vous tout
4   à fait accaparés par votre installation, et par la vie sociale à Aberdeen — maintenant que vous êtes sur place! J'espère que vous avez reçu ma lettre, envoyée à peu près à la rentrée, et juste avant votre déménagement . . . Depuis, je pensais que vous alliez m'envoyer votre nouvelle adresse . . . que j'ai oublié de prendre en partant — Enfin je me décide à vous
8   adresser ce mot à l'Université en espérant qu'on le fera suivre, si vos vacances de Noël ont commencé.

Comment s'est passé le déménagement? l'emménagement? et le séjour de G à Paris (...)? J'attends un mot de vous très bientôt, qui me dira si cette lettre vous est arrivée ... et me donnera de vos nouvelles. Je vous souhaite pour très bientôt maintenant un bon Noël (que vous passerez où?) et quelques jours de bon repos.   12

Je vous embrasse tous deux très amicalement. Amitiés des jumelles.

Hélène

Commentary

Note the absence of most of the conventional formulae — address abbreviated, immediate *entrée en matière*, familiar conclusion. Observe how the season's greetings are used to round off the ending of the letter.

The following letter-writing expressions used here may prove useful:
adresser ('send, address');
mot ('brief letter');
fera suivre ('will forward');
me donnera de vos nouvelles ('will tell me your news').

BIBLIOGRAPHICAL NOTE

There are numerous books on letter-writing in French. Two recent publications are:

R. Lichet *Ecrire à Tout le Monde*, Paris, Hachette, 1971.

L. Chaffurin *Le Parfait Secrétaire*, Paris, Larousse, 1968.

A quotation from this latter work will demonstrate how comprehensive it is:

'Pour écrire au pape, on emploie du papier à grand format, on se sert comme en-tête de la formule *Très Saint Père,* on écrit à la troisième personne en désignant le pape par les mots *Votre Sainteté* et l'on termine par les lignes suivantes sans en changer la disposition:

Prosterné aux pieds de Votre Sainteté et implorant
la faveur de sa bénédiction apostolique,
J'ai l'honneur d'être,
Très Saint Père,
avec la plus profonde vénération
de votre Sainteté,
le très humble et très obéissant serviteur et fils.'
(pp. 15–16)

EXERCICES PRATIQUES

1. Mettez-vous à la place du Dr Edwards de l'Université d'Aberdeen qui désire visiter certaines écoles françaises pour étudier l'emploi qu'elles font de leurs assistants d'anglais. Imaginez la lettre (200 mots) du Dr Edwards qui a provoqué la réponse du principal du C. E. S. Henri Bergson à Ceyrat datée du 17 novembre 1975 (sample letter (b)). Demandez la permission de visiter son établissement en l'informant de vos démarches auprès de l'Inspecteur d'Académie de Clermont.
Modèle à suivre:

INTRODUCTION:

– formule d'introduction: demande d'aide; identité de l'expéditeur; objet de son travail.

1. – la visite en France (dates approximatives); les raisons de la visite; demande de permission (dates précises).

2. – démarches auprès de l'Office national et de l'Inspecteur; l'Inspecteur se mettra en rapport avec le Principal.

CONCLUSION:

　　– espoir de recevoir sa collaboration; formule de conclusion.

2. Thème: Traduisez en français:

4　C.E.S. Henri Bergson
　　Rue du 4 septembre
　　63001 CEYRAT

(Pour les termes relevant de l'éducation voir Module *V.*)

　　　　　　　　　Department of French,
　　　　　　　　　The University,
　　　　　　　　　ABERDEEN.

　　　　　　　　　7th January, 1976.

8　Dear Headmaster,

　　I should like to thank you for the help you gave Mr Sullivan and myself in December during our visit to Ceyrat to study the work of our English Assistants in France. May I ask you to thank your staff on our behalf for their co-operation, and especially Mlle Layat and
12　Mme Duluc for their kind hospitality. The recordings of classes and interviews will be of great use in our training course for Assistants.

　　I should also like to ask if you would be able to help us again next year. It would be very useful for us to be able to appoint 2 or 3 students who will have followed our course to posts in
16　schools that we know, so that we can compare the work of a 'trained' Assistant with that of one of this year's Assistants. Would you and your colleagues be prepared in principle to accept an Assistant of our choice in 1976/77? This would depend also of course on the Office National's agreement. I should be grateful if you could consult your colleagues and let us
20　know your decision so that we can proceed with our plans as soon as possible.

　　Thank you again for the kind welcome you gave us at Ceyrat. I look forward to visiting the school again next year.

　　　　　　　　　Yours sincerely,

24　　　　　　　　G. Edwards
　　　　　　　　　Lecturer in French

3. Répondez à Hélène (lettre n° 2) en lui expliquant les raisons de votre silence, et en vous excusant. Racontez-lui votre vie (imaginaire) depuis sa visite de l'été dernier et vos projets pour les vacances de Noël.

4. Une librairie parisienne vous a envoyé l'édition cartonnée d'un livre que vous aviez commandé en édition brochée. En plus, le livre vous est parvenu en mauvais état. Exprimez votre mécontentement dans une lettre au libraire, lui expliquant votre refus de verser plus que le prix de l'édition brochée (150–200 mots).

5. Vous voyez l'offre d'emploi suivante dans un journal:

　　On cherche personnel intérimaire pour bureau centre Paris mois d'août; expérience de dactylographie; connaissances en anglais souhaitées. Horaire souple. Rémunération intéressante.

Ecrivez une lettre pour poser votre candidature et demander les détails supplémentaires qui vous paraissent indispensables (200 mots).

GRAMMAR SECTION 12: *Comparison*

§1. **Comparative and Superlative Forms**
§2. **Distinction between Adjective and Adverb; Translation of Better/Best**
§3. **Comparative Sentences: *plus/moins . . . que . . .***
§4. **Comparatives of Quantity and Numerals: *plus de* or *plus que?***
§5. **Double (or correlated) Comparatives**

§1.   Comparative and Superlative Forms

The comparative form of adjectives and adverbs ('quicker': *un train plus rapide*; 'more quickly': *il avance plus rapidement*) must be distinguished from the superlative ('the quickest (of all)': *le train le plus rapide (de tous)*; 'the most quickly': *il avance le plus rapidement*).

1.1   The indefinite article indicates a comparative,
e.g. *J'aimerais* **une** *plus petite voiture:* 'a smaller car',

but the definite article produces a superlative,

e.g. *C'est* **la** *plus petite voiture d'Europe:* 'the smallest car in Europe'.

The possessive adjective (*mon, son,* etc.) also produces the superlative,
e.g. *mes meilleurs amis:* 'my best friends'.

1.2   In superlatives where the adjective follows the noun, the definite article is placed before the adjective even though there is already a determiner before the noun:
Jean est **l'***étudiant* **le** *plus intelligent:* 'the most intelligent student'.
Voilà **ses** *idées* **les** *plus connues et* **les** *plus répandues:* 'his best known ideas'.
Note how the article is repeated before each additional adjective.

1.3   However, the definite article is omitted after *de* in the following superlative constructions:
C'est ce que nous avons **de** *plus élégant:* 'It's the smartest thing we have'.
Tout ce qu'il y a **de** *meilleur dans le ballet:* 'All that's best in ballet'.

1.4   The complement of the superlative ('the most . . . *in* . . .') is introduced by *de*:
*Un des mots les plus difficiles **de** la langue française:* 'One of the most difficult words in the French language';
*Le plus grand avion **du** monde:* 'The biggest plane in the world'. (See p. 168.)

The use of a superlative may involve using the subjunctive,
e.g. *C'est le plus beau livre qu'il **ait** écrit* (see GS 4, §3.6, p. 65).

1.5   *Some irregular forms*

1.5.1   *Plus mauvais* is more common than *pire* which generally means 'morally worse',
e.g. *Tes notes sont encore plus mauvaises.*
*Son frère est **pire** que lui.*

Of the corresponding adverbial forms, *plus mal* is the normal comparative form,
e.g. *J'ai été plus mal reçu que jamais,*
and *pis* is used now only in fixed expressions,
e.g. *La situation économique va **de mal en pis.**
Tant pis!*

The superlative form *le pis* is nowadays used only as a noun, in set expressions,
e.g. *En mettant tout **au pis**, tu risques un an de prison:* 'At the very worst you risk a year in jail'.

1.5.2   Comparative and superlative forms of *petit:*
(le) moindre belongs to careful style and generally has a moral rather than physical sense, meaning less (least) in importance,
e.g. *S'il s'était accusé lui-même, sa responsabilité serait **moindre**;*
*Il obéit à mes **moindres** désirs,*
whereas *(le) plus petit* means less (least) in size,
e.g. *Les pains vont être plus petits.*
De ces trois voitures la mienne est la plus petite.

EXERCISE A: Translate into French:

(a) They are my oldest friends.
(b) The smartest dress in the shop.
(c) Of the three she was the most careful and accurate.
(d) His behaviour gets worse.
(e) Your memory is even worse.
(f) He hasn't the slightest chance of succeeding.
(g) This is the smallest of his paintings.
(h) Piaf was the most famous of them all.
(i) What is most heartening is that my latest book has become one of my best known works.
(j) It's quicker by bus.

---

§2.   Translation of Better/Best; Distinction between Adjective and Adverb

2.1   *Adjective: (le) meilleur*

2.1.1.   Where the word 'better/best' appears next to a noun, it is easily identified as an adjective,
e.g. 'We have hopes of a better world': *Nous avons l'espoir d'un monde meilleur.*
'I send you my best wishes': *Je vous présente mes meilleurs vœux.*

2.1.2.   Where 'better/best' follows a verb, it will be an adjective only if this verb is of the type: 'to be', 'to seem', 'to become', i.e. a verb which takes a complement describing the subject of the verb,
e.g. 'The meal is better than (it was) yesterday': *Le repas est meilleur qu'hier.*

'This offer seems the best of all': *Cette offre paraît la meilleure de toutes.*

In these examples 'better/best' still qualifies nouns (the subjects 'meal' and 'offer') and so is translated by the adjective form *(le) meilleur,* the usual rules for agreement applying.

2.2 Adverb: (le) mieux

2.2.1 Where 'better/best' qualifies a verb other than the type mentioned above, it will be translated by the adverbial form *(le) mieux,*

e.g. 'The clock goes better than it used to': *L'horloge fonctionne mieux qu'autrefois.*

'This is the way of life which suits me best':

C'est cette façon de vivre qui me convient le mieux.

2.2.2 Several set phrases also include *mieux,*

e.g. *Il va mieux, sa température a baissé.*

Tant mieux! Cp. Tant pis!

2.3 Nouns: le meilleur/le mieux

A noun may be formed from the adjectival and adverbial forms,

e.g. *Ils sont unis pour le meilleur et pour le pire.*

Il lui a consacré le meilleur de sa vie.

Tout va pour le mieux.

Il a toujours fait de son mieux.

Faute de mieux, nous allons pique-niquer ici.

2.4 Superlative

Unlike English, French does not differentiate in form between **the better** of two entities and **the best** of three or more. 'The better' and 'the best' are both translated with *le* or *la,*

e.g. 'Of these two pens, which is the better, in your opinion': *De ces deux stylos, lequel est le meilleur à ton avis?*

'Of these ten students, who writes best?': *De ces dix étudiants, qui écrit le mieux?*

EXERCISE B: Insert the appropriate form to express 'better/best':

(a) La voiture roule _____ qu'auparavant.

(b) Cette voiture est _____ que l'autre.

(c) Tu te sens _____ aujourd'hui?

(d) Oui, ma santé est bien _____ maintenant.

(e) Je suis en _____ santé.

(f) Les choses prennent une _____ tournure.

(g) Un petit clic vaut _____ qu'un grand choc.

(h) Cette information est puisée aux _____ sources.

(i) C'est ce chapeau-ci que j'aime le _____.

(j) Son fils cadet est le _____ doué.

(k) Je vous prie d'agréer, Monsieur, l'expression de mes sentiments les _____.

---

§3. Comparative Sentences: *plus/moins . . . que . . .*

3.1 One of the commonest forms of comparative sentence uses *plus/moins . . . que . . .,*

e.g. *Georges est **plus** grand **que** François.*

*Tu cours **plus** vite **que** moi.*

*Pierrette est **moins** courageuse **que** prudente.*

*Raymond parle **moins** souvent **qu'**il n'en avait l'habitude.*

3.2   The use of 'ne'

3.2.1   When the complement (what follows *que*) of a comparative sentence is a clause (i.e. has a verb), *ne* may have to be used,
e.g. *Jacques est plus fort qu'il **ne** pensait.*
   *Il paraît plus âgé qu'il **ne** l'est.*

The *ne* does not imply a negative. There is usually no *ne* in the *que* clause if the main clause is negative or interrogative,
e.g. *Il ne paraît pas plus âgé qu'il l'est*, etc., nor in sentences containing *aussi . . . que. . . .*

3.2.2   Word order: where the subject of the *que* clause is a noun (not a pronoun as in §3.2.1), the subject and verb are often inverted,
e.g. *Marcel est plus riche que ne pensent ses électeurs.*

EXERCISE C: Translate into French:

(a) Alice is as good looking as I had imagined.
(b) It's later than you think, Raymond.
(c) Gisèle is much more interesting than her cousin.
(d) They came less quickly than they had promised.
(e) Valéry plays the accordion better than he used to.
(f) Jacques owes much more money than he says.
(g) Simone smokes more cigarettes than she ought.

---

§4.   Comparatives of Quantity and Numerals: *plus de* or *plus que*?

These create difficulty for the English learner of French because of confusion between *de* and *que* as equivalents of 'than'.

4.1   Translation of 'more/less + noun + than'

Plus de and *moins de* are used as expressions of quantity. *De* is used with all adverbs of quantity and not just with the comparative adverbs:
*Il est venu **peu de** touristes cette année.* 'Few tourists came this year.'
*Il est venu **moins de** touristes cette année.* 'Fewer tourists came this year.'
*J'ai vu passer **beaucoup d'avions**.* 'I saw a lot of planes fly past.'
*J'ai vu passer **plus d'avions**.* 'I saw more planes fly past.'

When the point of comparison is explicitly stated we find the construction *plus/moins de . . . que . . .:*
*Il est venu **moins de** touristes cette année **que** l'année dernière.*
*J'ai vu passer **plus d'avions** hier **qu'aujourd'hui**.*

When *que* is followed by a noun rather than an adverbial phrase *de* is repeated,
e.g. *Il a **plus** d'argent **que de** bon sens.*

4.2   Translation of 'more/less than + noun or pronoun'

Plus/Moins de makes a statement in numerical terms about the number or amount of an entity,
e.g. *Il a **moins de** dix francs.*
   Plus de 200.000 touristes sont venus.
   *Il a passé **plus de** la moitié de sa vie ici.*

Plus/Moins que makes a true comparison between two entities which differ in size, importance, etc:
*Il paya **plus que** le prix d'une voiture.*
(i.e. the price he paid was higher than the price of a car)

*Elle a vu **plus que** lui.*
(i.e. the things she saw were more numerous than the things he saw).
***Plus que** la personne de Malherbe, c'était le génie du peuple français qui se donnait à lui-même les nouvelles règles.* (W. von Wartburg)

EXERCISE D: Explain the difference in meaning between the sentences making up the following pairs:

(a) *Barbe-Bleue mange plus de deux enfants.*
Barbe-Bleue mange plus que deux enfants.
(b) *Sa femme lui a coûté plus de dix vaches.*
Sa femme lui a coûté plus que dix vaches.
(c) *Tartarin, en une journée, tua plus de dix chasseurs professionnels.*
Tartarin, en une journée, tua plus que dix chasseurs professionnels.

4.3   Measures of difference

The measure of difference existing between one entity and another, or between an entity and an external standard is expressed by *de*, in two different constructions:

(a) *Ils est mon aîné de trois ans. Son frère est de trois centimètres plus grand que lui. Cet immeuble est plus élevé de quelques étages.*
(b) *Il a trois ans de plus que moi. Son frère a trois centimètres de plus que lui. Cet immeuble a quelques étages de plus (que celui-là).*

The idea of progressively increasing or decreasing difference ('more and more'/'less and less') is expressed by ***de plus en plus**/**de moins en moins***:
*La foule devenait **de plus en plus** nombreuse.*
*Cette édition devient **de moins en moins** utile.*

4.4   Comparison involving numerical proportion: '. . . times as . . . as . . .'

Comparisons such as 'twice as big as'/'three times as often' etc. may be expressed by: Numeral+*fois* with *plus/moins*+adjective/adverb+*que* . . .:
Mon jardin est deux fois plus grand que le vôtre.
Votre jardin est deux fois moins grand que le mien.
J'ai gagné trois fois plus souvent que toi.

EXERCISE E: Translate into French:

(a) I hope to spend more than two years here.
(b) Don't go out with less than 10 francs on you.
(c) Don't be absent for more than half a day.
(d) We need more coal.
(e) As far as pocket money is concerned, she has more than me.
(f) She buys more flowers than her neighbours.
(g) She buys more sweets than flowers.
(h) He has fewer friends than I thought.
(i) He is 3 kilos heavier than his brother.
(j) She is only three days older than her cousin.
(k) This letter is three grammes too heavy.
(l) He earns three times as much as his wife.

§5.   Double (or correlated) Comparatives

5.1   Plus . . . plus . . .: 'the more . . . the more . . .'

Another kind of comparative, expressing a proportional relationship between two actions or entities, is expressed as follows:

***Plus** je lis, **plus** je m'instruis:* 'The more I read, the more I learn.'

Variations on this structure are possible by introducing the clauses by different adverbs such as: *moins, mieux, autant,* as well as *plus:*
Mieux *il s'habille,* **plus** *il déplaît.*
Autant *Jean-Jacques est entreprenant,* **autant** *Jean-Louis est timide.*
Plus *il fait froid,* **moins** *le charbon arrive, car les canaux sont gelés.*

Note the word order in French: apart from the fact that the comparative adverb (*plus* etc.) heads each half of the comparison, the normal word order of the simple sentence prevails: comparative adverb+subject+verb (+complement). There is no definite article accompanying the adverb, unlike the English '**the** more . . . **the** more . . .', nor is there any *que* associated with the comparative adverb.

5.2   *D'autant plus/moins que*

A similar proportional relationship to that described in §5.1 may be expressed by subordinating one clause to another with different combinations of *d'autant mieux/moins/plus . . . que . . . plus/davantage/mieux/moins:*
Il gagne **d'autant plus** *d'argent* **qu'***il travaille* **moins***:*
'The less he works the more money he earns.'

Note the reversal of the order of the respective clauses in this construction as compared to the previous one (§5.1):
Vous vous faites **d'autant plus** *mal aux yeux* **que** *la pièce est* **moins** *éclairée,* as compared to **Moins** *la pièce est éclairée,* **plus** *vous vous faites mal aux yeux.*

Sometimes a comparative figures only in the half of the sentence containing *d'autant plus/moins/mieux:*
Il était **d'autant plus** *triste* **que** *son fils n'était pas là:* 'He was all the sadder for his son not being there.'

EXERCISE F: Translate into French:

(a) The more money I earn, the more I spend.
(b) The more I see her, the less I like her.
(c) The more I drink, the less well I drive.
(d) The less I eat, the better I drive.
(e) Translate sentences (b) to (d) using *d'autant . . . que.*

KEY TO GRAMMAR SECTION EXERCISES

GRAMMAR SECTION 1

A. (a) lui (b) elle (c) toi *or* moi (d) vous (e) elle (f) moi.

B. (a) c'est (b) il est (c) c'est (d) il est (e) c'est *or* elle est (f) c'est (g) il est (h) c'est, il est.

C. (a) (ii), (i) (b) (i), (i), (ii) (c) (iii), (i) (d) (ii), (i) (e) (iii), (ii).

(a) Pourquoi lui a-t-elle donné (*or* décerné) le prix? Il ne le mérite pas.
(b) Où l'avez-vous trouvé? Elle me l'a donné.
(c) Si tu le regardes de près, tu le comprendras mieux.

(d) Ils ne voulaient pas nous montrer la maison mais ils l'ont montrée à Tom.
(e) Nous les avons cherchés. Dites-le-leur.

D. (a) Tu devrais le lui donner.
(b) Elle l'a fait construire mais elle ne lui permet pas de la voir.
(c) Puisque Pierre le lui a offert, elle devrait lui en parler.
(d) Est-ce que M. et Mme Taupet préfèrent l'y envoyer?
(e) Je pourrais le leur envoyer.
(f) Donnez-le-lui et n'en parlez plus.

GRAMMAR SECTION 2

A. se déshabilla, se glissa, continua, entendait, commençaient, résonnèrent, allait.

Irrespective of the duration of the actual events, the four past historics mark successive stages in the narrative, each one a complete entity; *continua* describes the next thing he did after getting into bed; *entendait*, on the other hand, describes an ongoing event: what **was happening** while he lay thinking. The same is true of *commençaient*. Finally, *résonnèrent* marks a punctual event which is part of the **ongoing activity** described by *allait*.

B. (a) Il put rencontrer sa sœur lors de son séjour à Londres.
(b) Quand on vit son visage, on sut que la nouvelle était mauvaise.
(c) Il déclara qu'il était communiste et qu'il ne craignait pas de le dire.

(d) Marie-Louise voulut les convaincre mais personne ne l'écoutait.
(e) Jean reconnut/avoua qu'il avait tort.
(f) Il dit qu'il espérait qu'on ne la punirait pas.
(g) Nous savions déjà ce que Thérèse voulait nous dire.

C. Tout était noir aux alentours. La rue était déserte. Wallas ouvrit tranquillement la porte. Une fois entré, il la repoussa avec précaution. Il était inutile d'attirer, en faisant du bruit, l'attention d'un promeneur éventuel attardé sur le boulevard. Pour éviter le crissement des graviers, Wallas marcha sur le gazon. Il contourna la maison sur la droite. Dans la nuit, on distinguait juste l'allée plus claire entre les deux plates-bandes. Un volet de bois protégeait à présent les vitres de la petite porte. Dans la serrure, la clef joua avec facilité.

D. (a) dormait
(b) conduis
(c) avait obtenu
(d) avait neigé
(e) m'a expliqué.

E. (a) Il est malade depuis trois jours.

(b) Il sortait avec Julie depuis six mois.
(c) Je n'ai pas vu Doris depuis son arrivée.
(d) Depuis qu'il a tué deux souris, mon chat est très fier de lui.
(e) J'étais dans mon bain depuis cinq minutes seulement quand on sonna à la porte.

GRAMMAR SECTION 3

A. (a) Un cadeau a été offert à M. Sauvat par ses employés.
(b) Le criminel fut arrêté par un détective.
(c) La nouvelle lui a été annoncée par sa femme.
(d) Aucun luxe ne fut permis au prisonnier.
(e) On a demandé sa carte à l'étudiant.

B. était, étaient, fut, fut.

C. (a) Ce livre est publié (édité) par (chez) Gallimard.
(b) On parle français au Canada.
(c) Il a failli se faire écraser./Il a failli être écrasé.
(d) Le théâtre a été fermé par la police.
(e) J'en attends la réouverture.
    OR: J'attends qu'on le rouvre.
        J'attends qu'il se rouvre.

GRAMMAR SECTION 4

A. (a) verb (b) verb (c) conjunction
   (d) conjunction   (e) verb.

B. (a) marchiez, *signal*: souhaiter que
(b) ailles, *signal*: vouloir que
(c) comprennes, *signal*: falloir que
(d) écoute, *signal*: être temps que
(e) ayons, *signal*: croire que (*neg.*)
(f) soit, *signal*: être sûr que (*interrog.*).

C. (a) Je vous écris à la hâte afin que vous sachiez cette nouvelle . . .
(b) Quoique nous n'ayons rien fait pour eux jusqu'ici, ils ont voté pour nous.
(c) A moins que les ouvriers ne changent d'avis, il parlera demain au patron.
(d) Pierre l'attendait toujours . . . jusqu'à ce qu'elle vînt.
(e) Pourvu qu'il n'y ait pas d'autres candidats, vous aurez certainement le poste.

GRAMMAR SECTION 5

A. (a) — (b) — (c) une (d) — (e) un
   (f) — (g) — (h) l' (i) d' (j) des.

B. (a) Il fut saisi d'un désir de vengeance.
(b) Le désir de la (*or less likely* Le désir de) vengeance lui a empoisonné l'esprit.
(c) Les jeunes ne s'intéressent plus au sport.
(d) Les chirurgiens ont dû amputer les jambes à trois personnes.

(e) Les yeux lui faisaient mal OR Il avait mal aux yeux.
(f) La véritable satisfaction ne vient qu'aux travailleurs.
(g) Elle s'est cassé le bras.
(h) Il montra son doigt à sa mère.

C. (a) du (b) le, le (c) de (d) des (e) une
   (f) de la (g) la (h) de la *or* la.

GRAMMAR SECTION 6

A. (a) qui (b) que (c) que (d) qui
(e) que (f) qui.

B. (a) ce qui (b) qui (c) qu' (d) Ce que (e) ce
que (f) ce qui (g) ce qu' (h) ce qui (i) ce
que (j) ce qui.

C. (a) Le directeur, à un collègue DUQUEL j'ai parlé,
va nous envoyer les détails.
(b) L'article DONT le titre est 'La Normandie de nos
jours' me paraît un peu long.
(c) Les clés DONT j'ai constamment besoin ont été
laissées sur la porte.
(d) Le général, pour le frère DUQUEL ma femme
travaille, a refusé de parler aux journalistes.
(e) Elle a vendu sa voiture DONT elle venait de
changer les pneus.
(f) L'étudiant, avec la mère DUQUEL ma femme joue
au tennis, a raté ses examens.

D. (a) C'était un jeune diplomate avec $\begin{cases} \text{QUI} \\ \text{LEQUEL} \end{cases}$
elle était allée plusieurs fois au Bois de
Boulogne.
(b) C'est une villa au bord de la mer OÙ nous
espérons passer un mois.
(c) Ma voisine est une femme d'un certain âge DONT
la vie n'est pas régulière.
(d) C'est un journal où paraissent grand nombre de
petites annonces au moyen DESQUELLES j'ai
trouvé mon studio.
(e) Ils habitent un appartement au 20e étage OÙ l'on
ne s'ennuie jamais.

GRAMMAR SECTION 7

A. (a) J'ai ouvert le placard où se trouvaient les
gâteaux et les bonbons.
(b) Aussi les étudiants sont-ils rentrés chez eux.
(c) Peut-être viendra-t-il demain.
(d) Sans doute les écologistes ont-ils raison.
(e) Quelle que soit la vérité en l'affaire, je dois dire
non.
(f) En vain la population du village a-t-elle lutté
contre la construction de la nouvelle autoroute.

B. **These are possible solutions, but by NO means the
ONLY possible ones.**
(a) En rade depuis deux mois, une centaine de
bateaux attendent que leurs 500.000 tonnes de

(f) Le marteau DONT elle s'est emparée se trouvait
sur la table.

E. (a) Qui est-ce que (b) Qu'est-ce qui
(c) Que/Qui (d) Que (e) Qui/Qui est-ce qui
(f) Qu'est-ce que.

F. (a) Le jeune Devèze lui demanda ce qu'elle
pensait de l'amour.
(b) Il se demanda qui pourrait l'aider.
(c) Elle demanda ce qui se passerait alors.
(d) Il voulait savoir ce qu'elle (*or* il *etc.*) voulait dire
par là.
(e) Elle me demanda qui je connaissais parmi ces
gens.
(f) Il demanda qui lui semblait le mieux adapté à ce
genre de travail.

G. (a) QUI était cette dame avec $\begin{cases} \text{QUI} \\ \text{LAQUELLE} \end{cases}$ je vous
ai vu hier soir?
(b) L'homme DONT vous parliez est mort, CE QUI est
dommage.
(c) LEQUEL des outils $\begin{cases} \text{DONT vous vous servez} \\ \text{QUE vous utilisez} \end{cases}$ souvent pouvez-vous me prêter?
(d) Je sais CE QUE je veux—une boîte $\begin{cases} \text{OÙ} \\ \text{dans LAQUELLE} \end{cases}$
(je pourrais) mettre mon maquillage.
(e) QUI EST-CE QUI vous a demandé QUEL livre je lisais?
(f) QU'EST-CE QU'elle a laissé tomber?
(g) Ils veulent identifier la voiture à côté de LAQUELLE
vous vous êtes garé.
(h) QU'importe?
(i) A QUOI pensez-vous?
(j) Je voulais savoir CE A QUOI il pensait.

marchandises soient déchargées dans les principaux ports iraniens.
(b) De six heures du matin à neuf heures du soir, des
hauts-parleurs installés dans toutes les rues
hurlent des slogans à longueur de journée, et
déversent les flots de la nouvelle musique
populaire.
(c) Les débats ont fait apparaître une divergence de
vues si considérable qu'on a promis aux délégués
de ne rien divulguer à la presse avant la fin de la
Conférence.
(d) Plus des trois quarts du pétrole vénézuélien
sortent de ces rives desséchées.
(e) Sous la pression des pays arabes au cours des
années 60, la France a misé à fond sur le pétrole.

C. (a) Quelle surprise on a eue!
(b) Comme nous avons été surpris!
(c) Qu'elle est belle, la forêt!/Quelle belle forêt!
(d) Qu'ils sont grands, ses arbres!/Comme elle a de grands arbres!
(e) Comme c'est vilain!

D. (a) A qui le chargé d'affaires a-t-il porté . . .?
A qui est-ce que le chargé d'affaires a porté . . .?
(b) Qui regarde-t-elle?
Qui est-ce qu'elle regarde?
(c) Où cela s'apprend-il?
Où est-ce que cela s'apprend?
(d) Quand Giraudoux a-t-il publié la plupart . . .?
Quand est-ce que Giraudoux a publié . . .?
(e) De qui dépendent ces gens?
De qui est-ce que ces gens dépendent?
(f) Par qui avez-vous appris la nouvelle?
Par qui est-ce que vous avez appris la nouvelle?

E. (a) On risquait de détruire l'un des équilibres naturels et fragiles.
(b) Un contrôle qui repose sur une coopération étroite et intelligente.
(c) Les institutions politiques libérales ne fonctionnent que dans les pays . . .
(d) Il se sentait mordu d'un vague désir de fuite.
(e) Elle le fixait de ses yeux étonnamment petits.
(f) La vaste maison jaune au portique grec lui revenait à l'esprit.
(g) . . . au terme d'un long voyage.
(h) Les douze premiers hommes . . .
(i) L'an dernier nous avons eu trois jours de vacances de plus.

GRAMMAR SECTION 8

A. C'était la veille du grand départ. Bientôt, Jean-Claude allait faire sa valise car il allait partir le lendemain à l'aube. Le lendemain soir, il serait à Naples. Il aurait passé 12 h. dans le train et dès qu'il aurait mangé, il irait se coucher à l'hôtel. On lui avait dit que, de sa fenêtre, il pourrait voir la mer aussitôt qu'il ferait jour.
'He would have spent 12 hours in the train and as soon as he had eaten, he would go to bed in the hotel. He had been told that, from his window, he could see the sea as soon as it was light.'

B. Il nous a indiqué qu'il le ferait quand il en aurait l'occasion: il aurait peut-être terminé son travail avant jeudi mais en aucun cas il ne l'interromprait. Il avait l'intention de réussir brillamment ses études et Henri ne l'en empêcherait pas. Il lui faudrait de la patience.

C. (a) Aurais-je la grippe?
(b) En ce moment, elle sera en train de danser avec mon meilleur ami.
(c) Tu auras tourné à gauche là où il fallait continuer tout droit.
(d) Serait-ce possible? Auraient-ils eu l'audace d'aller confronter le chef?

D. Selon un porte-parole, les pourparlers n'auraient pas abouti. Les représentants syndicaux et le patronat auraient passé trois heures à huis clos mais n'auraient pas pu se mettre d'accord sur un seul point. Les négociations seraient au bord de la rupture et l'un des représentants serait sorti en claquant la porte.

E. (a) Si on publie ce livre il en résultera un scandale.
publiait . . .   résulterait . . .
avait publié . . . aurait résulté . . .
(b) Si nous nous trompons de chemin, nous nous perdrons dans la brousse.
trompions . . .   perdrions . . .
étions trompés . . . serions perdus . . .
(c) Si cet homme arrive au pouvoir, je prendrai le maquis.
arrivait . . .   prendrais . . .
était arrivé . . . aurais pris . . .

F. (a) Vous ne devriez pas faire ça!
(b) Je n'aurais jamais dû quitter la maison.
(c) Jean-Pierre aurait dû faire publier son livre.
(d) Cela pourrait avoir beaucoup de succès.
(e) Dès la publication, le roman devait connaître beaucoup de succès.

(f) Il a dû retourner chercher son parapluie.
(g) On dit à Paul qu'il ne pouvait pas partir.
(h) De telles choses peuvent arriver.
(i) Tu aurais pu me le dire!
(j) En principe, il doit être président du comité.

GRAMMAR SECTION 9

A. (a) avoir marché   (b) être sortie   (c) avoir lu   (d) l'avoir regardée   (e) avoir démoli   (f) être tombés.

B. (a) Cette maison est à vendre.
(b) Il est impossible de les arrêter.
(c) Ils auront à se dépêcher.
(d) Elle pourrait vous mentir.
(e) Il va bientôt pleuvoir.
(f) Elle s'est fait écraser par une voiture.
(g) Je l'entends bouger.
(h) Ils ont nié y avoir été.
(i) Nous espérons avoir d'autres nouvelles demain.
(j) Il ne reste plus qu'à tout fermer à clé.
(k) Ils ont persisté à bavarder.
(l) Je l'ai aidé à déménager.
(m) Cette vie l'a habitué à vivre sans manger.
(n) Elle m'a appris à danser beaucoup mieux.

(o) On venait de le libérer de prison.
(p) Ils ont accepté de $\begin{cases} \text{venir avec nous.} \\ \text{nous accompagner.} \end{cases}$
(q) Je rêve d'acheter une petite maison à la campagne.
(r) Il suffira de lui envoyer un petit mot.
(s) Je l'ai félicité d'avoir battu son adversaire.
(t) Ils nous ont suppliés de changer d'avis.
(u) Je me souviens de l'avoir laissé quelque part. (Je me rappelle l'avoir laissé quelque part.)
(v) Elle nous a défendu d'en reparler.
(w) Il se plaît à voyager.
(x) J'ai fini par payer pour nous tous.

C. (a) d'   (b) —   (c) —   (d) de   (e) à   (f) à   (g) à   (h) de   (i) de   (j) à   (k) de   (l) —   (m) —   (n) à

GRAMMAR SECTION 10

A. (a) Sans doute le Président a-t-il compris . . .
(b) Peut-être un tel dialogue commencera-t-il . . .
(c) Ces arguments-là, il faut les abandonner . . .
(d) Ces nouvelles aspirations, la politique doit les refléter . . .
(e) Démasqués, une cinquantaine d'espions ont été expulsés . . .
(f) Le principe (de tout cela/de l'affaire), on le connaît.
(g) Incarcéré depuis le 31 octobre, Jean Dol a été . . .

B. (a) Moi, je crois . . .
(b) Lui pense très différemment, je crois.
(c) Ses enfants, eux, n'ont pas perdu . . .
(d) Votre politique, elle, reflète . . .
(e) D'autres commentaires, eux, l'attribuent . . .
(f) Lui, on ne peut pas lui en vouloir/On ne peut pas lui en vouloir, à lui . . .
(g) Ses parents, eux, ne partagent . . .

C. (a) C'est à Lyon qu'il a tenu . . .
(b) C'est dans un bistro des Halles qu'il emmène son fils Henri un soir.
(c) C'est en Alsace qu'il est . . .
(d) C'est lui-même qui établit . . .
(e) C'est pour vous demander ce rendez-vous que je vous ai écrit.
(f) C'est une escale de 4 heures que le secrétaire d'Etat fera . . .
(g) C'est avec une certaine stupeur que les carabiniers ont . . .
OR: Ce n'est pas sans une certaine stupeur, que les carabiniers . . .
(h) C'est moins de la construction de l'Europe qu'ils se préoccupent que de leurs rapports . . .

D. (a) Ce qui est plus complexe, ce sont les tendances . . .

(b) Ce qui est très compétitif, ce sont les prix auxquels sont vendus les produits . . .

(c) Ce qui coûte moins cher, et (qui) est beaucoup plus sûr que l'avion en hiver, avec tous ces risques de brouillard, c'est le train.

(d) Ce que personne ne prévoyait, c'était une issue . . .

(e) Ce qui les préoccupe, c'est moins la construction . . . que . . .

OR: Ce dont ils se préoccupent moins que de leurs rapports . . . c'est la construction . . .

E. (a) Quant aux déjeuners de travail . . ., ils se sont . . .

(b) En ce qui concerne le jeune José Luis . . ., on continue à ignorer où il se trouve.

(c) Quant aux conversations entre le ministre . . . et ses interlocuteurs, on *en* ignore la teneur.

(d) En ce qui concerne une telle information, il est bien trop tôt pour *en* faire état.

(e) Quant aux parents, il leur a fallu beaucoup de courage pour . . .

Note the addition of EN in several instances to recall an element, in pronoun form.

GRAMMAR SECTION 11

A. (a) en (b) au (c) en (d) en (e) en (f) au (g) à (h) à.

B. (a) pendant (b) — (pendant *is also possible*) (c) depuis (d) pour (e) depuis (f) pendant (g) $\begin{cases} \text{pour (am here).} \\ \text{depuis (have been here).} \end{cases}$

C. (a) Il a dit qu'il serait là dans une semaine.

(b) Oui, elle arrive dans deux heures.

(c) Eh bien, si cela peut se faire en une demi-heure, je pourrais peut-être y arriver.

(d) En un instant, ils avaient tous disparu.

(e) Ce sera fini

(f) $\begin{cases} \text{en un mois (}in the space of a month\text{).} \\ \text{dans un mois (}in a month from now\text{).} \end{cases}$

D'accord, je vais m'en occuper dans un instant.

D. (a) Ils n'en font plus comme ça de nos jours.

(b) Tu tombes bien, il est là en ce moment.

(c) Par moments, elle semble comprendre ce que je dis.

(d) Les hiboux ne sortent pas très souvent de jour.

(e) Il s'attend à être envoyé à Londres d'un jour à l'autre.

(f) De mon temps nous étions polis envers nos parents.

(g) Il a travaillé à Paris dans le temps.

(h) Enfin, cela a été de tout temps comme ça.

E. (a) à, d' (b) entre (c) de, que (d) de (e) à (f) sur, d'.

F. (a) Je penserai toujours à toi.

(b) Bien sûr qu'il a manqué son train!

(c) Je n'en crois pas un (seul) mot.

(d) Qu'est-ce que vous avez pensé de la pièce?

(e) Ah/Oh, comme ma Clémentine me manque.

(f) Elle croit à la nécessité de changer la loi.

(g) Ils ont manqué à leurs obligations.

(h) Il n'a pas beaucoup de renseignements, tu sais.

GRAMMAR SECTION 12

A. (a) Ce sont mes plus vieux amis.

(b) La plus belle robe (La robe la plus élégante) du magasin.

(c) Elle était la plus soigneuse et la plus précise des trois.

(d) Sa conduite devient pire.

(e) Ta mémoire est encore plus mauvaise (qu'autrefois).

(f) Il n'a pas la moindre chance de réussir.

(g) C'est le plus petit de ses tableaux.

(h) Piaf était la plus célèbre de tous/toutes.

(i) Ce qu'il y a de plus encourageant c'est que mon dernier livre (mon livre le plus récent) soit devenu l'une de mes œuvres les plus connues.

(j) C'est plus rapide en autobus.

B. (a) mieux (b) meilleure (c) mieux (d) meilleure (e) meilleure (f) meilleure (g) mieux (h) meilleures (i) mieux (j) mieux *or* plus (k) meilleurs.

C. (a) Alice est aussi belle que je l'avais imaginé(e).
(b) Il est plus tard que vous ne pensez, Raymond.
(c) Gisèle est bien plus intéressante que (ne l'est) sa cousine.
(d) Ils sont venus moins vite/tôt qu'ils ne l'avaient promis.
(e) Valéry joue mieux de l'accordéon qu'(il ne le faisait) autrefois.
(f) Jacques doit bien plus d'argent qu'il ne (le) dit.
(g) Simone fume plus de cigarettes qu'elle ne (le) devrait.

D. (a) He eats children/He has a bigger appetite than they do.
(b) He bought his wife for the price of more than ten cows/He spent more money on his wife (e.g. in presents or parking tickets?) than the amount required to buy ten cows.
(c) He killed ten (and more) hunters/He bagged more game on his own than ten other hunters did.

E. (a) J'espère passer plus de deux ans ici.
(b) Ne sortez pas avec moins de dix francs en poche.
(c) Ne vous absentez pas/Ne soyez pas absent pendant plus d'une demi-journée.

(d) On a besoin d'/Il faut encore du charbon.
(e) Quant à l'argent de poche, elle en a plus que moi.
(f) Elle achète plus de fleurs que ses voisins.
(g) Elle achète plus de bonbons que de fleurs.
(h) Il a moins d'amis que je ne pensais.
(i) Il est de trois kilos plus lourd que/Il pèse trois kilos de plus que son frère.
(j) Ella n'a que trois jours de plus que son cousin/Elle est plus âgée que son cousin, mais de trois jours seulement.
(k) Cette lettre pèse trois grammes de trop.
(l) Il gagne trois fois plus que sa femme.

F. (a) Plus je gagne, plus je dépense/Plus je gagne d'argent, plus j'en dépense.
(b) Plus je la vois, moins je l'aime.
(c) Plus je bois, moins je conduis bien.
(d) Moins je mange, mieux je conduis.
(e) Je l'aime d'autant moins que je la vois plus souvent.
(f) Je conduis d'autant plus mal que je bois davantage.
(g) Je conduis d'autant mieux que je mange moins.

GLOSSARY OF GRAMMATICAL TERMS

Accord, accorder: agreement, agree (of adjectives, verbs etc.).

Adjective: adjectives usually qualify the sense of a noun, e.g. *le **bon/jeune/grand** homme*. They may be attributive, i.e. when placed next to their noun, e.g. *le **jeune** homme*, or they may be predicative, i.e. when they figure after a verb like *être, devenir* etc., e.g. *Cet homme est **jeune***.

Most adjectives have comparative, e.g. *un homme **plus jeune***, and superlative forms, e.g. *le **plus jeune** homme*.

Also included in the category 'adjective' are:
Interrogatives : ***Quel** homme?*
Possessives : ***Notre** homme.*
Demonstratives : ***Cet** homme.*

Adverb: most adverbs specify or modify the sense of a verb, e.g. *Il marche **vite/lentement***. Some may qualify the sense of an adjective, e.g. *Il est **très/entièrement** heureux*. Others qualify a whole sentence, e.g. ***Cependant**, je ne suis pas d'accord*. The category also includes Interrogative adverbs: *Comment, Pourquoi*, etc.

Like adjectives, adverbs have comparative (*Il vient **plus souvent***) and superlative forms (*Il vient **le plus souvent***). A phrase which performs the same function in a sentence as an adverb is an 'adverbial phrase', e.g. *Il travaille **avec soin***.

Affirmative: an affirmative sentence asserts that something is the case, e.g. *Je viens*. Its opposite, a negative sentence, asserts that something is not the case, e.g. *Je ne viens pas*.

Antecedent: see Relative.

Apposition: two nouns are in apposition to one another when they are juxtaposed and when the second noun is an amplification or explanation of the first, e.g. *Son **père, pilote de guerre**, mourut très jeune*.

Auxiliary verbs: are used to form certain tenses and verb phrases. The most common are *avoir* and *être* used in the formation of the compound tenses (q.v.), e.g. *Je l'**ai** vu, Il **était** parti*. *Devoir, pouvoir* and *falloir* (and sometimes *vouloir, savoir, valoir*) are often described as 'modal auxiliaries', e.g. *Je **dois** partir*. Other verbs commonly described as auxiliaries are: *aller* in *Je **vais** partir; faire* in *Je l'**ai** **fait** venir*.

*Clause (**proposition** f.)*: a clause is a sentence or part of a sentence containing a 'finite' part of a verb, i.e. a verb with a subject, e.g. ***Il va à Paris***, or an imperative, e.g. ***Va-t'en!*** The 'non-finite' parts of a verb, i.e. the infinitive, e.g. *aller*, and the participles, e.g. *allé, allant*, do not make a group of words into a clause.

The MAIN CLAUSE (***la principale***) can stand alone without any word to introduce it, e.g. *Il va à l'école*. Two main clauses can be linked by a CO-ORDINATING conjunction (e.g. *et, mais* etc.) to make a co-ordinated sentence, e.g. *Il va à l'école **et** cela lui plaît*.

SUBORDINATE CLAUSES (***les subordonnées***) are introduced either by a subordinating conjunction, e.g. ***Bien qu'**il aille à l'école,/il ne sait pas lire*,
    (subordinate)   (main)
or by a relative pronoun,
e.g. *C'est notre fils/**qui** va à l'école*.
    (main)   (subordinate)

A sentence consisting only of a main clause is a SIMPLE sentence. If a subordinate clause is added it becomes a COMPLEX sentence.

Comparative: see Adjective, Adverb.

Complement: a word or phrase which completes the sense of a verb or noun,
e.g. *J'ai vu **un homme chauve**.*
    *Il a été tué **par Pierre**.*
    *C'est mon professeur **de français**.*
See also Object, Predicate.

Complex: see Clause, Inversion.

Compound: see Tense.

Concessive: conjunctions like *bien que* and *quoique* are called 'concessive' because they allow the speaker to concede one point and then go on to make another different one. They introduce 'concessive clauses'.

Conjunctions: are used to join together phrases or clauses. There are co-ordinating and subordinating conjunctions. See Clause. They may also be classified according to meaning,

e.g. *pour que, afin que* (conjunctions of purpose),
avant que, après que (conjunctions of time).

Co-ordination: see Clause.

Dative (of interest): see Object.

Declarative, Interrogative, Imperative: these terms refer to three different types of sentence,

e.g. *Il vient* — declarative (statement)
Vient-il? — interrogative (question)
Viens! — imperative (order)

Each of these sentences may be affirmative or negative (q.v.).

Demonstrative: this term is connected with 'to demonstrate' = 'to show, point out'. In French there are demonstrative adjectives, e.g. **Ce** *garçon*, **Cet** *homme*, **Cette** *femme*, etc. and demonstrative pronouns, e.g. *cela, celui, celle, ce* (in **ce** *qui* . . ., *c'est mon père*).

Derivation: this term indicates relationships between the forms of words in the vocabulary, e.g. *renom* and *renommée* are derived from *nom* by addition of prefixes or suffixes to a root (q.v.). *Chant* is derived from *chanter* by removing the verbal suffix *–er*.

Determiners: serve to make the sense of a noun more precise. The main types are:

Articles (definite, indefinite, partitive).
Possessive adjectives, e.g. *mon, ton*.
Demonstrative adjectives, e.g. *ce, cette*.
Numerals, e.g. *deux, cent*.
Other quantity words, e.g. *certains, aucun*.

Direct Object: see Object.

Discours indirect: see Indirect Speech.

Elision: omission of a sound (or letter) when two words are run together,

e.g. *que + il = qu'il.*

Expletive **ne**: *ne* is said to be 'expletive' or redundant in such expressions as:

Je crains qu'il **ne** *vienne.*
Il est plus grand que je **ne** *pensais.*

In such cases it does not have any negative force and *pas* is not used.

Finite verb: see Clause.

Gerund: see Participle.

Imperative: see Declarative, Mood.

Impersonal verbs: are used only with the 3rd person singular *il*. This *il* is impersonal because it refers to no specific person or thing but merely provides the verb with a grammatical subject, e.g. *Il pleut, Il faut, Il s'agit de.*

Indefinite pronouns: are *on, chacun* and *tout* which refer to indeterminate persons or things.

Indicative: see Mood.

Indirect Object: see Object.

Indirect speech (**discours** m. **indirect**): speech is described as indirect when it is reported in a clause introduced by *que* instead of being quoted *verbatim*, e.g.

Direct   '*Je suis le commissaire Maigret*'
Indirect *Il a dit qu'il était le commissaire Maigret.*

Free indirect style (**style indirect libre**) is indirect speech not introduced by items like *Il a dit que, Il répondit que.*

Interrogative: see Declarative.

Intransitive: see Transitive.

Invariable: an invariable form is one that does not change through the addition of endings, e.g. in French, adverbs are invariable so adjectives used as adverbs themselves become invariable: *Il y avait* **quelque** *deux cents spectateurs.*

Inversion: in French the normal place for the subject is before the verb. We have 'simple inversion' whenever the subject appears after the verb, e.g. *Vient-il?* We have 'complex inversion' when a noun subject appears before the verb and a corresponding pronoun after, e.g. *Votre patron vient-il?*

Locution (f.): set expression, set phrase.

Main: see Clause.

Modal: see Auxiliary verbs.

Mood (**mode** m.): French verbs have three moods: indicative (*Tu vas*), imperative (*Va!*) and subjunctive (*que tu ailles*). A fourth is sometimes added to the list, namely the conditional (*Tu irais*).

Negative: see Affirmative.

Number (**nombre** m.): has a grammatical sense involving the singular/plural distinction, e.g. *une femme/des femmes*. It also has a numerical sense involving the numerals. There are two types of numerals: cardinal numbers, e.g. *un, deux, trois* etc. and ordinal numbers, e.g. *premier, deuxième, troisième,* etc.

Object, direct or indirect: In the sentence *J'ai donné le livre à Pierre, le livre* is the direct object and (*à*) *Pierre* the indirect object. In French an indirect object noun can usually be identified for being preceded by *à* (as here). Some of the personal pronouns have separate forms for direct and indirect objects: *le, la, l', les* — direct object, *lui, leur,* — indirect object. *Me, te, se, nous, vous,* however, serve both functions.

The expression 'dative' is sometimes used of the indirect object forms. The expression 'dative of interest' applies to such cases as *Le pied **lui** a manqué* and *Il s'est lavé les mains.*

Parts of speech (**parties** f. **du discours**): the traditional categories into which words are commonly placed — nouns, verbs, pronouns, adjectives, adverbs, articles, prepositions, conjunctions, interjections.

Participle (**participe** m.): French has two sorts of participle — the past participle, e.g. *chanté, voulu, parti,* and the present participle, e.g. *chantant, voulant, partant.* When the present participle is preceded by the preposition *en* it is called the gerund (**gérondif** m.), e.g. *en chantant.*

Passé composé (m.): perfect tense, e.g. *J'ai chanté.*

Passé simple (m.): past historic, e.g. *Je chantai.*

Person: there are three persons (singular and plural) in French verb conjugations and in personal pronouns:
1st *Je — Nous*
2nd *Tu — Vous*
3rd *Il — Ils* etc.

Phrase (f.): sentence.

Possessive: the possessive adjectives are *mon, ton, son,* etc. and the possessive pronouns are *le mien, le tien, le sien,* etc.

Predicate: this term is often used to designate a particular type of 'complement' (q.v.), i.e. the complement of the verb *être.* In *Il est roi,* the word *roi* is a noun predicate.

Prepositions: are so called because they are pre-posed to (placed before) nouns, pronouns or infinitives, e.g. **pour** *ma femme,* **vers** *lui, commencer* **à** *parler.* A prepositional phrase is one which consists of a preposition+noun, e.g. *Le monsieur* **à la barbe blanche.**

Pronominal: see Reflexive.

Pronouns: stand for or instead of nouns. In 'Peter went up to Mary and kissed her', 'her' is a pronoun standing for 'Mary'. There are five kinds of pronoun in French:
   (i) Personal, e.g. *je, me, tu, te,* etc.
   (ii) Possessive, e.g. *le mien, le tien,* etc.
   (iii) Demonstrative, e.g. *ceci, cela, celui,* etc.
   (iv) Relative, e.g. *qui, que, dont,* etc.
   (v) Interrogative, e.g. *Qui?, Que?, Lequel?* etc.

Proposition f.: clause (q.v.).

Radical m.: root (q.v.).

Reflexive: the personal pronouns *me, te, se* etc. are said to be reflexive when they refer to the same person as the subject of their verb. Verbs which are normally constructed with reflexive pronouns, e.g. *s'asseoir, se taire,* are said to be reflexive or pronominal verbs.

Relative: the relative pronouns *qui, que, dont,* etc. are used to link up or relate a noun or pronoun to a descriptive clause, e.g. *La femme* **que** *Jean a épousée.* . . . The clause introduced by a relative pronoun (*que*) is a relative clause, and the previous noun or pronoun (*la femme*) is the antecedent.

Root and stem (**radical** m.): though sometimes distinguished, both of these terms are used to describe the part of a word to which endings are attached, e.g. *port–* is a root to which endings can be added to form *porter, portons, portaient,* etc.

Sequence of tenses (**concordance** f. **des temps**): this is a principle whereby the occurrence of a verb in a particular tense in the earlier part of a sentence restricts the choice of tenses for verbs occurring later,
   e.g. *Si j'**étais** intelligent je ne **serais** pas ici.*

Simple: see Clause, Inversion, Tense.

Style indirect m.: indirect speech (q.v.).

Style and register: in dictionaries words are labelled to show what level of language they belong to, e.g. *vulg.* for 'vulgaire', *lit.* for 'littéraire', *fam.* for 'familier'. These are distinctions of style and register.

Subjunctive: see Mood.

Subordinate: see Clause.

Substantif m.: noun.

Synonyms: are words which are interchangeable without change of meaning in particular contexts, e.g. *liberté/indépendance* in *Les jeunes ont soif de liberté/indépendance.*

Syntax: is concerned with the rules governing the stringing together of words into phrases, clauses and sentences.

Temps m.: tense.

Tense: French has two sorts of tenses — simple tenses (present, imperfect, past historic (*passé simple*), future, conditional) and compound tenses (perfect (*passé composé*), pluperfect (*plus-que-parfait*), past anterior, future perfect, past conditional). See GS 2 and 8.

Terminaison f.: ending. See Root.

Transitive: certain verbs are transitive and can take an object, e.g. *voir* in *Je vois Pierre*; certain verbs are intransitive and cannot take an object, e.g. *tomber* in *Il est tombé*. Many verbs can be both transitive and intransitive, e.g. *descendre* in *J'ai descendu les meubles du premier étage* (transitive), *Elle est descendue* (intransitive).

Voice: is the term used to denote the distinction between active and passive. In French the direct object of an active sentence, e.g. *Paul frappa* **Pierre**, may become the subject of a passive sentence: **Pierre** *fut frappé par Paul.*

INDEX

This index refers mainly to grammatical points, but also includes reference to the subjects of texts and to *dossiers* on various topics. For discussion of the main types of exercises available see the Introduction, pp. vii–x. For further explanation of grammatical terms, see the Glossary, pp. 208–211.

– Points discussed in the body of each module are printed in normal type, thus: 62.
– Points practised in exercises (except in Grammar Sections) are printed in italics, thus: *137.*
– Points discussed and/or practised in Grammar Sections are printed in bold type, thus: **83.**

212

Y

Acknowledgements

Thanks are due to the following, who have given their kind permission to reproduce copyright material:

Madame Jacqueline Pagnol for the extract from *Jean de Florette* by Marcel Pagnol; Jean Bailhache and Editions du Seuil for the extract from *La Grande-Bretagne*; Le Nouvel Observateur for 'Des Etrangers dans la maison' by Josette Alia; Monsieur Georges Simenon for the extract from *Maigret se fâche*; L'Express for 'Images sans frontières' by Jean-Claude Loiseau; Claire Etcherelli and Editions Denoel for the extract from *Elise ou la vraie vie*; B Cacérès and Editions du Seuil for the extract from *La Rencontre des hommes*; L'Express for 'La Semaine de pas de jeudi' by Elisabeth Schemla; Times Newspapers Ltd for 'National tradition breached' by Patrick Brogan; François Nourissier and Editions Robert Laffont for the extract from *Vive la France* by Henri Cartier-Bresson and François Nourissier; Marie-Claire for 'Le Désordre . . . c'est le secret des couples unis' by Paul Andréota; Louis Aragon and Editions Denoel for the extract from *Les Cloches de Bâle*; Le Courier de l'Unesco for 'Notre Planète, devient-elle inhabitable?' by Michel Batisse; J Majault, J M Nivat, C Geronimi and Editions Casterman for the extract from *Littérature de notre temps*; Le Nouvel Observateur for 'Un petit Mois de bonheur' by Yvon le Vaillant; R Frison-Roche and Librairie Arthaud for the extract from *Premier de cordée*; Monsieur Jean-François Revel for the extract from *En France, la fin de l'opposition*; Le Point for 'Entrevue entre M P Desgraupes et M G Trigano, PDG du Club Mediteranée' by P Desgraupes; Christiane Rochefort and Editions Bernard Grasset for the extract from *Les petits Enfants du siècle*; John Topham Picture Library for the pictures on pages 5, 18, 53, 58, 77 and 171; Punch Publications Ltd for the cartoon on page 10; Dargaud Editeur for cartoons on pages 66, 146 and 163; Intermonde-Presse for the cartoons on pages 100 and 132; Andre Deutsch for the picture on page 121; The Department of Electrical Engineering and Electronics, The University, Dundee for the cover picture.

NOTES

NOTES

NOTES

NOTES

NOTES

NOTES

NOTES

NOTES